지방이
시작이다

* 이 책은 방일영문화재단의 지원을 받아 저술 · 출판되었습니다.

오영환 지음

지방이 시작이다

영남대학교 출판부

서론

지방이 시작이다

"서울을 사수하자. 어떻게 올라온 서울 길이었던가. 어떻게 버텨온 서울의 6년이던가. 그리고 어떻게 얻게 된 이 자랑스런 도시의 시민이 된 영광이던가. 그것을 다시 잃게 되어서는 안 된다. 다시 쫓겨나게 되어서는 안 된다. 친척과 친지가 없음으로 하여 내가 이 자랑스런 도시의 시민이 되고자 겪어야했던 수많은 고초들을 자손만대 나의 후손들과 이웃들에게는 다시 겪게 하지 말아야 한다."

소설가 이청준(1939~2008년)이 문단 데뷔 시절을 되돌아보면서 1977년에 쓴 글(연보)은 비장하다 못해 전투적이다. 전남 장흥 출신인 그는 광주에서 중·고를 나와 서울대 4년생이던 65년 『사상계』에 단편 「퇴원」이 당선되면서 등단했다. 이청준의 회고는 1960년대 학업과 취업차 서울로 떠난 지방 젊은이의 심정을 웅변한다. 서울은 성공의 꿈과 퇴출의 두려움을 함께 먹고 자기 증식했다. 집중은 집중을 불렀다. 한국 근대화·산업화의 기관차로 성장해갔나. 서울은 물심양면의 거대 블랙홀이 됐다.

1960년대 중반 장안의 화제였다던 이호철(1932~2016년)의 장편소설 『서울은 만원이다』 그대로다. "서울은 넓다. 아홉 개의 구(區)에, 가(街), 동(洞)이 대충 잡아서 삼백팔십이나 된다. … 그러나 이렇게 넓은 서울도 삼백칠십만이 정작 살아보면 여간 좁은 곳이 아니다. 가는 곳마다, 이르는 곳마다 꽉꽉 차 있다. 집은 교외에 자꾸 늘어서지만 연년이 자꾸 모자란다. 일자리는 없고, 사람들은 입만 까지고 약아지고, 당국은 욕사발이나 먹으며 낑낑거리고, 신문들은 고래고래 소리나 지른다." 넓고도 좁은 서울, 일자리 부족, 집중의 폐해는 60년 전이나 지금이나 오십보백보다.

서울을 떠받친 것은 지방이다. 지방의 노동력·에너지·식량 공급 없는 서울은 상상조차 어렵다. 서울시가 정도(定都) 600년인 1994년에 벌인 서울토박이 찾기 사업 결과를 보면 서울은 이주민의 도시다. 이 사업의 토박이 기준은 '1910년 이전 한성부(漢城府: 4대문 안과 성 밖 10리 이내)에 정착한 선대들의 후손 중 서울시 행정구역 내에 계속 거주해오고 있는 시민'이다. 말하자면 일제 강점 이전의 조선시대 한양 거주민을 조상으로 둔 서울 시민이다. 두 달 동안 구청 별로 신고 받은 결과 3564가구 1만3583명이 토박이로 선정됐다. 당시 서울 인구의 0.12%였다.[1] 순수 서울 혈통은 극소수다.

서울시 인구 출생지별 분포 단위: %

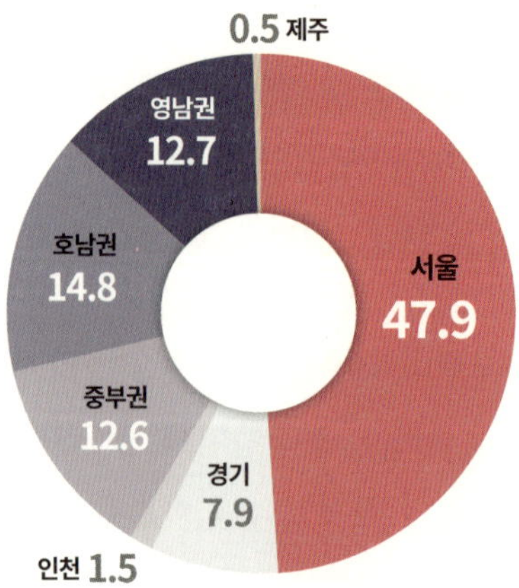

자료: 통계청 2015 인구주택총조사 표본 집계 결과

1 "서울토박이 13,583명", 정선구, 중앙일보, 1994.4.2

이보다 범위를 넓혀보자. 단순히 서울에서 태어난 서울 시민은 얼마나 될까. 통계청 인구총조사에서 관련 통계가 나오는 1970년 이래의 추이를 보면 그 비율이 50%로 수렴해간다. 1970년 전체 553만명의 43.2%, 80년 822만명의 41.5%에서 90년 1046만명의 43.6%, 2015년 951만명의 47.9%로 올라갔다.[2] 나머지 서울 인구의 출생지별 분포는 어떠할까. 2015년만 보면 경기 7.9%, 전남 7.6%, 전북 5.8%, 충남 5.2%, 경북 4.8%, 강원 3.3%, 경남 3.1%, 충북 3.0% 순이다.[3] 서울 출생이 서울 인구의 절반을 육박하는 통계는 서울이 더 이상 이주민의 도시가 아니라는 점을 일러준다. 그 새 강산이 수차례 바뀌었다.

서울은 경기도와 인천시에 대해선 인구 순유출(전입<전출) 도시이기도 하다. 먼저 간접 통계인 2015년 경기도와 인천시의 출생지별 분포를 보자. 경기는 경기 39.5%, 서울 19.2%, 전남 6.2% 순이다. 인천은 인천 41.9%, 서울 12.1%, 경기 9.5% 순이다.[4] 서울 출생 인구는 경기·인천의 2대 주주다. 직접 통계인 인구 이동을 보면 서울은 90년 이래 지금까지 인구 순유출(2020년 6만여 명) 도시다. 유출 지역은 자발적 이유든, 경제적으로 밀려났든 경기·인천이 거의 대부분이다. 경기는 이동 통계를 낸 70년 이래, 인천은 경기에서 분리된 81년 이래 계속 서울 인구가 순유입됐다. 수도권 확장은 서울의 팽창과 불가분의 관계다. 수도권은 다른 지방과 달리 지하철·버스의 촘촘한 대중 교통망을 따라 하나의 생활권으로 묶였다.

---

2 "서울특별시 출생지별 인구", 통계청 인구총조사, 국가통계포털 2021.9.25 검색

3 "2015 인구주택총조사 표본 집계 결과 보도자료", 통계청, 2017.4.18

4 "2020년 국내 인구이동 통계 결과 보도자료", 통계청, 2021.1.26

권역별 인구 순이동(유입·유출)추이 단위: 천명

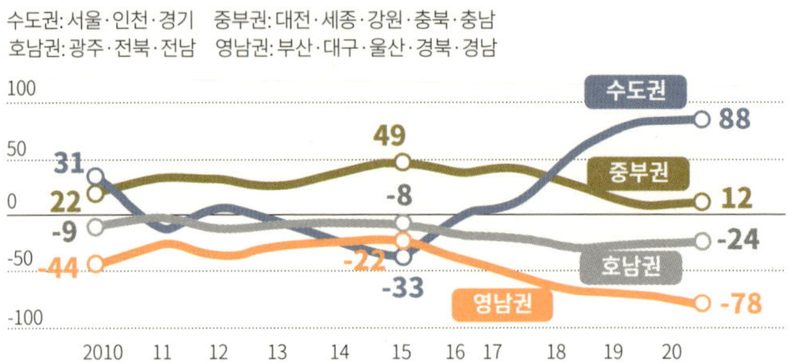

자료: 통계청 2020년 국내 인구이동 통계

반면 서울은 영호남 인구의 순유입지다. 1970~2020년의 50년간 경북과 경남 인구는 단 한해의 예외도 없이 서울로 순유출 됐다. 이 기간 전남은 2015년 단 한 차례, 전북은 2011년과 2015년 두 차례 서울 인구의 순유입지다. 세번의 전남북 인구 순유입은 서울 소재 공공기관 이전과 맞물려 있고, 그나마 규모는 864명에 불과하다. 더 큰 문제는 젊은이의 인구이동 동향이다.

2020년 연령별 이동을 보면 수도권은 10·20·30대가 순유입 됐고, 다른 연령층은 순유출 됐다. 호남권(광주·전남·전북)은 10·20·30대 연령대가 순유출 됐고, 다른 연령층은 순유입 됐다. 영남권(부산·울산·경남·대구·경북)은 전 연령층에서 순유출을 기록했다. 10~30대의 수도권 순유입이 고착화한지 오래다. 지방 중소도시에 아이 울음소리가 끊기고, 고령자가 넘쳐나는 이유는 자명하다.

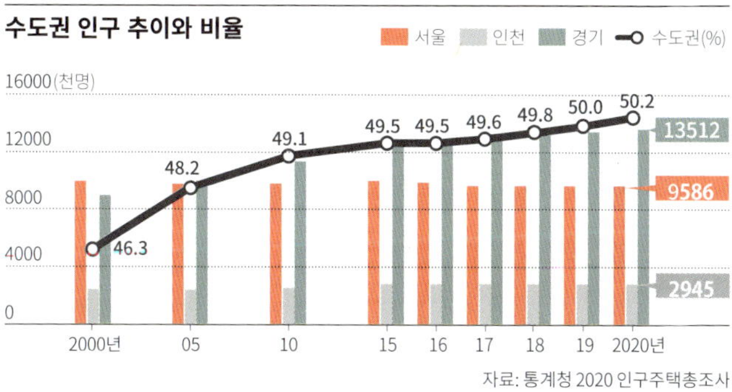

인구 흐름은 서울 확장을 통한 수도권 패권 형성사에 다름 아니다. 국토의 12%에 인구의 절반이 넘어섰고, 국가 중추기능, 상장기업 본사, 주요 대학, 의료·문화 시설, 연구개발 역량, 고급 일자리가 쏠려 있다. 세계에서 유례가 없는 집적도다. 일그러진 국토다. 소설의 창(窓)을 통해 만원 서울의 한 풍속도를 살펴보고, 복잡한 인구 통계를 좇아본 것은 수도권 승자, 지방 패자 방정식의 실마리를 찾기 위해서다.

통계는 "문제는 인구 이동이야"라고 말한다. 과거 베이비붐으로 젊은이가 넘쳐나던 시기의 이촌향도(離村向都)와 저출산·고령화가 고착화한 지금의 지방 10~30대 수도권 유출은 의미가 다르다. 지방은 소멸로 치닫고, 인구가 쏠린 서울과 대도시의 합계출산율은 전국 평균(2020년 0.84)을 밑돌아 어린이 인구 감소를 부채질하는 악순환의 구조다. 출생아 수는 1970년 100만 명에서 2002년 반토막(49만여 명)이 났고, 2017년 30만명대로 내려앉더니 2020년 사상 최저인 27만 명을 기록했다. 65세 이상의 고령화율은 2049년 37.7%로 일본을 추월할 전망이다. 30년 후 한국 사회는 지속 가능할 것인가.

지방 취재현장에서 접한 잊을 수 없는 한마디가 있다. 2019년 폐교한 경북 의성군의 한 여자상고 마지막 졸업식 당시 94세 학교발전위원장의 축사 겸 고별사다. "해마다 감소하는 입학생으로 불안과 초조 속에서 학교를 운영해오다 결국 취학생 부족으로 학교 문을 닫게 됐다. 이 운명적 대세를 누가 막겠느냐." 일제와 해방, 6·25전쟁, 산업화와 민주화, 글로벌화를 다 체험한 노옹의 '운명적 대세'라는 말만큼 인구 감소로 붕괴 위기에 직면한 오늘의 지방 도시와 농어촌을 대변하는 것이 있을까.

블랙홀의 수도권과 한계상황의 지방은 1960년대에 풍미한 국가 간 종속이론의 중심과 주변 관계와 닮았다. 그 구조는 견고하다. 중심은 집적의 힘이 작동한다. 기업과 사람이 몰렸으니 재정 자립도도 높다. 정책수단이 그만큼 많다. 인구 비례의 국회의원 수도 수도권이 절반이다. 정치는 수(數)이고, 수는 힘이다. 수도권의 자력(磁力)은 확대일로다. 그 수도권도 고령화의 대세는 피하지 못한다.

이 책의 출발점은 저출산·고령화, 수도권과 지방 간 격차 문제에 작은 경보음을 울리는 데 있다. 이에 대한 올바른 인식과 그 저변 확대는 문제 해결로 가는 첫걸음이라고 생각한다. 5년 단임 정권은 그동안 우리나라의 이 근본 모순에 정면으로 대응하지 않았다. 5년의 사고 회로에 갇혀 버렸다. 당대에 성과가 나오지 않는 정책을 도외시했다. 관료 집단은 정권의 이음새 역할도, 종합 싱크탱크의 기능도 제대로 못 했다. 국민들도 피로 현상에 빠진 분위기다. 모두의 책임은 내 책임이 아니다. 저출산·고령화와 국토의 중심과 주변 간 격차가 최대의 한국병이 된 데는 이런 요소가 한몫했다.

이 책은 그동안 한국과 일본에서 취재 보도한 기사와 자료들을 엮고 주제 별로 나눴다. 일본의 정책과 대응을 많이 소개하고, 우리와 비교도 한 것은 저출산·고령화와 지방소멸에 관한한 오늘의 일본이 내일의 한국 측면이 강하기 때문이다. 1장은 한·중·일의 인구 삼국지 맥락에서 우리나라 인구 동태의 좌표축을 살펴보고, 수도권과 지방의 격차 문제를 다뤘다. 격차 해소는 불가결하지만 서울의 글로벌 금융허브 발돋움과는 별개라는 시각을 담았다. 2장과 3장은 지방소멸의 현장과 실상을 전하고, 그에 맞서는 이도향촌(離都向村) 도전을 엮었다. 4장은 규모의 경제로 경쟁력을 높이려는 국내외 광역단체 간 행정통합 대실험을, 5장은 동서 화합, 지방 외교, 선진 교육의 반짝이는 현장을 소개했다. 6장은 지방 행정에 드리운 정치의 그림자를 들여다보았다. 7장과 8장은 2014년 이래 일본 정부의 간판정책인 지방창생의 탄생 과정과 당시의 담당 각료 인터뷰, 정책의 총론과 각론을 실었다.

전반적으로 글로컬(Glocal) 맥락에서 인구와 지방 문제를 조명해보려 했다. 외교안보 분야에서 오랫동안 취재한 필자에 중심 주제는 국가의 위기·이익·전략이었다. 지역 분야를 다루면서는 조용하고도 과학적인 위기로 옮겨갔다. 저출산·고령화, 지방소멸의 위기는 통계가 예측한 코스로 가고 있지만 피부로 느끼지 못한다. 스텔스 위기 대응은 한국 현대사에서 가장 길고 힘겨운 싸움일지 모른다. 나라의 활력을 되찾는 백가쟁명을 펼쳐보자.

차례

제1장

인구의 덫, 그리고 중심과 주변

한국 인구동태의 좌표축

만(晩)·소(少)·희(希)는 1979년 본격화한 중국의 한 자녀 정책 시기 키워드다. 늦게 결혼하고 늦게 낳고(만혼·만산), 적게 낳고(소산), 자녀 터울을 3~4년으로 하는(희산) 인구 억제책이다. 반인권적 산아 제한은 인구 폭발이 가져온 식량난을 넘기 위한 고육책이었다. 중국 인구는 건국 1년 후인 1950년 5억5441만 명에서 80년 10억 명을 돌파해 30년 새 두 배 가량 늘었다(2020년은 14억3932만 명이다. 이하 유엔 세계 인구전망 2019 개정판 데이터). 49~59년 10년과 59~61년의 대기근 이후 62년부터 시작한 베이비붐이 결정적이다. 인구 급증에는 사람이 많으면 많을수록 나라의 무기가 된다는 마오쩌둥(毛澤東)의 인구 자본설이 한몫했다. 이른바 사람의 입은 하나지만 손은 둘이라는 인수설(人手說)이다. 인구는 억제되지 않으면 기하급수적으로 느는데 반해 식량은 산술급수적으로 증가한다는 토머스 맬서스의 인구론(Malthusianism)을 뒤엎었다가 그 덫에 걸렸다. 78년 후차오무(胡喬木) 당시 중국 사회과학원장은 "77년 국민 1인당 평균 식량은 55년 수준밖에 안 된다"고 말했다.[1]

덩샤오핑(鄧小平)의 개혁·개방과 궤적을 같이하는 중국의 한 자녀 정

1 『中国 人口超大国のゆくえ』, 若林敬子, 岩波新書, 1994

책은 지금 큰 후유증을 남기고 있다. 생산가능인구(15~64세)가 2015년 10억2100만 명을 정점으로 감소세로 돌아섰다. 공산당은 2016년부터 전면적 두 자녀 정책을 폈지만 2015~20년 평균 합계출산율(여성 1명이 평생 낳는 아이 수)은 1.69명으로 2010~15년(1.64명)과 거기서 거기다. 여기에 62년부터의 베이비붐 세대 퇴직자가 2022년부터 쏟아진다. 중국의 정년 퇴직은 남성 60세, 여성 55세가 일반적이다. 약 9억명의 16~59세 인구가 2035년까지 1억명 줄어들 것이라는 분석이 나왔다. 생산가능인구 감소와 고령화는 중국에 전례 없는 도전이다. 세계의 공장을 떠받친 노동력과 사회보장에 비상이 걸렸다. 부자가 되기 전에 늙는다(未富先老·Getting old before getting rich)는 80년대 중국 인구학자의 경고가 현실이 될지 모른다. 인구 동태는 미·중 패권 경쟁 시대에 숨겨진 중국의 아킬레스건이다.

한·중·일 합계출산율 추이 단위: %

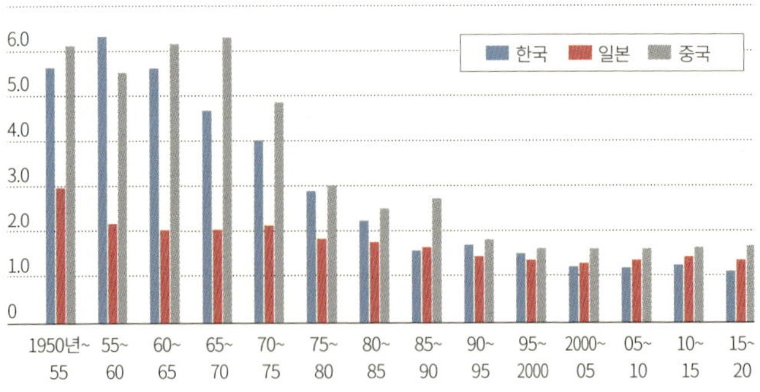

자료 : 유엔 세계인구전망 2019 개정판

한국과 일본이 이 책의 주요 소재지만, 중국까지 확대한 것은 두 가지 때문이다. 첫째, 인구 계층별 분포를 포함한 인구 동태는 국력과 국세(國勢)의 주요 잣대라는 점이다. 중국은 세계 최대 인구 대국이지만 '중진국 함정'

을 부채질할 인구 구성비를 갖고 있다.[2] 둘째, 인구 동태는 예측 가능한 과학의 영역이라는 점이다. 2020년 현재 한국과 일본의 인구는 각각 5126만 명, 1억2647만 명이다. 두 나라의 흐름인 만혼·만산·소산은 사회·경제 등 복합적 환경의 산물이지만, 중국의 출산 제한 정책과 같은 저출산 현상을 잉태했다. 2020년 한국의 평균 초혼 연령은 남성 33.2세, 여성 30.8세다. 2001년(남성 29.6세, 여성 26.8세)보다 부쩍 올라가 일본보다 높다. 일본은 남성 31.2세, 여성 29.6세다. 한국 여성의 첫째 아이 평균 출산 연령은 32.3세로 상승곡선이다. 일본은 30.7세다. 한국의 합계출산율 0.84명(2020년), 일본 1.36명(2019년)은 만혼·만산과 떼놓을 수 없다. 2018년 기준 경제협력개발기구(OECD) 주요 국가 합계출산율은 프랑스 1.84, 호주 1.74, 미국 1.73, 독일 1.57, 이탈리아 1.29로 한국(0.98)이 최하위다(OECD 데이터베이스). 한국의 생산가능인구는 2016년을 정점으로 감소세다. 2020년 3674만명에서 20년 후 2836만명으로 빠진다. 일본은 1995년 이래 줄고 있다. 한국의 65세 이상 고령 인구 증가 속도는 세계에서 가장 빠르다. 일본은 65세 이상 고령화율(28.4%)이 가장 높다. 저출산·고령화는 일본의 잃어버린 20년과 맞물려 있고, 앞으로 한국의 미래를 옥죌 가능성이 크다.

인구 동태를 나라별로 더 살펴보자. 한국에 2020년은 일대 분수령이다. 사상 처음으로 인구 자연감소가 일어났다. 사망자 수(30만5100명)가 출생아 수(27만2400명)를 앞질렀다. 김수영 통계청 인구동향과장은 "인구 고령화로 사망자 수의 증가가 예상되는 만큼 자연 감소 추세가 더 가팔라질 수 있다"고 말한다. 소산다사(少産多死)에 진입했다는 얘기다. 인구 동태는 출산율도, 사망률도 높은 다산다사(多産多死), 사망률이 낮아지는 다산소사(多産少死), 인구가 거의 늘지 않는 소산소사(少産少死)로 옮아간다. 소산

2 중진국 함정(Middle Income Trap)은 신흥국이 저임금 노동력 등으로 비약적인 경제 성장을 이뤄 중소득국에 진입한 뒤 인건비 상승과 노동생산성 감소로 성장이 둔화하는 것을 말한다.

다사는 인구 감소형으로 일본이 전형적이다. 한국의 소산다사는 가속화한다. 2020년부터 베이비부머(1955~74년생) 1685만명이 고령 인구로 편입되기 시작했다. 65세 이상은 2020년 809만명에서 2040년 1638만명으로 두 배 늘어난다. 덩달아 노년 부양비도 가파르다.[3] 2020년엔 생산가능인구 5명이 고령자 1명을 부양했지만, 2035년엔 2명당 1명꼴이다. 비대해진 고령 인구는 연금·의료비 등 사회보장비의 블랙홀이지만 이를 떠받치는 세대가 급감한다. 미래 세대의 등골이 휘는 구조다. 2018년 제4차 국민연금 장기재정 추계 결과, 적립기금은 2041년까지 증가하고(최대 적립기금 1778조원), 2042년부터 수지 적자가 시작해 2057년에 고갈하는 것으로 조사됐다. 2020년 기획재정부의 2020~2060년 장기재정전망 결과, 국민연금은 현행 유지 시나리오의 경우 적자 전환 시점이 2041년으로 1년 앞당겨졌다. 지속가능한 사회는 한국의 첫 번째 과제다.

인구 구성비만이 아니다. 인구의 지역 분포가 일그러져 있다. 서울·인천·경기의 수도권 인구가 절반을 넘어섰다. 반면 지방은 공동체 유지가 어려운 한계 마을이 수두룩하다. 저출산·고령화·저성장의 직격탄을 맞고 있다. 자연 사망이 출생을 압도한지 오래다. 여기에 젊은이가 돈과 꿈을 찾아 도시로 빠져나가고 있다. 인접 4개 시·군을 묶어도 서울 1개구 인구의 절반도 안 될 정도로 지방은 텅 비었다. 한계 마을은 점(點)에서 선(線)으로, 면(面)으로 퍼지고 있다. 반면 국토 면적의 12%인 수도권은 거의 모든 게 조밀하다. 사람, 돈, 의료, 문화시설이 쏠려 있다. 수도권의 과도한 집값 상승에 따른 주택 공급 확대는 또 다른 인구 유입 요인이다. 지방 쇠퇴, 수도권 중심의 극점(極點) 사회는 눈앞의 현실이다. 하지만 대도시권의 합계 출산율은 전국 평균보다 낮다. 서울은 2020년 0.64명으로 최저다. 지방

---

3 노년 부양비는 생산가능인구(15~64세) 100명이 부양해야 하는 고령 인구(65세 이상) 수를 말한다.

에서 서울로의 인구 이동을 막지 못하면 출산율은 더 떨어질 수밖에 없다. 고령화는 수도권에도 엄습한다. 서울은 2027년, 인천은 2028년, 경기도는 2030년 65세 이상 고령화율이 21%를 넘는다. 베이비붐 세대가 후기 고령자(75세)로 진입하기 시작하면 수도권에 의료·요양 대란이 일어날 수도 있다. 2020년 장소별 사망자 수를 보면 의료기관(병의원, 요양병원 등)이 75.6%, 주택 15.6%, 기타(사회복지시설, 산업장 등) 8.8%다.[4] 향후 병상이 모자라 임종의 순간을 주택에서 맞이하는 비율이 올라갈 가능성이 크다.

한국의 인구 동태는 한국의 근본 모순이다. 노년 부양비는 올라가지만, 청년 실업과 일자리 미봉책으로 인재 보너스도 쉽지 않다. 고령자 상당수는 가처분 소득이 적은 하류(下流) 노인에 직면해 있다. 고도성장기 산업 역군으로 오늘의 한국을 떠받친 65세 이상 고령 인구의 노후(老後)는 십인십색이다. 연금이 얇고 수혜차도 커 인생 2막은 더 갈래갈래 나뉜다. 베이비부머 원년 생으로 2020년 법정 노인에 진입한 1955년생의 국민연금 수급자는 절반이 안 되고, 1인당 월 평균액수는 52만원이다. 노후 없는 현역은 55년생의 뚜렷한 흐름이다. 건강보험 직장가입자만 4명 중 1명이다. 노후에 노후를 준비하는 과로過勞 인생은 우리의 한 단면이다. 과로 노인은 하류 노인으로 떨어지기에 십상이다. 나이 들어선 인생역전의 재간이 없다. 빈곤의 고령화는 새로운 도전이다. 과로 한국의 실상은 OECD 통계로 드러난다. 2018년 기준 고령 인구의 경제활동 참가율은 최상위다. 36개국 중 65~69세는 47.6%로 2위, 70~74세는 35.3%로 1위다. 주로 생계비 때문이다. 빈곤율도 두드러진다. 부동산을 뺀 가처분소득의 중윗값 절반 미만으로 사는 고령 빈곤율이 43.8%로 1위다. OECD 평균은 13.5%다. 부동산을 가처분소득에 넣어도 고령 빈곤율은 31%다(한국금융연

4 "2020년 인구동향조사", 통계청 보도자료, 2021.2.23

구원 보고서). 높은 빈곤율은 노후 양극화를 상징한다. 65세 이상 자살률이 OECD에서 압도적 1위인 것은 이와 맞물려 있다고 봐야 한다. 그런데도 인구동태에 대한 종합 진단과 처방은 없다. 그 틈새에서 나랏돈으로 표심만 챙기려는 하류 정치만 꿈틀거린다.

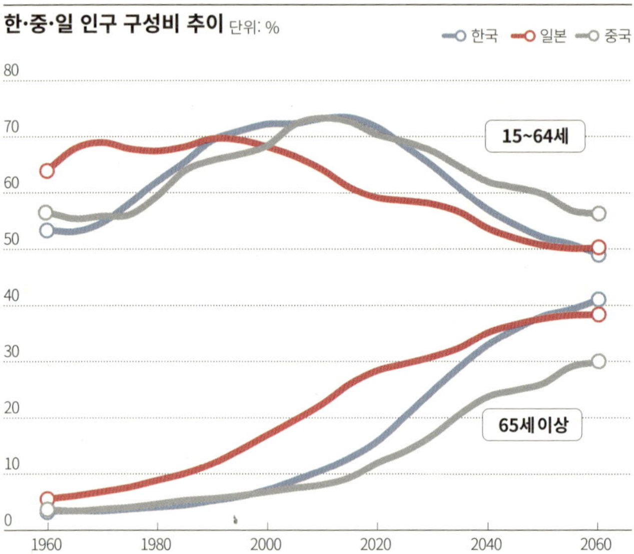

자료 : 유엔 세계인구전망 2019 개정판

일본은 인구의 축소 재생산에 들어갔다. 장기간 저출산으로 부모 세대 인구가 줄어든 만큼 합계출산율이 다소 올라도 인구가 감소하는 악순환에 빠졌다. 동시에 고령화로 사망자 수가 증가하는 국면을 맞고 있다. 다사(多死) 사회라는 조어가 유행한다. 2019년 후생노동성 통계를 보자. 출생아 수가 86만여 명으로 1899년 조사 이래 최저였다. 2020년판 『저출산사회대책백서』는 이를 '86 쇼크'로 부를 상황이라고 했다. 반면 사망자 수는 전후 최다(138만여 명)로, 덩달아 인구 자연 감소(51만여 명)도 최대였다. 자연

감소는 2005년 처음 일어났고, 2007년 이래 확대일로다. 총인구는 2009년 이래 감소세다. 일본은 생산가능인구 10명이 2025년에 고령자 5명을, 2045년엔 7명을 부양한다. 그래도 일본은 선진국이다. 복지 사다리를 일찍 구축했다. 고령층의 가처분 소득도 높다. 2015년 고령 인구 가구당 평균 자산은 5816만엔(금융자산 1970만엔)이었다. GDP 대비 국가채무비율이 압도적으로 높은(237%) 것은 노동력 감소와 초·초고령사회가 한몫했다. 정년을 70세로 늘리는 길을 터고, 고령 고소득자의 의료비 자부담을 강화한 것은 연금·의료비 부담을 줄이려는 조치다. 평생 현역, 1억 총활약 사회, 지방창생은 저출산·고령화, 지방소멸에 맞선 정책 슬로건이다. 파이낸셜타임스는 "일본이 인구 전환을 관리하기 위해 걸어온 길과 실패 사례를 함께 살펴보면 다른 나라에 참고가 될 것"이라고 했다.[5]

주요 국가 고령화 단계별 연도와 속도

	고령화사회 ①(65세 이상 7% 초과)	고령사회 ②(65세 이상 14% 초과)	초고령사회 ③(65세 이상 21% 초과)	소요햇수 ①→②	소요햇수 ②→③
한국	**2000**	**2018**	**2026**	**18**	**8**
일본	1971	1995	2008	24	13
중국	2002	2025	2036	23	11
미국	1942	2014	2034	72	20
독일	1932	1972	2014	40	42
인도	2023	2051	2072	28	21
세계	2002	2040	2087	38	47

자료: 유엔 세계인구전망 2019 개정판

5 "Japan's lesson on ageing gracefully", Financial Times, 2020.11.29

중국은 저출산·고령화가 속도를 내는 단계다. 전면적 두 자녀 정책은 먹혀들지 않고 있다. 중국 공안부가 2021년 2월 발표한 2020년도 호적등록 기준 출생아는 1003만여명으로 전년보다 14.9% 줄었다. 규모는 절대적이지만 2017년 이래 감소세다. 생활수준 향상에 따른 만혼, 육아·교육비 상승, 부동산 가격 급등 때문이라는 자체 분석이 나온다. 한국과 적잖게 닮았다. 중국 인구는 2027년 인도(14억6900만명)에 추월당하고, 2031년을 정점으로 줄어든다. 반면 고령화 속도는 한·일 양국 못잖다. 한국은 2018년 고령사회(65세 이상 14% 초과)에 진입한 지 8년만인 2026년 초고령사회(21% 초과)가 된다. 중국은 그 기간이 11년(2025→2036년)으로, 일본(95→2008년)보다 짧다. 2019년 중국의 고령화율은 11.5%, 1인당 GDP는 1만4500달러다. 이 소득 수준을 이뤘을 당시 한국의 고령화율은 5.5%(92년), 일본은 7.4%(73년), 미국은 8.2%(50년)였다.[6]

중국 2019년 1인당 GDP도달 시점의 각국 고령자 비율

	1인당 GDP 1만4500달러 도달연도	65세 이상 인구비율(%)
한국	**1992**	**5.5**
일본	1973	7.4
중국	2019	11.5
미국	1950	8.2

자료: 일본정책투자은행

중국의 잠재 경제성장률은 2010년 10%에서 2030년 3%대로 낮아질 것이란 게 OECD의 2018년 장기 예측이다. 2021년 3월 중국 전국인민대표대회(全人大)에서 산아제한 전면 철폐 주장이 제기된 것은 노동력 부족과 미부선로의 위기감 때문이다. 중화민족의 위대한 부흥이라는 중국몽의 앞길에 인구 문제가 버티고 있는 셈이다.

6 일본정책투자은행(DBJ) 보고서 No.322-1, 2020.10.21

일본경제연구센터가 2019년 말 낸 책자 『2060 디지털 자본주의』를 보자. 중국은 2030년대 GDP 규모에서 미국을 앞지른다(영국 경제경영연구소는 2028년). 하지만 중국은 인구감소와 생산성 둔화로 2050년대에 미국에 재역전 당한다. 중국 천하는 길어야 30년이라는 얘기다. 한국은 2018년 12위에서 2060년 16위로, 90년과 같은 순위로 되돌아간다. 일본은 같은 기간 3위에서 5위로 떨어진다. 2060년 상위 4개국은 미국·중국·인도·독일 순이다. 한·중·일 3국은 시차는 있지만 인구의 덤(bonus)이 끝나고 짐(onus)이 되는 시기를 맞았다. 동아시아의 역동성을 떨어뜨리는 인구동태 삼국지다. 반면 미국은 1942년 고령화사회(65세 이상 7% 초과)에 진입한지 72년만인 2014년 고령사회가 됐고, 2034년 초고령사회로 들어간다. 초고령사회 진입은 중국보다 2년 빠를 뿐이다. 미국은 합계출산율이 OECD 회원국 중 상위권인데다 이민의 문이 열려 있다. 세계적 경쟁력을 갖춘 교육·연구기관이 해외 고급 두뇌를 흡수하고 있다. 코로나 팬데믹으로 2020년 미국의 출산율은 뚝 떨어졌지만 인구 동태로 보면 미국은 여전히 신대륙이다. 지방 문제를 다루면서 세계로 초점을 넓혀본 것은 인구가 나라의 기본이기 때문이다. 지방 쇠퇴, 소멸의 주원인도 인구 감소와 이동(젊은이 유출)이다. 우리의 초저출산과 고속 고령화, 수도권과 지방의 격차, 눈덩이 사회보장비용이 엮어낼 시나리오는 암울하다. 다이내믹 코리아는 재현, 재생될 수 있을까. 소리 없이 착착 진행돼온 과학의 영역에 대한 5년 정권의 각개전투는 금세기 한국 최대의 정책 실패일지 모른다.

수도권 불패 신화

우리 국토개발은 수도권 팽창과 궤를 같이한다. 국토 면적 11.8%의 수도권에 거의 모든 분야의 최고 기관과 하부 조직이 집적해 사람과 돈을 빨아들였다. 집중이 집중을 낳았다. 용적률 완화는 마법의 사다리였다. 고층 빌딩·아파트 중심으로 도시 기능과 주거를 압축했다. 팽창 계수가 커지면서 수도권은 주변으로 확장했다. 그린벨트를 잠식했다. 서울·인천 시, 경기도의 수도권 일극(一極)은 세계 굴지다. 2017년 기준 통계청의 장례인구 특별 추계 결과, 수도권 인구는 2020년 2596만 명으로 나라의 절반을 처음 넘어섰다(비수도권은 2582만 명). 1970년 913만 명에서 50년 만에 2.84배가 됐다. 반면 비수도권은 1970년 2312만 명에서 50년간 11.7%(271만 명) 늘었다.[7] 수도권 인구 비중은 1960년 20.8%였으나 1990년 42.8%, 2010년 49.1%, 2020년 50.2%로 상승 곡선을 그려왔다. 90년대 이전의 수도권 집중이 서울 중심이었다면, 2010년 후로는 경기도 집중으로 분석된다.[8]

도쿄권 전입 초과 추이

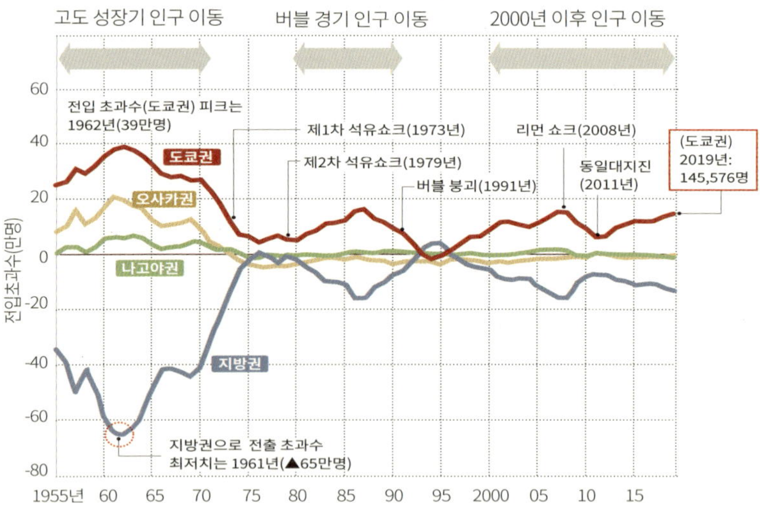

•도쿄권: 도쿄도, 사이타마·지바·가나가와현 •나고야권: 기후·아이치·미에현
•오사카권: 교토·오사카부, 효고·나라현

자료: 일본 국토교통성

---

7 "최근 20년간 수도권 인구이동과 향후 인구전망", 통계청, 2020.6.29

8 "새로운 시대 균형발전 전략 및 실행 과제", 국토연구원, 2020.10

우리의 수도권 집중은 일본이 아우성치는 4개 광역단체의 도쿄권(東京圈)과는 비교가 안 된다. 도쿄도(都), 가나가와(神奈川)·사이타마(埼玉)·지바(千葉) 현(縣)의 일본 수도권 인구(3658만명)는 전체의 29%다. 여기에 오사카(大阪)·교토(京都) 부(府), 효고(兵庫)·나라(奈良) 현의 오사카권 1823만명(14%)과 기후(岐阜)·아이치(愛知)·미에(三重) 현의 나고야(名古屋)권 1133만명(9%)을 합친 3대 도시권이 52%다. 다시 말해 우리의 수도권 인구 비율은 일본의 3대 도시권과 맞먹는 수준이다.[9] 일그러진 국토 문제는 수도권 중심의 고도성장과 국가 경쟁력의 뒷전으로 밀려났다.

2011년은 수도권 팽창에 제동이 걸린 해였다. 수도권 인구가 처음 순유출 됐다. 수도권 전출이 전입을 8450명 웃돌았다. 수도권 전출 초과는 과밀 해소의 주요 잣대다. 유출은 이듬해를 빼고 2016년까지 이어졌다. 6년간 규모는 약 6만 명이다. 세종시가 출범하고, 10개 지방 혁신도시 조성과 153개 공공기관 이전(혁신도시 내 112개)이 한창일 때였다.[10] 노무현 정부가 시작한 국가균형발전 정책이 효과를 낸 셈이다. 일본은 2015~19년 1기 지방창생(創生) 종합전략을 통해 도쿄권 전출입 균형을 내걸었지만 실패했다. 2019년 도쿄권의 인구 순유입이 14만여명으로, 오히려 규모가 늘어났다. 인구의 지방 역류는 그만큼 힘들다.

문제는 행정도시나 공공기관 이전의 약발이다. 2017년부터 수도권 인구가 전입 초과로 돌아섰다. 유입 규모는 3년간 약 16만 명이다. 균형발전 대책을 무색케 하는 수도권 블랙홀이다. 40대 이상은 2008년 이래 계속 유출됐지만, 10대와 20대는 통계를 낸 2000년 이래 유입이 꺾이지 않

9 "企業等の東京一極集中に関する懇談会とりまとめ(参考資料)", 国土交通省, 2021.1.29

10 혁신도시는 수도권 이전 공공기관을 수용해 혁신 여건과 정주 환경을 갖춘 미래형 도시를 목표로 조성됐다. 2021년 5월 현재 부산, 대구, 광주·전남, 울산, 강원, 충북, 전북, 경북, 경남, 제주의 10개다.

았다. 수도권은 예나 지금이나 젊은이에게 꿈의 땅이다. 문재인 정부는 임기가 끝나기 전 수도권 공공기관 2차 이전을 검토한다는 방침이다. 공공기관 남하는 지방에 단비다. 하지만 사람의 물줄기를 돌리기엔 역부족이다. 2020년 상반기 기준 10개 혁신도시 주민등록인구는 21만3817명이고, 가족동반 이주율(미혼·독신 포함)은 65.3%다. 이주율은 제주(81.5%), 부산(77.5%), 전북(73.8%) 순으로 높았고, 수도권에 가까운 충북(46.9%), 강원(60.5%) 등은 상대적으로 낮았다.[11] 행정·공공기관의 적소 배치는 수도권 집중 해소의 필요조건의 하나일 뿐이다.

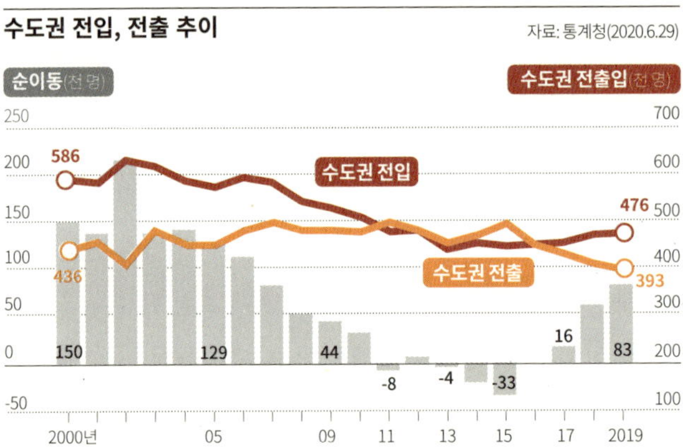

인구 흐름은 문재인 정부의 세종 행정수도 완성 구상도 시험한다. 세종시에는 정부 부처 약 3분의 2가 이전했다. 43개 중앙기관, 15개 국책연구기관, 4개 공공기관이 옮겨갔다. 천도(遷都)의 위헌 문제는 차치하자. 세종시로 청와대와 국회, 나머지 부처가 옮겨가면 수도권 과밀 해소의 돌파구가 열릴까. 과거 20년간 통계는 아닐 가능성이 크다고 말한다. 2012~19년 수

11 "20년도 상반기 기준 혁신도시 정주여건 통계조사 결과", 국토교통부, 2020.8.12

도권 인구의 세종시 순유입은 5만여 명, 같은 생활권인 충남 순유입은 6만여 명이다. 하지만 세종시는 2015년 1만3000여명을 정점으로 유입 인구가 하향 곡선이다. 충남은 2019년 수도권으로의 전출 초과로 바뀌었다. 천도론의 심리적 파급 효과와 세종 중심 인구 이동은 있겠지만, 언 발에 오줌 누는 격일 게다. 세종은 행정 중심이지 도시 기능이 융합된 곳이 아니다. 한계가 있다는 얘기다. 세종 행정수도는 서울의 위상 문제도 제기한다. 서울은 대한민국의 얼굴이자 경제 기관차다. 역사와 문화가 서린 국제도시기도 하다. 균형발전론이 서울의 매력을 깎아내려서는 안 된다. 둘은 제로섬 관계가 아니다. 동아시아 교차로와 국제금융 허브로서의 비전은 강화돼야 한다. 지금 중국의 강권 지배로 금융 도시 홍콩의 위상이 흔들리고 있지 않는가. 행정수도는 주한 외교공관·주한미군과의 소통, 위기관리, 통일 후의 수도 문제 숙제도 던진다. 천 년에 한번 있을까 말까 한 대역사(大役事)에 5년 정권은 겸허해야 한다. 수도권 과밀화 대책은 복합처방과 장기전의 각오가 불가결하다.

인구의 수도권 불패신화 요소는 한둘이 아니다. 인구와 인프라 집중이 상승 작용을 불러일으키면서 생산·투자·일자리·소득·소비 집중의 고리가 형성됐다. 여기에 지방과의 집값 격차, 교육·의료·문화 시설 격차가 인구 유입 요인이 되고 있다. 누구나 피부로 느끼는 양극화다. 대학을 예로 들어보자. 대입 학령인구 감소로 수험생이 입학정원을 밑도는 대학 전원 입학 시대를 맞아 지방대학이 정원 미달로 휘청거리는 상황이다. 여기에 지방의 우수 인재와 대학 재학생이 수도권 대학으로 빠져나간다. 지방대 경쟁력은 더 악화하는 악순환이 생겨났다. 지방대 문제는 나중에 상술한다.

수도권·비수도권 상장기업수

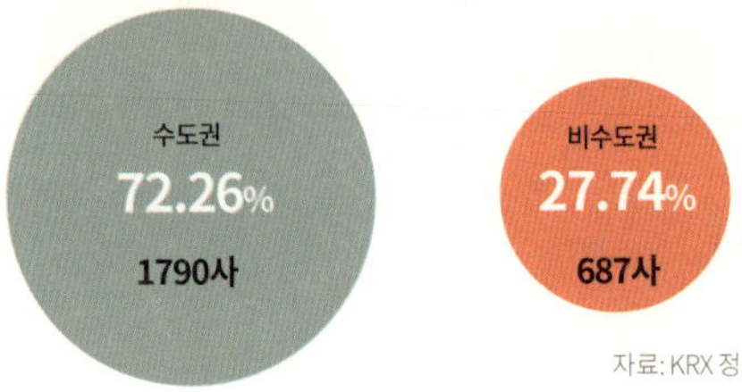

자료: KRX 정보데이터시스템

수도권·비수도권 상장기업 시가총액

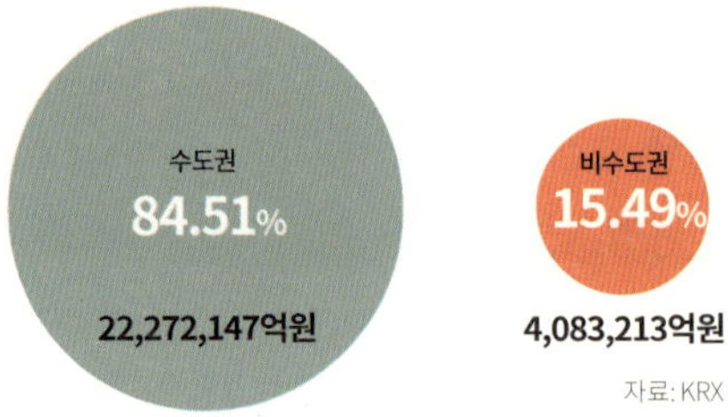

자료: KRX 정보데이터시스템

지표를 보자. 2021년 5월 현재 코스피·코스닥·코넥스 상장사는 2439 곳이다. 이를 지역별로 보면 서울 988 개사, 경기 681 개사, 인천 86개사로 수도권이 71.95%다. 시가총액을 기준으로 하면 지방과의 격차가 더 벌어진다. 전체 2615조여원 가운데 서울(1094조여원), 경기(1008조여원), 인천(146조여원) 상장사가 85.99%를 차지한다. 경제와 부(富)의 수도권 편중을 이보다 더 실감케 해주는 객관적 지표는 없다.[12] 미래 먹거리인 모바일, 로봇, 3D프린팅, 가상현실(VR)·증강현실(AR), 블록체인, 빅데이터, 핀테크, 인공지능(AI), 사물인터넷(IoT), 에너지(저장기술)의 4차 산업혁명 관련 사업체의 수도권 편중은 전체 산업보다 더 두드러진다. 2017년 기준 전체 사업체는

12 한국거래소 정보데이터시스템, 2021.5.17 검색 기준

경기(21.8%), 서울(20.5%), 부산(7.1%) 순이지만, 4차 산업혁명 관련 사업체는 서울(28.6%), 경기(26.6%), 경남(6.4%) 순으로 수도권 비중이 더 높다. 4차 산업혁명 관련 지역 수용력 순위도 서울과 경기가 압도적 1, 2위다. 인적자본 역량도 서울 1위, 경기 2위이고, 혁신 역량은 경기 1위, 서울 2위다.[13] 수도권과 지방의 미래 경쟁력은 더 벌어질 수 있다는 얘기다. 수도권은 2017년 기준 연구개발 투자비의 68.8%, 2018년 기준 특허 등록의 61.1%를 차지한다.

일본 자본금 10억엔 이상 기업수 비율 단위: %

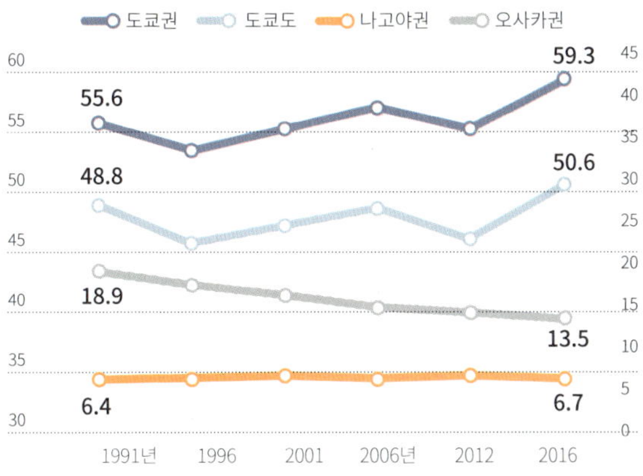

자료: 일본 국토교통성(2019.12.6)

1인당 경제지표를 보자. 2017년 기준 수도권의 1인당 지역내총생산(GRDP)은 3306만원으로 비수도권(3392만원)보다 적다. 그러나 1인당 개인소득은 수도권 1919만원, 비수도권 1742만원으로 역전 현상이 일어난다. 이는 비수도권의 생산이 수도권 소득으로 유출되고 있음을 시사한다. 1인

13 "4차 산업혁명에 대한 지역의 수용력 연구", 산업연구원, 2020.4

당 민간소비도 마찬가지로 수도권 1683만원, 비수도권 1513만원이다.[14]

수도권, 지방 간 격차는 재정도 한가지다. 사람과 대기업이 몰려 있으니 세수 규모가 천양지차다. 2020년 기준 17개 광역단체 평균 재정 자립도는 50.4%다. 서울과 경기는 각각 81.4%, 64.8%이지만, 나머지 광역도(道)는 20~40%다. 여기에 수도권은 수당(手當) 정치다. 2020년 수도권 단체장 신년사를 보자. 고 박원순 서울시장은 청년수당 100만명 확대를 공약했다. 청년수당은 중위소득 150% 이하 미취업 청년에 월 50만원씩 최대 6개월 지원하는 제도다. 2016~19년 수급자는 2만2000명이다. 2020년부터 3년간 10만명에 드는 예산은 3000억원을 넘는다. 서울시는 월세고를 겪는 청년에도 보조한다. 4만5000명에게 10개월간 20만원씩 주겠다고 했다.

2021 재정자립도(세입과목개편전)

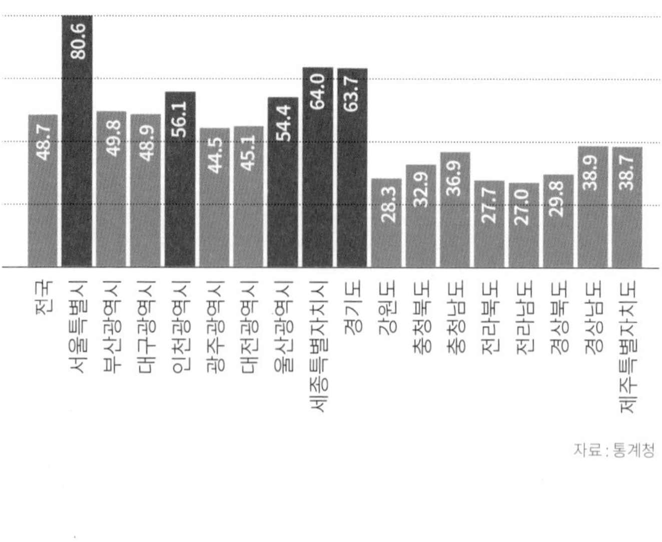

자료 : 통계청

14 "수도권 집중의 심화, 이대로 괜찮은가?", 충북연구원, 2019.6.25

이재명 경기지사는 보편 복지다. 경기도는 청년 기본소득제를 시행 중이다. 3년 이상 계속 거주 또는 10년 이상 주민등록을 둔 만 24세 청년에 연간 최대 100만원을 지역 화폐로 제공한다. 미취업 청년 면접수당도 신설했다. 1회 3만5000원씩 최대 6회 지원한다. 만 18세 청년이 국민연금에 가입하면 첫 보험료 9만원도 준다. '청년노동자 통장'은 대상을 2000명에서 9000명으로 늘린다. 저소득 청년 취업자가 매달 10만원을 저축하면 3년 후 약 1000만원을 적립해주는 제도다. 이재명 지사는 2021년 신년사에선 경제적 기본권 확대를 내걸었다. 구성원에 차별 없이 지급하는 기본소득 외에 기본주택, 기본대출이 삶을 지키는 새로운 표준이 될 것이라고 했다. 박남춘 인천시장은 2021 신년사에서 소득·건강·주거·교육·돌봄의 5대 영역에 걸친 '인천 복지기준선' 마련을 강조했다. 인천시는 5년간 이 분야에 약 11조원을 투입한다. 수도권과 지방의 구조적 불평등에 복지 격차가 겹친다. 지방에서 보면 서울, 경기도는 별천지다. "수당 타러 상경하겠다"는 얘기가 나온다. 인구 이동 측면에서 보면 수도권 승리의 방정식이다. 지방 지자체의 청년수당 도입이 확산하는 이유다. 재정난의 지방으로선 울며 겨자 먹기다.

수도권은 잘 나가던 때의 북유럽형 복지 모델이다. 유럽서도 지금은 현금성 복지는 줄이는 추세다. 지방은 상당수가 개발도상국형 토건 모델이다. 단체장의 신년사 공동 키워드가 인프라·일자리·(관광, 산업) 유치다. 소멸 위기 기초단체가 몰린 광역도 지사엔 살길이 먼저다. 서울과 경기도의 공정 사회론은 사치다. 문재인 정부는 국가균형발전을 내걸고 있지만 두 단체장에 제동을 걸지 않았다. 진정한 균형발전은 공공기관 이전이나 지방 사회간접자본(SOC) 투자가 아닌 일자리·복지 사다리나 안전망의 지역 불균형 해소다. 지방 인구가 수도권으로 유출되는 한 균형발전은 공염불이다.

정치의 수도권 독점도 빼놓을 수 없다. 인구 집중은 곧 유권자 집중이다. 전체 지역구 253곳 가운데 수도권 지역구가 121곳이다. 경기도는 수원시만 5개 선거구가 있고, 4개 선거구인 곳도 성남·부천·안산·고양·용인의 5개시나 된다. 반면 지방 광역 도엔 4개 시·군이 1개 선거구인 곳이 수두룩하다. 선거구 지도는 인구의 수도권 집중과 지방의 공동화(空洞化)를 상징한다. 국회의원의 수도권 집중은 수도권에 유리한 정책을 양산하기 마련이다. 선거구민의 이익을 우선하지 않는 국회의원은 없다. 중심과 주변을 낳는 정치적 구조는 견고하다. 하나의 예가 고향사랑 기부제다. 20대 국회에 법률 제정·개정안 15건이 제출됐지만, 소관 행정안전소위도 통과하지 못했다. 법안이 수도권 활성화와 연결되는 제도였더라도 이랬을까. 지방에서 보면 국회도 수도권 중심 공화국의 한 장치일 뿐이다.

수도권의 규제 완화는 기업의 지방 이탈을 재촉하는 요소다. 기업은 같은 조건이라면 사람과 수요가 더 많고 교통 접근성이 좋은 곳을 선호하기 마련이다. 이관률 충남연구원 선임연구위원은 "2000년 이후 수도권 규제 완화가 지속적으로 추진된 것은 수도권 국회의원의 개별입법에 의한 규제완화라는 특징을 보이고 있다"며 "장기적으로 현행 인구 비례와 지역 비례의 혼합 형태로 국회의원 수를 산정하는 방식 등을 고려해야 할 것"이라고 주문한다. 현재처럼 정치권력의 수도권 집중이 강화하면 수도권 집중이 더 심해질 수 있다는 얘기다. 더구나 교통망이 발달하면서 수도권은 남하(南下)하고 동진(東進)하고 있다. 서울 강남에서 고속버스로 1시간 25분 걸리는 청주국제공항은 사실상 수도권 서브 공항 역할을 하고 있다. 서울~춘천 간은 열차로 1시간 남짓이다.

국가균형발전과 수도권 일극 해소는 첫째도, 둘째도 일자리다. 일이 사람을 부른다. 지방으로 기업 본사의 기능 이전·분산이나 창업이 함께 가야 한다. 지방행 기업에 획기적 세제 혜택 등의 인센티브가 필요하다.

분산형 사회 구축은 코로나 팬데믹의 교훈이기도 하다. 지방 도시의 자구책도 긴요하다. 교육·의료·문화·여가 환경 정비로 인구의 댐을 만들어야 한다. 수도권 집값 폭등이 촉발한 과밀화 문제를 대증적 정치 요법이 아닌 국토 대개조로 승화시키는 구상력과 로드맵이 절실하다. 한국의 뉴프런티어는 한국 안에 있을 것이다.

지방의 패자 방정식

지방 소멸은 수도권 극점(極點) 사회와 동전의 양면이다. 수도권이 사람과 정치·경제·문화·교육·의료의 인프라가 언덕을 구르는 눈덩이 격이라면 지방은 햇볕 든 처마 밑 고드름 꼴이다. 중심과 주변, 부익부 빈익빈의 구조라 할까. 수도권은 당기고, 지방은 빨려 들어간다. 지방은 다시 대도시와 중소 도시 간에 인구나 각종 인프라의 위계가 형성된다. 산업화로 젊은이의 이촌향도 물결이 휩쓸면서 읍·면 단위는 과소 지역이 됐다. 먼 바다로 나간 연어는 태어난 강으로 회귀하지 않았다. 읍·면은 그냥 공동화된 게 아니라 고령자 주축의 한계마을 집합체가 수두룩하다. 공동체 유지가 발등의 불이다. 면 단위로 가면 쉬 접하는 빈집과 폐교는 지방 붕괴를 상징한다. 고도 성장기 노동력·식량의 공급원이던 농산어촌의 과거 재생(再生)은 불가능에 가깝다. 도시 청년이나 은퇴 세대의 귀향 귀촌은 한계마을에 새 활력소지만 농산어촌을 과거로 되돌릴 수준은 아니다. 젊은 인구, 그중에서도 여성 인구 자체가 적은 만큼 출산율이 크게 올라도 출생아수는 급증하지 않는다. 농산어촌의 생활 인프라를 가능한 한 중심부로 모으는 압축 도시(Compact City)는 인구 축소 균형 시대의 불가피한 선택이다. 도시 재생이 아닌 지방의 인프라 지도를 바꾸는 압축 도시 건설은 21세기 판 새마을운동, 한국판 뉴딜이 될 수도 있다. 홀쭉해진 몸에 맞게 옷을 다시 맞추는 생활 인프라 개조와 무분별한 토건형 인프라 투자는 구별돼야 한다. 대형 토건사업은 지방의 경기 부양에 일조하고, 편익을 가져오겠지만 인구가 감소하면 인프라의 역습에 직면하게 된다. 노후화한 인프라 유지비는 결국 미래 세대 몫이다. 일본 광역 지자체 가운데 대표적 과소지인 홋카이도(北海道) 내 철도노선 폐선은 인구 감소 여파다. 현장에 두 발을 딛고 상상력을 현실화할 능력을 우리는 갖고 있는 것일까. 전문 영역 분화의 시대에 각계 전문가를 제대로 모아 국토를 재설계할 비전과 융합력을 보유하고 있는 것일까. 적확한 진단과 종합 처방을 하지 못한다면 우리 사회의 능력 문제이고, 그런 시도조차 않는다면 모두의 직무유기다.

지방소멸 문제가 체계화하고, 정책의 영역이 된 것은 지표화(指標化)의 공이 크다. 아무리 현장을 다녀도 눈에 보이는 것은 부분일 뿐 전체가 아니다. 지방소멸 지표는 일본에서 먼저 나와 큰 반향을 일으키면서 지방창생 정책의 촉매가 됐다. 지방창생은 2014년 이래 일본 내각의 간판정책으로, 인구감소 대책, 수도권 일극 해소와 지방 회생, 관광활성화를 망라한 종합 전략이다. 이를 맡는 내각의 조직(마을·사람·일 창생본부)과 각료직(지방창생 대신)도 신설했다. 한국에서는 일본 연구를 응용한 지방 소멸지수가 나와 지방소멸이란 말이 보편화됐다. 시계열상 일본부터 먼저 소개한다.

일본서 나온 지표는 '소멸 가능성 도시'다. 2014년 5월 민간 정책제언기관인 일본창성(創成)회의 인구감소문제검토분과회가 '스톱 저출산·지방활기전략'이란 보고서를 통해 공개했다. 일본창성회의는 공익재단법인인 일본생산성본부가 2011년 5월 발족한 회의체로, 인구분과회 좌장은 마스다 히로야(增田寛也) 당시 도쿄대 대학원 객원교수다. 마스다는 옛 건설성 관료 출신으로 이와테(岩手)현 지사 3선, 총무상을 지냈으며 2020년 이래 일본우정(郵政) 그룹 지주회사 사장을 맡고 있다. 분과회 멤버는 마스다 외 10명이다. 분과회는 소멸 가능성 도시를 도출하기 위해 독자적인 분석틀을 만들었다. 첫째는 20~39세 여성 인구를 인구의 '재생산력'을 나타내는 지표로 삼았다. 근거는 합계출산율 1.41명을 기록한 2012년의 출산 여성 가운데 20~39세가 95%인 점에 착안했다. 20~39세 여성 인구가 감소하는 한 총인구 감소는 멈추지 않는다는 전제를 깔고 있다. 둘째는 국립사회보장·인구문제연구소가 2013년에 발표한 지역별 장래추계인구에 2010~15년의 인구이동 수준을 적용했다. 지방 인구의 대도시권 유입(인구 이동)도 산정하는 만큼 지방 인구는 단순 추계보다 더 줄게 된다. 이 분석틀로 전체 시·구·정·촌(市區町村·기초단체) 1799곳의 2040년 20~39세 여성 추계 인구가 2010년의 절반 이하로 감소하는 지자체를 소멸 가능성 도시로 삼았다. 그 결과, 2010~40년 기간 전체의 49.8%인 896개 기초단체가 소멸 가능성이 있는 것으로 나타났다. 2040년에 인구가 1만 명이 안 되는 지자체도 523곳(전체의 29.1%)으로 추계됐다. 47개 도도부현(都道府縣·광역단체) 별로는 아오모리(青森)·이와테·아키타(秋田)·야마가타(山形)·시마네(島根)의 5개현은 시·정·촌의 80% 이상이 소멸 가능성 도시로 분류됐다. 이른바 '마스다 리포트 쇼크'였다.

일본 소멸 가능성 도시

자료: 일본창성회의

■ 소멸 가능성 도시 중 2040년에 인구가 1만명 이상인 기초단체(373)
■ 소멸 가능성 도시 중 2040년에 인구가 1만명 미만인 기초단체(523)

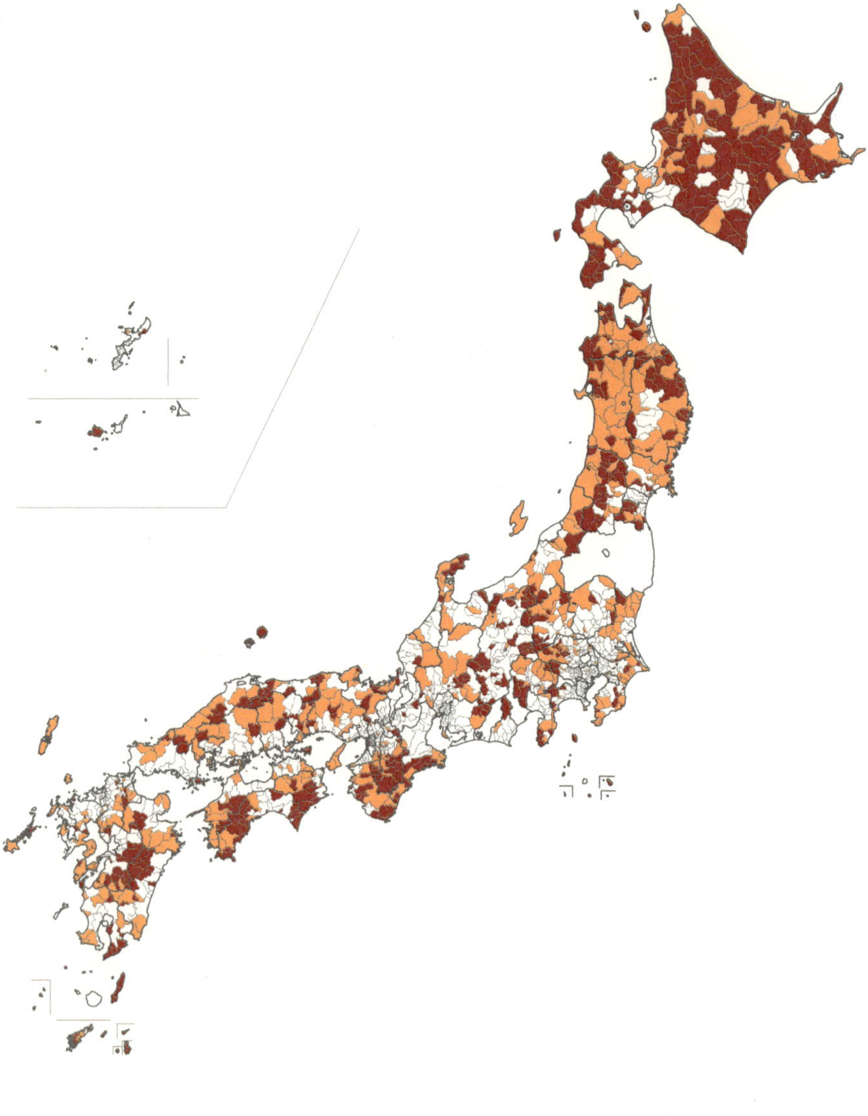

일본 광역단체별 소멸 가능성 도시 비율 단위: %

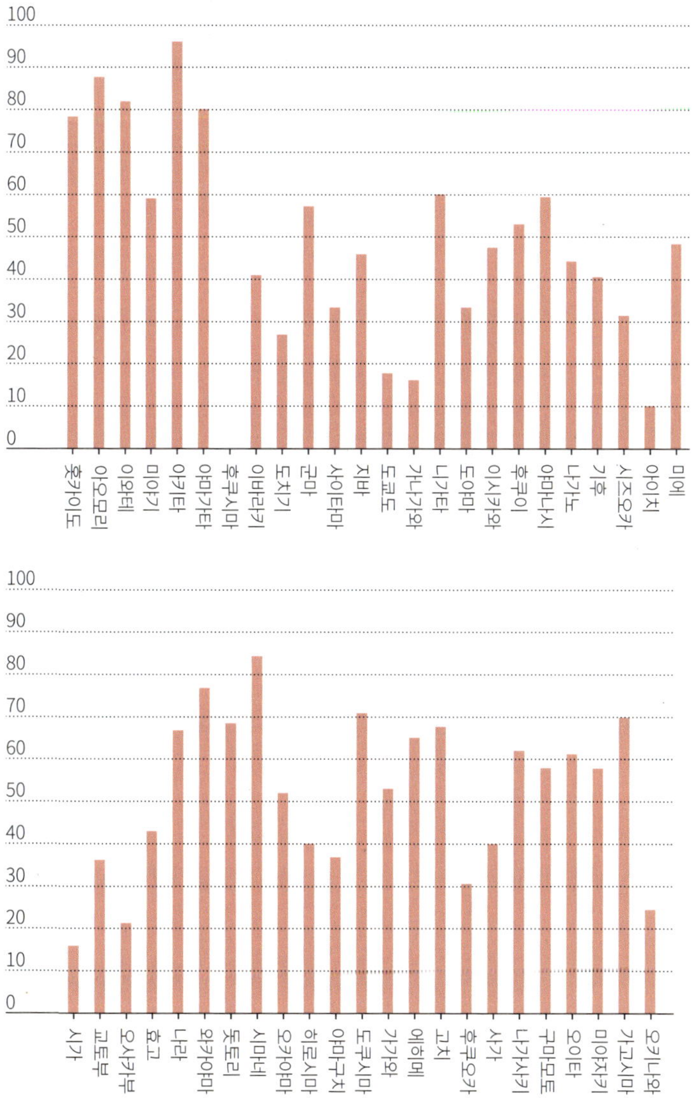

자료:일본창성회의 ※후쿠시마현은 제외

보고서는 이를 바탕으로 10개의 전략 기본방침을 내놓았다. ①인구감소의 심각한 상황에 대해 인식의 공유를 꾀한다. ②장기적이고 종합적인 관점에서 유효한 정책을 신속하게 실시한다. 내각에 '종합전략본부'를 설치하고 장래의 인구 감소에 입각한 '장기 비전'과 '종합전략'을 책정할 필요가 있다. 지역에서도 '지역전략협의회'를 설치하고 '지역판 장기비전'과 종합전략을 책정하는 것이 중요하다. ③제1의 기본 목표를 국민의 '희망출산율' 실현에 두고 국민의 희망을 저해하는 요인 제거에 나선다. 현 시점의 희망출산율은 1.8명 수준이 상정된다. 희망출산율은 2010년 기준 기혼자 비율(34%), 기혼 부부의 예정 출생아수(2.07명)와 미혼자 비율(66%)과 미혼자 결혼 희망비율(89%), 미혼자가 응답한 이상적 출생아수(2.12명) 등을 바탕으로 산출됐다. 인구가 증가도 감소도 하지 않는 균형 상태로 되는 합계출산율(인구 치환 수준)은 약 2.1명이다. ④희망출산율 실현을 위해 젊은이가 결혼해 아이를 낳고 키우기 쉬운 환경을 만들도록 모든 정책을 집중한다. 기업의 협력은 중요한 요소다. ⑤여성만이 아니라 남성의 문제로서도 대응한다. ⑥새로 생겨나는 비용은 '고령자 세대에서 미래세대로의 지원' 이라는 방침 아래 고령자 정책 수정 등을 통해 대응한다. ⑦제2의 기본목표를 지방에서 대도시로 젊은이가 유출하는 '사람의 흐름'을 바꾸는데 두고, '도쿄 일극집중'에 제동을 건다. ⑧선택과 집중의 사고 아래 지역의 다양한 대응을 지원한다. ⑨생산가능인구가 감소하는 만큼 여성과 고령자, 해외 인재가 활약할 수 있는 사회 만들기에 강력하게 나선다. ⑩ 해외 인재의 수용은 '고도 인재'를 중심으로 진행한다.[15]

보고서의 요체는 복합 처방이다. 희망출산율 실현을 위한 환경 조성 외에 도쿄 일극 집중을 막기 위한 인구 이동에 주목했다. 대도시권 출산

---

15 "成長を続ける21世紀のために「ストップ少子化·地方元気戦略」", 日本創成会議·人口減少問題検討分科会, 2014.5.8

율이 지방보다 낮은 만큼 대도시권으로의 지방 인구 유출이 인구 감소에 박차를 가한다는 얘기다. 자연스레 젊은 여성의 대도시권 유출을 막기 위한 매력적인 지방 중핵(中核)도시 건설이 해법으로 제시됐다. 지자체 전체가 아닌 중핵도시를 인구 방위선으로 삼는 선택과 집중 방식이다. 도쿄권에 대해선 국제도시로의 비전을 제시했다. 해외 인재와 자원을 대담하게 유치하고 세계의 다양성을 적극적으로 받아들일 것을 주문했다. 도쿄권의 국제 경쟁력을 훼손하지 않고 지방으로 사람의 흐름을 만들어야한다는 얘기다.

보고서 공개 두 달 후인 2014년 7월 전국 지사회(知事會)는 '저출산(少子化) 비상사태 선언'을 했다.[16] 선언은 비장했다. "일본 전체가 쇠퇴로 가는 장대한 시나리오가 생기고 있다. 저출산 대책을 국가 과제로 삼아 중앙과 지방이 총력으로 대책을 강화해 나라의 미래를 바꾸는 것이 우리에게 주어진 사명이다." 야마다 게이지(山田啓二) 당시 지사회 회장(교토부 지사)는 "일본은 죽음에 이르는 병에 걸려 있다"고 했고, "도쿄는 개미지옥, 인구를 감소시키는 최대 요인"이라는 격한 발언도 나왔다.[17] 아베 신조(安倍晋三) 당시 일본 총리는 9월에 총리 직속 내각부에 마을·사람·일 창생본부를 설치했다. 일자리가 사람을 부르고 사람이 다시 일을 끌어들이는 마을을 만들겠다는 뜻의 조직이다. 본부장은 아베가 맡았고, 전 각료가 참여했다. 인구 감소 대책과 지방 활성화를 최우선 과제로 삼겠다는 결의였다. 아베는 같은 달 개각에서 지방창생 장관을 신설하고 정적인 이시바 시게루(石破茂) 전 자민당 간사장을 앉혔다. 이시바는 지방창생의 전도사가 됐다. 전국을 돌며 국민운동을 벌였다. 캐치프레이즈는 "지방창생이 일본

16 "平成26年07月15日、16日「全国知事会議」の開催について", 일본 전국지사회 홈페이지, 2021.6.14 열람

17 『地方創生を考える: 偽薬効果に終わらせないために』, 諏訪雄三, 新評論, 2015.9.9

창생"이었다. 아베 내각은 11월에 지방창생법을 제정했고, 연말엔 지방창생 장기비전과 5개년 종합전략(2015~19년)을 내놓았다. 유례없는 속도전이었다. 중앙과 지자체가 손을 맞잡는 지방창생은 일본에서 제3의 길이다. 인구 대책을 국토 균형발전과 접목하고 있다. 전후 1990년대까지의 중앙주도 지방 개발, 이후의 지방 분권, 지역 주권과는 궤를 달리한다. 마스다 리포트가 모태가 된 일본의 지방창생 종합전략 내용은 후술한다. 마스다는 2014년 8월 보고서 내용이 담긴 『지방소멸』 책을 출간했다. 2015년에는 지방의 젊은이를 흡수해온 수도권에도 고령화의 쓰나미가 몰려와 요양이 파탄날 것이라고 경고한 『도쿄소멸』을 냈다. 마스다는 2014년 와타베 겐이치(渡部賢一) 노무라자본시장연구소 이사장과의 대담에서 "지금까지 인구 격감이라는 불편한 진실을 국민이 정확히 이해하고 위기의식을 갖는 것이 첫 번째라고 생각했는데 겨우 실태가 알려진 것 같다"고 했다. 국민의 위기의식 공유가 문제 해결의 첫걸음이라는 점은 공감을 불러일으키는 대목이다.[18]

228개 시군구별 지방소멸위험 현황 ※2018. 6

명칭		소멸위험지수
소멸위험 매우 낮음		**1.5 이상**
소멸위험 보통		**1.0 ~ 1.5 미만**
주의단계		**0.5 ~ 1.0 미만**
소멸위험지역	소멸위험진입 단계	**0.2 ~ 0.5 미만**
	소멸고위험 지역	**0.2 미만**

18 野村資本市場クォータリー 2014年秋号

광역단체별 지방소멸 위험지수 변화 추이

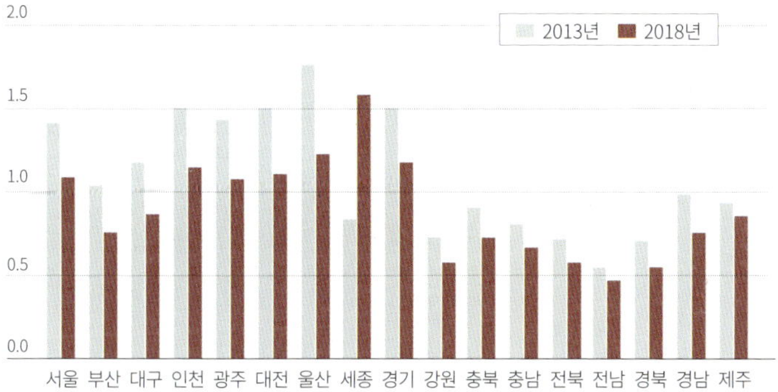

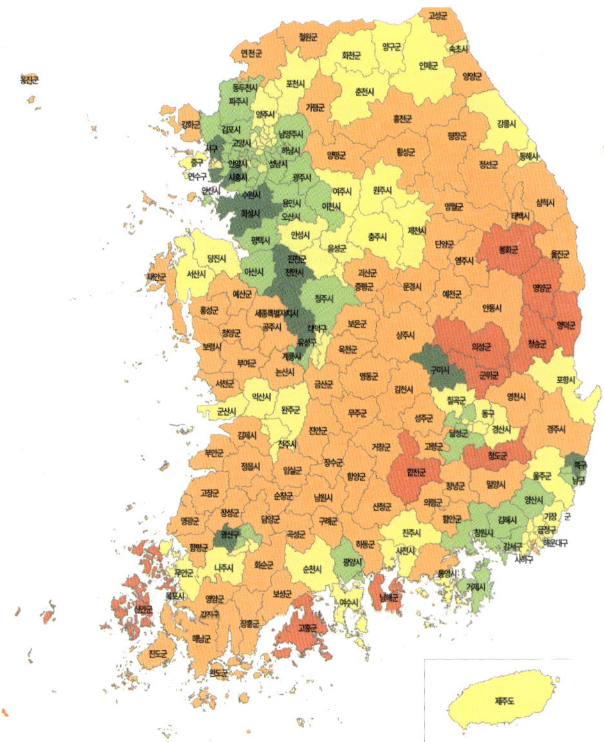

자료:한국고용정보원

한국은 한국고용정보원 이상호 박사의 지방소멸 위험지수가 대표적이다. 어떤 지역이나 공동체의 소멸 위험지수는 20~39세 여성 인구를 65세 이상 인구로 나눈 수치로, 그 값이 1.0 이하로 하락하면 공동체는 인구학적 쇠퇴 위험 단계에 진입한다는 것이다. 이 박사는 이를 바탕으로 2016년 소멸위험 지자체의 주요 인구지표를 공개했다.[19] 2018년에는 이 지수를 세분화해 0.2 미만을 소멸 고위험 지역, 0.2~05 미만을 소멸위험 진입 단계, 0.5~1.0 미만을 주의 단계, 1.0~1.5 미만을 소멸위험 보통 단계, 1.5 이상을 소멸 위험이 낮은 단계로 분류했다. 228개 시·군·구와 3463개 읍·면·동 소멸위험 지수는 국가통계포털(KOSIS)에서 제공하는 2013~18년 주민등록인구통계 자료를 활용해 산출했다.[20] 그 결과, 2018년 6월 현재 광역단체 별로는 전남의 소멸위험지수가 0.47로 가장 심각했고, 다음은 경북(0.55), 전북·강원(0.58), 충남(0.67), 충북(0.73) 순이었다. 반면 세종시는 1.59로 소멸 위험이 낮았다. 시·군·구는 228곳 가운데 39%(89곳)가 지수 값 0.5 이하의 소멸위험 지역으로 나왔다. 소멸위험 시·군·구는 2013년 7월 대비 14곳, 2017년 7월 대비 4곳 늘어났다. 소멸위험 지역엔 2016년에 부산 영도구와 동구가, 2017년에 안동시가, 2018년에 부산 중구, 경주시, 김천시도 들어간 것으로 조사됐다. 소멸위험이 큰 기초단체는 의성군(0.151), 고흥군(0.161), 군위군(0.169), 합천군(0.171), 남해군(0.179), 청송군(0.184), 영양군(0.187), 청도군(0.194), 봉화군(0.197), 영덕군(0.198) 순이었다.

읍·면·동으로 세분화하면 소멸위험 지역은 전체 43.4%(1503곳)으로 소멸위험 비중이 더 커지는 것으로 나타났다. 읍·면·동 소멸위험 지역의 인구 이동을 보면 2013~18년 5년간 30대 이하 인구 34만2000명이 순

19 "지역 고용동향 브리프", 한국고용정보원, 2016년 봄호

20 "고용동향 브리프", 한국고용정보원, 2018년 7월호

유출 됐다. 청년층이 일자리, 대학 진학, 결혼·출산·양육을 위해 수도권이나 인근 대도시로 떠나면서 소멸위험이 높아지는 것으로 분석됐다. 일본의 소멸 가능성 도시와 한국의 지방소멸 지표는 산출 방식은 다르지만 모두 젊은이 유출이 결정적 요인이라는 점을 일러준다.

농촌 빈집과 폐교는 지방 소멸을 상징한다. 농촌 빈집은 증가일로다. 한국농촌경제연구원이 한국전력공사의 '전력데이터 개방포털시스템'을 활용해 농촌 지역에서 12개월 동안 매달 전력사용량이 10㎾h 이하인 주택수를 분석한 결과, 2019년 기준 전국 농촌 빈집은 26만524동으로 조사됐다. 이는 농촌(읍+면) 전체 주택용 전기 계약 가구(522만2816동)의 4.99%다. 월 10㎾h는 4인 가족 1가구의 하루 평균 전력 사용량에 해당한다. 이 기준을 적용한 2010년 농촌 빈집은 15만5912동으로, 9년 만에 10만동 이상 늘어난 셈이다. 2019년 기준 읍·면 별 빈집 비율은 면 단위가 6.48%로, 읍(3.36%)보다 두 배 가량 높다. 시도별로는 전북이 7.43%로 가장 높고, 다음은 전남(6.92%), 인천(6.13%), 경북(6.04%), 경남(5.63%), 충북(5.21%), 강원(4.66%), 충남(4.53%) 순이었다.[21]

폐교도 빈집과 한가지다. 지방교육재정알리미의 21년 5월 1일 기준 시도 교육청 폐교재산 현황에 따르면 전국 폐교 학교 수는 모두 3855곳이다. 이중 전남이 833곳으로 가장 많고, 다음은 경북(732곳), 경남(582곳), 강원(464곳), 전북(326곳), 충남(265곳), 충북(254곳) 순이다. 서울은 3곳으로 가장 적다.

대통령 직속 국가균형발전위원회(균형위)가 개발해 2019년 8월 공표한 전국 광역·기초 지방자치단체의 균형발전 지표도 지방소멸 위험지수와 같은 흐름이다.[22] 지표는 지자체의 1975~2015년 40년간 연평균 인구

21 "농촌 빈집 실태와 정책 과제", 한국농촌경제연구원, 2020.10.1

22 "지자체 첫 균형발전 지표…기초단체 상위 10% 경기가 싹쓸이", 오영환, 중앙일보, 2019.08.29

증감률과 2015~17년 3년간 평균 재정자립도를 핵심지표로 삼아 마련한 것으로, 균형위 차원의 지자체 재정 지원의 잣대로 활용된다. 균형발전 순위는 인구 증가율과 재정자립도가 높을수록 올라간다. 균형위가 핵심 지표를 17개 광역단체에 적용한 결과, 균형발전 상위 25%(4곳)는 경기도·울산광역시·인천광역시·서울특별시 순으로 집계됐다. 서울시는 광역단체 가운데 3년간 평균 재정자립도가 85.5%로 가장 높았지만 40년간 연평균 인구 증가율이 0.91%이어서 경기도(재정자립도 70.4%, 인구 증가율 3.56%), 울산시(70.1%, 2.86%), 인천시(67.5%, 2.78%)에 뒤졌다. 균형발전 지표 하위 4곳은 전라남도(17위), 전라북도(16위), 강원도(15위), 경상북도(14위) 순이다. 이들 4개 광역단체의 3년간 평균 재정자립도는 모두 30%대이고, 인구 증가율도 마이너스를 기록했다. 중위 9곳 순위는 세종특별자치시(5위), 대전광역시(6위), 광주광역시(7위), 대구광역시(8위), 부산광역시(9위), 제주특별자치도(10위), 경상남도(11위), 충청북도(12위), 충청남도(13위)다.

광역단체와 자치구를 제외한 159개 기초단체(157개 시·군+제주시·서귀포시)의 균형발전 지표 상위 10%(16곳)는 고양·과천·광주·군포·김포·부천·성남·안양·화성(가나다순) 등 모두 경기도 시가 차지했다. 하위 16곳은 경북이 7곳(군위·봉화·영덕·영양·예천·울릉·청송군)으로 가장 많았다. 다음은 전남 6곳(강진·구례·보성·신안·장흥·함평군), 전북 3곳(순창·임실·진안군)이다. 상위와 하위를 25%(40곳)로 확대해도 상위는 경기도가 24곳으로 압도적으로 많았다. 다음은 경남 5곳, 충남 3곳 순이다. 하위 25%의 경우 경기도 기초지자체는 들어가지 않았고, 경북·전북 각 10곳, 전남 9곳, 경남 5곳, 충남 3곳 순으로 집계됐다. 균형발전 지표의 수도권과 경북·전남북 간 격차는 수도권 중심의 사회와 지방 쇠퇴를 상징한다.

균형위의 지자체 재정 지원은 취약지역 생활여건 개선사업(새뜰마을사업), 생활 SOC 복합화 사업, 지역발전 투자협력 사업이 있다. 균형위는 핵심지표 외에 주거·교통, 산업·일자리 등 8개 부문의 41개 지표(부문 객관 지표)와 지역 주민 만족도(2만 21000명 대상)도 함께 마련한 만큼 이들 지표가 중앙 정부의 다른 지자체 지원 사업에도 활용돼야 한다는 지적이 나온다.

일본은 1970년 이래 의원 입법 형태로 과소(過疏)지역 대책 특별조치법을 5차례(법명은 상이) 제정하면서 인구와 재정력을 기준으로 과소 지자체를 정하고 지원해왔다. 1970~79년의 과소지역대책긴급조치법의 인구 요건은 1960~65년의 인구 감소율이 10% 이상이고, 1966~68년 재정력 지수(재정 수입액을 재정 수요액으로 나눈 값)가 0.4 미만이다. 이를 요건으로 한 1979년 상황은 전국 3255개 시·정·촌 가운데 1093곳이 과소지역으로 분류됐다. 2000~20년의 과소지역자립촉진특별조치법의 경우 과거에 비해 인구 요건이 세분화됐고, 시기마다 인구와 재정력 요건이 달랐다. 2017~20년 구간의 인구 요건은 네 가지 가운데 하나만 충족하면 과소지가 된다. ①1970~2015년(45년간) 인구감소율 32% 이상 ②같은 기간 인구감소율 27% 이상 및 2015년 고령자비율 30% 이상 ③같은 기간 인구감소율 27% 이상 및 2015년 15세 미만 인구비율 11% 이하 ④1990~2015(25년) 인구 감소율 21% 이상이다. 재정력의 경우 2013~15년의 재정력 지수가 0.5 이하가 요건이다. 2017년 4월 현재 과소지역은 1718개 시·정·촌 가운데 817곳이었고, 2021년 4월 현재는 820곳이다.[23]

문제는 수도권 집중과 지방 소멸의 흐름을 멈추는 종합 대책이다. 지표는 있지만 정치한 종합 설계도가 없다. 관련 싱크탱크의 보고서도 상당 부분 현상과 원인 쪽에 가 있고, 대책은 성긴 감을 준다. 지방 소멸과 수도권 극점사회를 다개해나갈 국토 대개조의 구상력과 강력한 컨트롤타워는 불가결하다. 관료사회의 고질적 부처 간 칸막이 행정이나 전례 답습

23 "過去の過疎対策法について", 일본 총무성 홈페이지, 2021.6.14 열람

주의로는 답이 없다. 그동안 부처마다의 정책을 바닥부터 통째로 재점검·재검토해서 새 마스터플랜을 마련하고, 청와대 내에 별도의 컨트롤타워를 설치해야 한다. 위기는 비상 대책을 필요로 한다.

서울은 글로벌 금융허브로

국가 균형발전을 두고선 오해도 없지 않다. 수도권 집중 해소와 지방 회생을 당면 과제로 삼다보면 수도 서울의 위상 문제가 제기된다. 이 문제는 이것이냐 저것이냐의 이분법적 제로섬 게임이 아니다. 한국의 얼굴인 서울의 강점은 그대로 살리면서 지방 분산과 활성화에 나서야 윈-윈(win-win) 관계가 된다. 지방 활성화를 한다고 그동안 서울이 차곡차곡 쌓아 올려온 국제 경쟁력과 명성을 훼손해선 안 된다. 글로벌 도시로서 서울의 경쟁력과 매력은 한껏 높이면서 지방과의 상생 발전을 꾀해야 국가라는 수레바퀴가 제대로 굴러간다. 서울의 글로벌 금융허브(hub) 위상도 이런 차원에서 접근해야 한다.

금융 허브에 대한 명확한 정의는 없다. 일반적으로 여러 금융 기관과 투자 집단이 집적해 세계의 우수 인재와 자금, 정보가 모이고 금융상품의 글로벌 거래가 이뤄지는 도시로 이해되고 있다. 금융 허브는 세계 패권 추이와 동전의 양면이기도 하다. 17세기 네덜란드가 패권을 장악했을 땐 국제 금융의 중심은 수도 암스테르담이었다. 18~19세기 대영제국의 해가 지지 않았을 땐 런던이, 20세기 팍스 아메리카나 땐 뉴욕이 글로벌 금융허브였다. 런던, 뉴욕은 지금도 금융 허브로 번영하고 있다.

글로벌 금융 허브를 둘러싼 각국의 경쟁은 치열하다. 미국의 상대적 퇴조와 중국의 급부상이 얽힌 패권 대립의 좌표축이 세계 금융지도에도 반영되는 분위기다. 여기에 유럽과 아시아 금융 허브를 대표하는 런던과 홍콩의 정치 환경이 급변했다. 영국이 유럽연합(EU)을 탈퇴했고, 중국이 홍콩에 대한 강권 지배에 나섰다. 금융 질서의 새 판이 짜일지도 모른다. 최근 10년간 국제금융센터지수(GFCI) 보고서의 창(窓)에 비친 금융 허브의 경쟁력도 다극화가 뚜렷하다. 중국의 약진이 두드러졌다.

GFCI는 영국 싱크탱크 지옌(Z/Yen)이 2007년 이래 3월과 9월에 내는 금융허브 도시 경쟁력의 대표적 잣대다. 16년부턴 중국종합개발연구원(CDI)이 파트너로 참가 중이다. GFCI 보고서는 비즈니스 환경, 인적 자본, 인프라, 금융부문 발전, 평판의 5개 분야를 점수화해 금융센터 순위를 매긴다. 2021년 3월 보고서(GFCI 29)는 143개의 정량 지표와 1만774명 대상 설문 조사를 바탕으로 삼았다. 그 결과, 10위권은 ①뉴욕 ②런던 ③상하이 ④홍콩 ⑤싱가포르 ⑥베이징 ⑦도쿄 ⑧선전(중국) ⑨프랑크푸르트 ⑩취리히 순이다. 뉴욕은 764점이고, 2위 런던(743점)~7위 도쿄(736점)까지의 점수는 순위 별로 1점 차이에 불과하다. 서울(713점)과 부산(677점)은 16위, 36위다.[24]

GFCI29분야별 도시 경쟁력

	비즈니스환경	인적자본	인프라	금융부문 발전	평판
1	뉴욕	뉴욕	뉴욕	런던	뉴욕
2	싱가포르	런던	런던	뉴욕	싱가포르
3	런던	싱가포르	상하이	싱가포르	런던
4	홍콩	홍콩	홍콩	선전	홍콩
5	베이징	상하이	싱가포르	홍콩	취리히
6	상하이	도쿄	도쿄	상하이	상하이
7	샌프란시스코	베이징	베이징	취리히	베이징
8	도쿄	파리	암스테르담	프랑크푸르트	도쿄
9	시카고	브뤼셀	취리히	서울	제네바
10	프랑크푸르트	룩셈부르크	보스톤	로스엔젤레스	에든버러

24 The Global Financial Centres Index 29, March 2021, Z/Yen & CDI

2011~21년의 20회 보고서 가운데 톱 7을 기준으로 삼아보자. 전 기간 순위 1, 2위는 뉴욕과 런던이다. 뉴욕은 14년 3월 처음 1위로 올라섰다. 15년 9월 런던에 1위를 내주었다가 18년 9월 이래 수위를 유지하고 있다. 두 도시에 대해선 긴 설명이 필요 없다. 신구 패권 국가의 프리미엄을 향유한다. 미 달러는 세계 기축 통화이고, 20년 12월 기준 뉴욕 증권거래소와 나스닥의 시가총액은 세계 전체(110조 달러)의 약 40%다. 런던은 외환시장에서의 영향력이 강하다. 브렉시트(Brexit)로 유럽 대륙의 취리히나 프랑크푸르트가 얼마나 반사이익을 볼지 관심거리다.

3, 4위는 19년 9월까지 홍콩과 싱가포르의 고정석이었다. 두 도시 간 순위는 엎치락뒤치락했다. 홍콩은 중국 기업의 자금 조달 현관이다. 싱가포르는 자산운용업의 선진 도시다. 낮은 소득세·법인세와 영어 소통도 두 곳의 강점이다. 하지만 20년 3·9월과 21년 3월 홍콩은 6→5→4위를, 싱가포르는 5→6→5위를 기록했다. 대신 상하이(4→3→3위)와 도쿄(3→4→7위)가 치고 들어왔다. 홍콩의 순위 변동은 20년 홍콩국가안전유지법 제정, 정정 불안과 맞물려 있는 것으로 보인다. 그렇다고 당장 홍콩의 금융허브 지위가 흔들릴 가능성은 낮다는 분석이 지배적이다. 중국의 관문 역할과 위안화 역외 유통시장을 대체할 도시가 없다. 하지만 홍콩의 중국화(一國一制)가 가져올 불확실성은 엄존한다. 홍콩 매체 빈과일보의 폐간은 중국 강압 정책의 결정판이다. 일본의 적극적 금융허브 전략은 홍콩의 원심력을 겨냥한 포석이다. 지난 10년간 5~7위는 아시아·유럽·미주 도시로 빈번히 교체됐다.

한·중·일로 포커스를 좁혀보자. 중국 도시의 상승 기류가 단연 눈에 띈다. 상하이· 베이징·선전이 20년 9월 이래 두 번 연속 10위권에 포진했다. 상하이는 처음으로 두 번 연속 3위였다. 1990년 상하이 푸둥(浦東)지구 개발·개방 결정 이래 30년 만이다. 국제금융센터 상하이는 중국의 국가

전략이자 비원(悲願)이다. 21년 7월 100주년을 맞은 중국 공산당의 창당 대회 장소는 상하이의 프랑스 조계(租界·외국인거류지)였다. 상하이의 GFCI 3위는 중국의 경제력에 비춰보면 자연스러운 흐름이지만 입성 시기는 홍미롭다. 상하이와 더불어 중국 개혁·개방의 시발점인 선전의 존재감도 꾸준하다. 중국은 이 세 도시 외에 광저우(22위)·청두(35위)·칭다오(42위)가 50위권에 들어갔다. 아태 지역 톱 15에 중국의 6개 도시가 포함된 의미는 적잖다. 금융 패권을 넘보는 새로운 중국의 모습이 현실화하고 있다.

한중일 주요도시 2011년~21년 GFCI순위

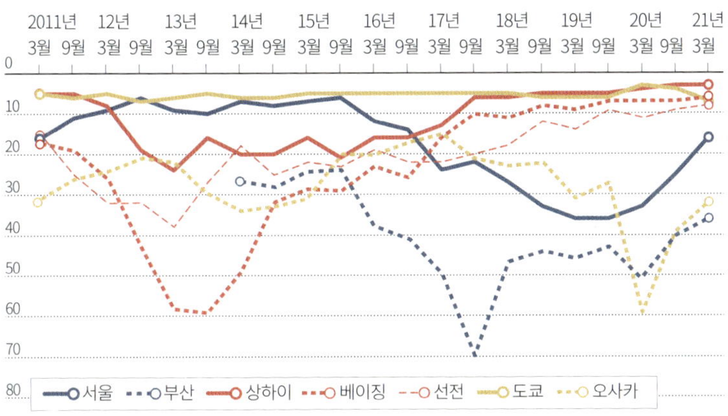

자료: Z/Yen

서울과 부산은 20년 9월보다 9·4 계단 올랐다. 하지만 서울이 12년 3월부터 8회 연속 10위권에 들어간 것과 비교하면 후퇴 국면이다.[25] 당초 서울의 꿈은 2020년까지 아시아 3대 금융 허브로의 발전이다. 2003년 동북아 금융허브 로드맵을 마련하면서 내놓은 목표였다. 세계 50대 자산운

25 The Global Financial Centres Index 29~10

용사 지역본부 유치 등 야심 찬 계획이 들어갔다. 하지만 글로벌 자산운용사의 국내 유치 성적표는 초라하다. 19년 기준 글로벌 자산운용사의 아태 본부는 모두 다른 나라에 있다. 외국계 금융회사는 162개로 16년(168개) 이래 감소세다.[26]

20년 5월 금융위원회의 '제5차 금융중심지 조성과 발전에 관한 기본계획(2020-2022)'엔 새로운 전략도, 결의도 보이지 않는다. "지난 20여년의 노력에도 불구하고 아직도 동북아 금융허브가 되는 길은 험난해 보인다. 외국계 금융회사와 전문가들은 홍콩, 싱가포르에 비해 높은 법인 및 소득세, 경직적 노동시장, 불투명한 금융 규제 등이 여전히 걸림돌임을 지적하고 있다." 20년 7월 금융중심지 추진위원회에서의 은성수 당시 금융위원장 발언이 한국의 현주소가 아닐까 싶다.[27] 이병윤 한국금융연구원 선임연구위원은 "글로벌 금융 중심지가 되려면 풍부한 비즈니스 기회, 세계 표준에 맞는 금융 관련법과 규정, 외국인이 살기 좋은 도시 등이 필요조건이지만 서울은 아직 아시아 최고가 아니다"며 "당분간 한계가 있는 만큼 소규모 특화 금융 중심지로 키우는 정책이 필요하다"고 말한다.

금융중심지로 지정된 서울(여의도)·부산(문현지구)의 생각은 어떨까. 정영준 서울시 경제정책과장과 임재선 부산시 서비스금융과장은 관련 실무를 총괄한다.

- 서울과 부산의 GFCI 순위가 20년 이래 상승세다.

(정 과장) "서울 순위 중 눈여겨볼 부분은 금융 산업의 미래 먹거리로 손꼽히는 디지털 금융 분야의 경쟁력이다. 핀테크 경쟁력 부문에서 114개 도시 중 13위를, 미래 부상 가능성이 높은 도시 부문에서 2위를 차

---

26 "금융중심지 위상 및 인지도 제고를 위한 연구", 자본시장연구원, 2019.12

27 "제43차 금융중심지추진위원회 개최", 금융위원회 보도자료, 2020.7.16

지한 점은 무엇보다 고무적이다."

(임 과장) "부산시는 20년 부산국제금융센터(BIFC)에 해외 금융기업 6개사를 유치했고, 국내 최초의 블록체인 특구로서 시범사업을 추진 중이다. BIFC 3단계 개발을 통한 금융 클러스터 조성에도 팔을 걷어붙이고 있다. 이런 점들이 순위 상승을 견인했다고 본다."

- 향후 역점 분야는.

(정 과장) "증권사·자산운용사·보험사의 전통 금융기관 중심지인 여의도가 핀테크와 기존 금융기관이 융합하고, 전문 인재들이 상주하는 새 금융 중심지로 탈바꿈하고 있다. 혁신 스타트업, 금융 전문인재, 금융기관의 집적 효과를 높여 여의도를 아시아 금융 허브로 만들어가겠다."

(임 과장) "핀테크 육성과 인프라 확충, 국내외 금융기관의 BIFC 내 유치를 통한 금융 분야의 집적화에 힘을 쏟을 계획이다. 산·학·연 연계 사업과 해외 마케팅에도 박차를 가하겠다." [28]

일본은 지난 10년간 도쿄가 GFCI 순위에서 3~7위다. 오사카는 15~59위로 진폭이 크다. 일본의 최근 움직임은 시사하는 바가 크다. 내각·집권 자민당·지자체가 국제금융도시 실현을 향해 함께 뛰고 있다. 올재팬(All Japan)이란 말이 나온다. 홍콩 사태를 계기로 거점 분산을 꾀하는 해외 투자업자 등을 유치하겠다는 전략이다. 자민당은 20년 7월 금융 인재 유입을 위한 프로젝트팀을 만들었다. 좌장은 JP모건 부사장 출신의 나카니시 겐지(中西健治) 참의원 의원이다. 스가 요시히데(菅義偉) 총리는 20년 9월 조각(組閣)에서 나카니시를 재무성 부대신(세제·국제금융 담당)에 발탁했다. 스가는 10월 국회 연설에서 "해외의 금융 인재를 받아들여 아시아, 나아가 세계의 국제금융센터를 지향하겠다. 이를 위해 세제(稅制), 행정 서비

---

28 서면 인터뷰, 2021.6.23

스의 영어 대응, 체류자격 완화를 신속하게 검토하겠다"고 했다. 21년 관련 조치들이 가시화했다. 국외 재산을 상속세 대상에서 제외하는 등 상속세와 법인세·소득세에 특례를 두는 법 개정에 나섰다.[29] 우리와 마찬가지로 해외 금융기관 유치의 고질적 장벽인 세제에 손을 댄 제도개혁은 결기의 표시다.

도쿄도는 19년 4월 민관 합동의 도쿄국제금융기구(핀시티 도쿄)를 설립해 도쿄의 매력을 발신해왔다. 21년에는 3년 전 만든 '국제금융도시 도쿄 구상'을 업데이트한다. 고이케 유리코(小池百合子) 도쿄도 지사는 "도쿄는 사람·재화·돈이 모이는 강점이 있는 만큼 아시아 제일이 충분히 가능하다"며 "지금은 세계·아시아의 금융 허브 지위를 확립하기 위한 큰 기회이자 마지막 기회"라고 했다.[30] 오사카는 아시아의 파생금융상품 거점으로 특화하겠다는 계획이다.

지금은 100년에 한 번 있을까 말까 하는 변혁의 시기다. 기술·산업혁명이 거세고, 미·중 패권 대립의 지정학도 점치기 어렵다. 금융 분야도 한가지다. 우리의 금융 경쟁력을 재점검하고, 금융 허브로 가는 전략을 다듬어야 할 때다. 무엇보다 범정부, 민관 합동의 새로운 청사진이 긴요하다. 금융 중심지는 일류(一流) 국가의 조건이다. 금융 허브 실현의 꿈을 멈춰선 안 된다.

---

29 "国際金融センター実現に向けた日本の取組み", ニッセイ基礎研究所, 2021.3.23

30 "国際金融ハブと日本の役割", 日経バーチャル·グローバルフォーラム 발표, 2020.12.2(니혼게이자이신문 지면 보도는 2020.12.17)

제2장

지방소멸 현장을 가다

지방 소멸지수 1위 의성군 르포

학교는 울고 있었다.

2019년 2월 12일 오전 10시 경북 의성군 금성면 금성여상 3층 강당. 3년생 28명의 마지막 졸업식은 시간이 갈수록 숙연해졌다. 1회 졸업생인 박란희 동창회장(60)이 "우리 학교가 이번 졸업으로 영원히 폐교되고 역사 속으로 사라진다"고 하자 참석자들이 눈물을 글썽였다. 남상은(20·구미시) 졸업생은 "3년간 버스로 통학한 학교가 없어진다고 하니 정말 우울하다"고 했다. 금성여상 폐교는 의성군 고교로는 네 번째다. 졸업생 28명 중 3명만 의성 출신이고 나머지는 구미에서 왔다. 김기복(94) 학교발전위원장은 "해마다 감소하는 입학생으로 불안과 초조 속에서 학교를 운영해오다 결국 취학생 부족으로 학교 문을 닫게 됐다. 이 운명적 대세를 누가 막겠느냐"고 울먹였다.

학교 붕괴는 소멸 덫에 걸린 의성군의 한 단면이다. 1983년 이래 초등학교 17곳, 중학교 5곳, 초중 분교 37곳이 문을 닫았다. 2017년 현재 의성군 전체 중학생은 687명으로, 과거 베이비붐 세대의 중학교 한 학년생과 비슷하다. 옥산면의 옥산중은 학생 수가 9명에 불과하다. 그나마 1학년생 1명이 전학 가는 바람에 2019년부터 2학년은 없어진다. 학교 관계자는 "귀농·귀촌한 분들 덕택에 학교가 유지되고 있다"고 말했다.

의성군은 2018년 말 기준 인구가 5만2944명으로, 전국 228개 기초단체(시·군·구) 가운데 소멸 위험이 가장 높다. 한국고용정보원 이상호 박사가 마련한 소멸 위험지수(20~39세 여성/65세 이상 인구)는 낮을수록 소멸 위험이 크다. 0.2~0.5 미만이면 소멸 위험 진입 단계, 0.2 미만이면 소멸 고위험 지역이다. 의성군은 0.151로 전국에서 가장 낮았다. 가임 여성이 도시로 빠져나가고 고령자가 늘면서 생겨난 지방 절벽이다. 의성군 측은 "2013년 이래 출생(200여명) 대비 사망(800여명)이 4배로 고착화했다"고 설명했다. 군민 평균 연령은 56세로 전국 42.1세보다 14세, 경북 44.9세보다 11세 높다. 65세 이상 고령화율은 38.8%다. 일본의 인구 5만명 이상 기초단체 중 가장 고령화율이 높은 니가타(新潟)현 사도(佐渡·5만7172명)시의 40.3%와 맞먹는다. 면(面), 리(里) 단위는 더 심각하다.

2월 2일 오후 4시 의성군 서부 신평면 면사무소 주변. 주말이지만 주위에 사람이 눈에 띄지 않았다. 아스팔트 포장길 옆 공터도, 안평초등학교 신평분교도…. 면사무소에 걸린 '활력 넘치는 희망 의성' 표지판이 무색했다. 이곳에서 만난 이정우 씨(51)는 "면의 약 10가구 중 3가구가 빈집"이라며 "어른들한테 긴급 상황이 생겨도 병원이 없어 인근 안동시로 나간다"고 말했다. 그러면서 "우리가 가장 젊은 축에 속한다"며 "아이 울음이 끊긴 마을이 적잖다"고 했다.

신평면은 의성군 내에서 대표적으로 인구가 적은 지역이다. 인구 799명으로 의성군 전체 18개 읍·면 중 유일하게 1000명을 밑돈다. 평균 연령은 64.2세이고, 고령화율은 53.9%다. 반면 15세 미만 인구는 18명(2.25%)에 불과하다. 신평면 교안 4리는 고령화율이 80%다. 신평면 마을은 향후 공동생활 유지를 장담 못 하는 한계 취락의 전형이다. 쇠퇴를 지나 소멸로 치닫고 있었다.

신평면과 맞닿은 안평면도 오십보백보다. 마을을 관통하는 도로 옆에 빈집이 적잖게 눈에 들어왔다. 안평면 금곡2리 노인회관에서 만난 박호윤씨(85)는 "한때 마을에 100호가 있었지만, 지금은 40호 정도밖에 없다"며 "전국에서 가장 오지 중의 하나인 신평면이 없어지면 그다음은 안평면일 것"이라고 자조했다.

2020년 의성군 인구 순이동 단위: 명

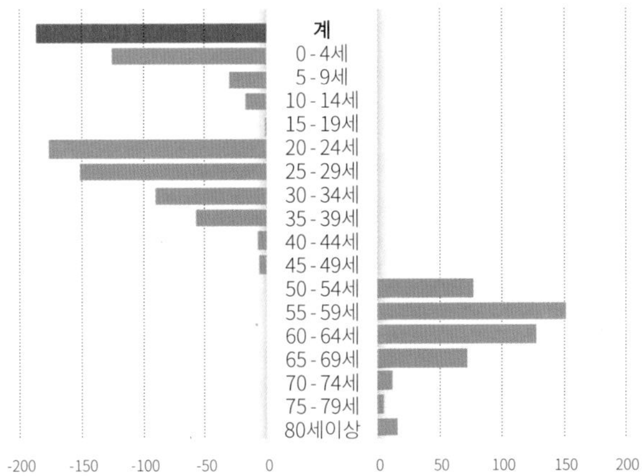

자료: 통계청

의성군 동부 중심지 의성읍이 활기를 잃은 지도 오래다. 2월 2일 정오 읍내 역전 오거리 앞. 시내버스 정류장 의자는 노인들로 빈틈이 없었다. 도시의 지천에 널린 프랜차이즈 커피숍도, 은행도 보이지 않았다. 주변은 흡사 의료가였다. 요양병원을 포함해 병·의원, 약국 10곳이 도로 양쪽을 메웠다. 동부 쪽엔 문 닫은 소규모 공장도 적잖았다. 신승호(65·공인중개사) 씨는 "유동 인구가 적어 주말에 문을 닫는 식당이 수두룩하고, 되는 장사는 장례식장(전체 10곳)밖에 없다"며 "일자리가 있으면 오지 말라고 해도 사람들이 올 텐데 돈이 안 되고 복지가 안 돼 있으니 의성을 살릴 방도가 없다"고 한숨지었다. 컬링의 본산이자 경북 한복판의 의성은 저출산·고령화·공동화의 쓰나미를 맞고 있었다.

열악한 출산, 의료 환경은 인구 유출에 한몫했다. 의성군 면적은 서울의 두 배지만 분만실과 산후조리원이 없다. 산전 진찰만 하는 외래 산부인과는 안계면의 Y 병원이 유일하다. 2015년 18년 만에 군에 개설됐다. 오동규 산부인과 과장은 "한 달에 8명의 산모가 찾아온다"며 "산모 대부분은 다문화 가정"이라고 말했다. 2019년 2월 현재 군의 다문화 가정은 274가구다. 출산은 주로 대구나 안동에서 한다. 어쩔 수 없는 '원정 출산'인 셈이다. 응급 의료기관은 두 곳이다. 군 서부는 Y 병원, 동부는 군 보건소가 지정됐다. 이 병원 관계자는 "응급 환자는 70~80대가 대부분으로 하루 10명꼴로 찾아온다"고 전했다. 의성의 전체 의료기관은 병원(30병상 이상) 4곳, 일반의원 18곳, 요양병원 6곳이다. 일반 병원보다 많은 요양병원 수가 의성군의 고령화를 상징한다.

경북도는 2019년 의성군 재생의 일대 실험에 나섰다. 동부 중심지 안계면 일대에 일자리·주거·복지·문화 복합의 '이웃사촌 청년 시범마을'을 조성할 계획이다. 2022년까지 1743억원을 들여 스마트팜, 식품산업 클러스터, 100세대 주거 단지 등을 만든다. 30분 내 보건·보육, 60분 내 창업, 5분 내 응급 의료의 '농촌 3·6·5 생활권'을 구축해 일대 인구를 2500명 늘리겠다는 야심 찬 청사진이다. 이 프로젝트가 지방 소멸 극복의 선도 모델이 될 것인지 안팎의 관심이 적잖다.

의성군의 존립 위기는 지방 전체의 현주소다. 정도의 차이는 있지만, 지방 곳곳이 소멸 병에 걸려 있다. 수도권 공화국에선 감지 못하는 증상이다. 인구·에너지·식량 공급원인 지방의 소멸은 결국 수도권 소멸의 전조다. 빈집과 노후화하는 인프라의 역습도 시간문제다. 마강래 중앙대 도시계획부동산학과 교수는 "중앙 정부 지원 없이 독자적 생존이 불가능한 지방 중소도시는 정부 예산을 빨아들이는 블랙홀이 될 것"이라며 "지방 쇠퇴가 나라 전체의 공멸을 부를 것"이라고 말했다. 지방 소멸은 스멀스멀 턱밑까지 닥쳐온 조용한 위기다. 지방 분권, 지역 균형 발전의 거대 담론을 넘어 맞춤형 지방 재생의 각론을 논할 때가 됐다. 지방 문제도 결국 악마는 디테일에 있다. 지방 없이 나라 없다.[1]

의성군 지도

1개 읍 17개 면의 의성군은 동서로 길쭉한 땅콩 모양이다. 군 서부 안계면에 이웃사촌 청년시범마을을 조성 중이다.

출처: 의성군 홈페이지

의성군의 20년 5월 기준 소멸 위험지수는 0.135다. 전국 순위는 인근 군위군(0.133)에 이어 2위였으나 소멸 위험은 18년(0.151)보다 더 악화했다.[2] 외부에서 인구가 유입하지 않는 한 공동화는 피하기 어려울 전망이다. 이웃사촌 청년 시범마을 조성 사업은 21년 8월 현재 관심 끌기의 1단계(2019년 1월~21년 6월)가 끝났다. 안계면을 중심으로 청년 127명이 활동 중이고,

1 "분만실 0 장례식장 10곳…의성이 운다", 오영환, 중앙일보, 2019.3.7

2 "20년 5월 기준 지역소멸 위험지수", 엑셀 자료, 이상호 박사

이중 82명이 전입 인구다. 청년 창업과 관련해선 18개 팀이 지역 농산물 카페, 레스토랑, 미디어아트 상설 전시장 운영과 과일 유통, 출판, 비누 공예 등에 나서고 있다. 청년 맞춤형 주거 단지도 일부 조성됐다. 2단계 정착기(21년 7월~22년 6월)에는 의료·출산·보육 등 복지와 생활 인프라를 구축하고, 3단계 자립기(22년 7월~)엔 산업단지를 조성해 기업을 유치하게 된다.[3] 21년 4월 4일 안계면 일대를 둘러보니 시범마을은 틀을 갖춰가고 있었다. 청년들이 창업한 달빛레스토랑의 돈가스와 파스타는 일품이었다. 도전은 늘 아름답다.

인구감소, 상주시의 검은 넥타이

편지는 짧지만 메시지는 선명했다. "아이는 우리나라의 희망입니다!"로 시작했다. 저출산을 국가 존립 위기로 자리매김하고, 30년 후 현세대의 부모 부양의 짐을 언급했다. 결론은 출산 장려였다. "아이를 낳는 순간, 후세의 어깨는 가벼워진다"며 최고의 출산·보육 지원을 다짐했다. 경북 문경시가 2019년 3월 신혼부부 등에 이런 내용의 시장 서한을 보냈다. 편지는 사생활 침해 논란도 일으켰다. 하지만 인구 절벽을 벗어나려는 몸부림으로 받아들여지는 분위기다.

석탄 산지 문경 인구는 1970년대 16만명을 넘었다. 80년대 폐광과 더불어 줄더니 7만 여명으로 반 토막이 났다. 자연 사망이 출생을 압도하면서다. 여기에 젊은이의 연어형 회귀는 연목구어다. 회생의 돌파구는 출산이나 전입밖에 없다. 문경의 인구 대책은 놀랍다. 인식 개선에서 출산·양육·귀촌까지 33개 사업을 펼친다. 출산 장려금은 파격적이다. 첫째 아이 340만원에 넷째 이상은 3000만원이다. 세 자녀 이상 가구의 학생 모

3 "이웃사촌 청년시범마을 조성사업 설명자료", 의성군, 2021.6

두에 장학금도 준다. "낳는 대로 다 키워 드리겠습니다"는 슬로건은 빈말이 아니다. 재정 자립도 18%의 없는 살림에 고혈(膏血)을 짜는 문경의 대응은 눈물겹다. 지방 인구 유입의 보너스를 챙기면서 복지에 돈을 펑펑 써대는 수도권은 딴 세상이다.

문경 접경인 상주시도 인구와의 전쟁을 벌이고 있다. 2019년 2월, 인구 10만 명 선이 무너지자 시청 남자 직원들이 검은 넥타이를 맸다. 10만 명 사수 결의의 표시였다. 상주시 인구는 한때 26만 명이었지만 인구 감소의 대세를 막지 못했다. 시에 인구 10만 명은 하나의 마지노선이다. 2년간 밑돌면 행정조직을 줄여야 한다. 시 측은 단기 결전에 돌입했다. 외지 대학생·고교생의 주소 이전 캠페인을 폈다. 인구는 46일 만에 10만 명을 회복했다. 그러나 방파제는 반석이 아니다. 윗돌 빼서 아랫돌 고였을 뿐이다.

상주시·문경시 주민등록 인구 단위: 명

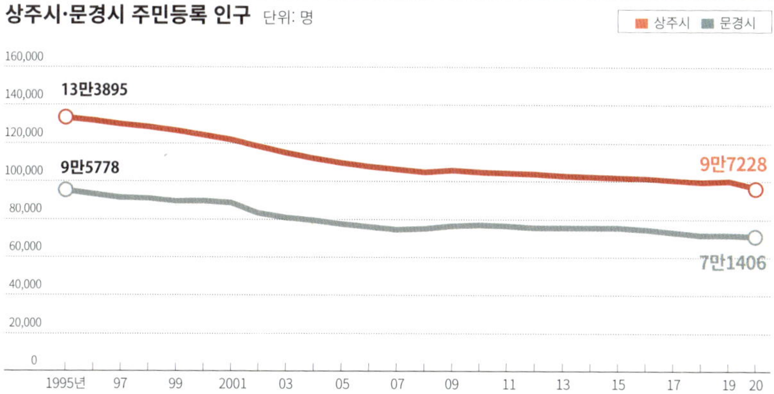

자료: 국가통계포털

두 지자체 움직임은 두 가지를 연상시킨다. 하나는 우리 정부 대응이다. 얼마 전 2018년 합계출산율이 0.98명으로 발표됐다. 선진국에도 없던 저출산 쇼크다. 2006년 이래 약 150조원을 들인 대책의 성적표다. 나라의 틀이 달린 사안인데도 정부는 담화도 내지 않았다. 현 정부가 기존의 국가 주도 출산정책(출산율 목표 1.5명) 대신 전 세대 삶의 질 보장으로 기조를 바꾼 연장선상인 듯하다. 현 정책은 풀어보면 수치 목표 없는 장기전이다. 정치권도 조용하다. 5년 단임의 어느 정권 책임도 아니라는 생각이 깔려 있는지 모른다. 모두의 책임은 아무의 책임도 아니다. 사회 저류엔 인구 문제 피로현상, 백약이 무효라는 체념이 흐른다.

다른 하나는 일본 대응이다. 아베 신조 내각은 저출산을 국난(國難)으로 규정했다. 2017년 중의원 해산을 "국난 돌파 해산"으로 불렀다. 목표는 출산율 1.8명(2017년 1.43)과 인구 1억명 유지다. 일본은 고지 탈환형 총력전이다. 국가 리더십과 각계의 결기가 간단치 않다. 일본의 새 접근법도 주목거리다. 저출산 진단표에 '인구 이동'을 넣었다. 상대적 고출산율의 지방 쪽 젊은이가 저출산의 대도시권으로 몰리면 인구가 준다는 점에 착안했다. 새 처방에 지방 살리기가 들어갔다. 기존 대책과 국토균형 발전의 접목이다.

출산율이 0명대인 지금은 인구 문제를 원점에서 재검토할 호기다. 그렇게 해서 길을 찾지 못하면 나라 전체 역량의 문제다. 길을 알고도 가지 못하면 현세대 모두의 직무 유기다. 인구 문제에 '보이지 않는 손'은 없다. 작은 아이디어 하나라도 보태 나라의 활력을 되찾는 백화제방의 논쟁을 펴보자. 나라의 힘은 사람과 견실한 인구 동태에 있다.[4]

지방 지자체의 독자적 인구 증가 대책은 다양하다. 거의 대부분의 지자체가 출산 장려금 지급에서 아이 돌봄 서비스 확대까지 지원책을 세분화했다. 인구 유지나 유입을 위한 지자체 간 경쟁이 여기에 한몫했다.

---

4 "인구 감소, 문경시장 편지와 상주시의 검은 넥타이", 오영환, 중앙일보, 2019.4.10

뒷짐을 지고 있으면 옆 지자체에 젊은 인구를 빼앗긴다. 중앙일보 복지토털(https://welfaretotal.joins.com/)에 들어가면 '우리 동네 출산 축하금'과 '우리 동네 다자녀 혜택'을 한눈에 비교할 수 있다. 지자체의 이런 노력들로 지방의 출산율은 대도시권보다 높고, 그것이 나라 전체의 출산율 저하를 막는데 일조했다고 할 수 있다. 예컨대 2010·2015·2019년의 전국 합계출산율은 1.23· 1.24·0.92인데 반해 상주시는 1.41·1.39·1.24, 문경시는 1.41·1.57·1.19였다.

상주시·문경시 합계 출산율 단위: %

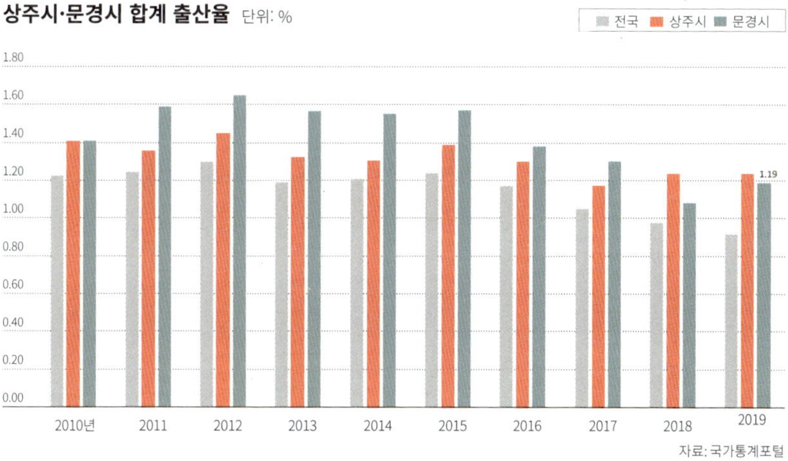

문경시의 인구 정책은 선방하고 있는 것으로 평가된다. 시 주민등록인구는 19년 4월 7만1000명대에서 2개월 만에 7만2000명대로 늘어났다가 그해 10월 이후부터 21년 6월까지 7만1000명대를 유지하고 있다. 19년 출산율이 1.19명으로 인구 치환수준(약 2.1명)에 턱없이 모자라는 점을 감안하면 귀향귀촌 등 외부 전입이 많았던 것으로 추정된다. 상주시 주민등록인구는 시의 노력 덕분에 19년 3월 10만명을 회복했지만 5월 다시 9만9000명대로 내려갔다. 12월에 10만명 선을 회복했지만 그 이래 빠지기

시작해 20년 3월 9만8000명대, 8월 9만7000명대, 21년 2월 9만6000명대를 기록했다.[5] 가임 여성 인구 자체가 적은 상황에서 출산율도 낮고, 고령인구의 사망이 부쩍 늘어나는 상황에서 인구를 유지하는 일은 보통일이 아니다. 수도권에서의 정책적, 자발적 인구 이동이 없는 한 지방의 인구 감소는 막을 길이 없어 보인다.

지방대 '2021년 문제' - 올 것이 왔다

대학의 '2021년 문제'-. 대입 학령인구 감소세로 오래전 예견돼온 대학의 정원 미달 사태가 21학년부터 본격화했다. 만 18세 인구가 2017~2019년 한 해 60만명 안팎에서 20년 51만명, 21년 47만명으로 줄면서다. 2035년부턴 30만명 대로 내려앉는다(통계청 2019 장래인구 추계). 20년 출생아 수는 27만여명이다. 고도성장, 가방끈 신화가 빚은 대학 버블 붕괴는 눈앞의 현실이다.

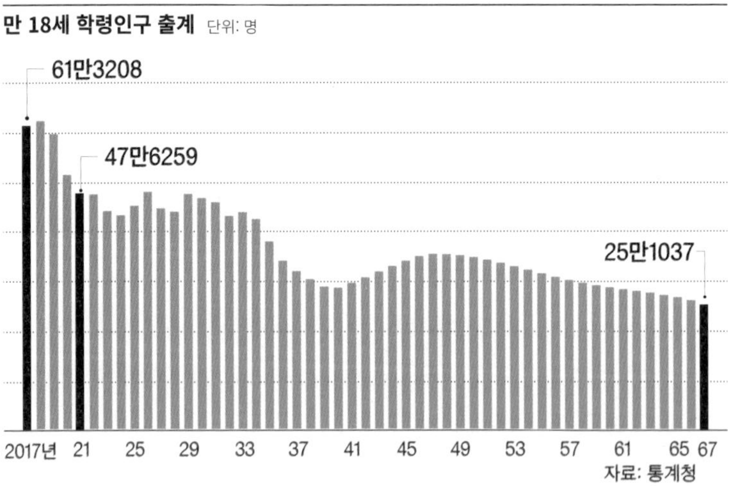

5 시군구별 주민등록인구와 합계출산율 통계, 국가통계포털, 2021.8.5 조회

교육부 자료를 보자.[6] 21년 3월 기준 한국대학교육협의회 소속 일반대 198교와 한국전문대학교육협의회 소속 전문대 133교의 전체 모집 인원은 47만3189명(일반대 31만8013명, 전문대 15만5176명)이다. 전체 정원 충원율은 91.4%(일반대 94.8%, 전문대 84.4%)로, 미달 인원은 모두 4만586명이다. 이를 수도권과 비수도권으로 나눠보면 양극화가 뚜렷하다. 일반대 충원율은 수도권이 99.2%인데 반해 비수도권은 92.2%다. 전문대 충원율도 수도권 86.6%, 비수도권 82.7%다. 추가 모집 대학과 학생은 162교 2만6129명이었고, 이중 90.3%(2만3767명)이 지방대에서 생긴 결원이다. 하지만 상당수 지방대는 추가 모집에서도 대규모 결원을 메우지 못했다.[7]

지방대 미달 사태는 올 것이 온 사태다. 대입 정원이 수능 응시자보다 많은 산술적 대학 전원 입학시대의 부메랑이 외곽부터 때리면서다. 거품은 약한 고리부터 터지기 마련이다. 지방은 젊은이 감소가 두드러지고, 수험생의 수도권 전출이 수그러들지 않는다. 자퇴 등을 통한 지방대생의 수도권대 엑서더스도 만만찮다. 해외 유학생이나 사회인 입학은 지방대에 구원의 동아줄이지만 굵지가 않다. 그마저 코로나 팬데믹에 따른 사실상의 국경 봉쇄와 경기 악화로 여의치 않다. 대학은 정원 확보 경쟁 시대에서 도태기로 접어들지 모른다. 하지만 폐교의 합리적 법적 장치는 마련돼 있지 않다.

---

6 "대학의 체계적 관리 및 혁신 지원 전략", 교육부, 2021.5.20

7 "[빈사상태 지방대]①대학 추가모집 결과…서울 55대1 vs 지방 0.14대1", 신하영, 이데일리, 2021.3.4

2021학년도 수도권, 비수도권 대학충원율 단위: 명(%)

		전국	수도권	비수도권
전체	모집인원	473,189	190,066	283,123
	입학인원 (중원율)	432,603 (91.4)	179,938 (94.7)	252,665 (89.2)
	미충원 (미중원율)	40,586 (8.6)	10,128 (5.3)	30,458 (10.8)
일반대	모집인원	318,013	122,065	195,948
	입학인원 (중원율)	301,617 (94.8)	121,036 (99.2)	180,581 (92.2)
	미충원 (미중원율)	16,396 (5.1)	1,029 (0.8)	15,367 (7.8)
전문대	모집인원	155,176	68,001	87,175
	입학인원 (중원율)	130,986 (84.4)	58,902 (86.6)	72,084 (82.7)
	미충원 (미중원율)	24,190 (15.6)	9,099 (13.4)	15,091 (17.3)

자료: 교육부

지방대 위기는 시작의 시작일 뿐이다. 학령인구 추이만이 아니다. 그동안 축적돼온 수도권 블랙홀·지방 소멸의 망국적 흐름과 맞물려 있기 때문이다. 지방대의 축소·도태는 대학에 국한하지 않는다. 지역 경제와 경쟁력이 추락한다. 지방대는 지역을 떠받치는 지(知)와 생활·경제 거점이자 인재 공급원이다. 경쟁력, 입시 중심적 사고를 뛰어넘어 나라의 틀, 균형발전의 관점에서도 2021년 문제는 조명돼야 한다. 균형발전은 헌법상(123조) 국가의 의무이기도 하다. 현장에선 지방대의 현주소를 어떻게 보고 있을까. 어떤 대책과 제언사항을 갖고 있을까. 전국 153개 사립대학이 회원인 한국사립대학총장협의회 장제국 회장(동서대 총장)을 21년 5월에 만나 얘기

를 들어보았다.[8]

- 21년 들어 전국을 돌며 지역별 총장 간담회를 열었는데.

"간담회에 나온 한 총장이 '우리나라 대학은 위치 선정에 따라 승패가 좌우된다. 우리 대학도 서울에 있었더라면 적어도 학생 모집 문제로 머리를 싸맬 일은 없지 않았겠나'라고 탄식해 모두의 공감을 얻은 바 있다. 작금의 지역대 사태를 대변한 말이라고 생각한다. 올해 전체 대학의 신입생 미충원 인원(4만586명) 중 무려 75%(3만458명)가 비수도권 대학이다. 인구 추이를 보면 상황은 더 심각해질 것이다. 이번 미달 사태는 지역대가 뭐를 특별히 잘못 해서가 아니다. 급격한 인구 감소, 수도권 집중 현상 등 국가가 초래한 문제이다. 이를 모두 지방대 부실로 책임을 씌우는 것은 공정하지 못하다. 국가의 의지 없이는 해결이 불가능하다."

- 정원 미달의 파장은.

"현재 대다수 대학은 등록금에 학교 재정을 의지한다. 정원 미달이 학교 재정 악화로 직결되는 구조다. 13년째 지속한 등록금 동결은 대학 재정을 이미 바닥나게 했다. 2011년 대비 2019년 사립대의 등록금 인하 비율은 24.8%에 이른다. 이 기간 누적 감소액은 약 8조9000억원이다. 수도권 대학이 비수도권보다 등록금이 많았던 만큼 지역대 재정 상황이 더 나쁜 것은 명약관화다. 지역대 위기는 지방소멸로 가는 심대한 국가적 문제이다. 지역의 교육력 저하·경제 쇠락, 젊은 인구의 수도권 유출 가속화 등 악순환의 고리가 이어진다. 대학이 문을 닫은 남원시와 동해시는 아직도 폐교의 영향에서 벗어나지 못하고 있다. 지역대의 중요성을 잘 보여주는 사례가 아닐 수 없다."

- 지방대가 방만한 운영으로 경쟁력을 상실했다는 비판도 나온다.

---

8 "미달 사태는 지방소멸의 국가 문제…특별회계 짜야", 오영환, 중앙일보, 2021.5.28

"극소수 부실 대학 문제가 전체의 경우로 호도됐다고 생각한다. 미달 사태로 지역대 이미지가 악화하면서 마치 지역대가 모든 문제의 근원으로 여겨지는 한탄스러운 세태가 연출되고 있다. 하지만 어려운 여건 속에서도 차별화, 특성화에 성공해 수도권 유수 대학 못잖은 경쟁력을 지닌 대학들이 도처에 많다. 지역 경제와 국가 장래를 걸머진 보석 같은 대학이 극소수 부실 대학과 함께 도매금으로 넘어가선 안 된다."

- 학령인구 감소는 오래전 예견됐다.

"지역대는 억울한 면이 없지 않다. 정권에 따라 고등교육 정책의 방점이 달랐지만, 목소리 한번 내보지 못하고 역대 정부가 하라는 대로 숨죽이며 철저히 순응해왔다. 물론 인구 급감 쓰나미는 오래전부터 잘 알고 있었지만, 대학의 발목을 잡는 각종 규제에 묶여 자구책도 제대로 모색해보지 못한 사이 학령인구 급감과 수도권 집중이 빚은 삼각파도가 사정없이 덮쳐버렸다. 우리 고등교육은 사립대가 80% 이상을 맡고 있고, 그 절대다수가 지방에 있다. 국가는 지역 사립대에 고등교육을 위임해왔고, 근대화·산업화 과정에서 지역 사립대는 교육보국의 이념 아래 국가 발전의 인재 양성에 총력을 기울였다. 적어도 비리 대학으로 사회적 지탄을 받는 극소수 대학들을 제외하면 대다수가 그렇다. 이런 역할을 해온 사립대가 이제 어려운 상황에 부닥치게 된 만큼 국가가 일정 부분 도와줘야 할 차례라고 생각한다. 인구 감소와 수도권 집중이 지역 사립대 책임은 아니지 않은가. 지역 정부 역할도 중요하다. 지자체는 지역대 육성을 최우선 어젠다로 삼고 지원에 나서야 한다."

- 정부 규제를 언급했는데 바람직한 정부 역할은.

"대학 상황은 공급자 중심에서 수요자(학생) 중심으로 바뀌었다. 대학이 학생을 고르는 것이 아니라 학생이 대학을 선택하는 시대가 됐다. 예전에는 힘센 공급자의 지위 남용을 막고, 아무 물건(교육)이나 내어 팔지 못하게 하기 위해 정부의 간섭이 필요했다. 그러나 수요자 중심이 된 지금은 공급자가 스스로 개혁해 좋은 교육 내용을 제시하지 못하면 도태될 수밖에 없다. 이제 정부의 역할은 간섭이 아닌 사립대 진흥에 초점을 맞춰야 한다고 본다.”

- 지방대의 학부·학과 통폐합과 정원 감축 등 자구책을 어떻게 평가하나.

“어떤 자구책을 마련해야 하는지는 각 대학이 가장 잘 안다. 건학 이념 실현, 지역사회 요구에 대한 부응, 현재 처한 대학의 사정, 학생 등 대학 구성원이 원하는 개혁 방향을 반영한 정책을 대학 스스로 추구할 수 있을 때 진정한 자구책이 나온다. 문제는 수많은 규제로 둘러싸인 대학의 대책이라고 해봐야 고작 정원 감축이나 학과 통폐합 정도밖에 없다는 점이다. 대학들이 각자 특색을 살릴 수 있도록 해줘야 경쟁력을 갖출 수 있다. 정권과 관계없이 지속하는 예측 가능한 교육정책, 규제 완화와 꾸준한 재정 지원이 지역대 문제 해결의 열쇠라고 본다.”

- 재정난 해결을 위한 협의회 차원의 움직임은 있는가.

“등록금 인상이 어려운 현실에서 지금 대학이 가장 필요로 하는 것은 운영비이다. 정부 지원금은 모두 목적성이라 대학이 자유롭게 경상비에 사용할 수 없다. 정부의 13년째 등록금 동결로 대학이 재정난을 겪고 있는 만큼 그 부분에 대한 보전이 필요하다고 본다. 우선 내년도 대학혁신지원사업비의 대폭 증액이 급한 불을 끌 수 있는 대안이다. 고등교육재정교부금법 제정에 시간이 걸린다면, 한시적 고등교육특별회계를 만들어 재정난에 처한 지방대에 유동성을 공급하는 것이 시급하다.”

- 대학의 퇴출 제도 마련을 촉구하는 목소리도 강하다.

“지난 20일의 정부 대책에서 대단히 아쉬운 정책 미비점이 바로 청산대학의 퇴로 방안이 담겨있지 않다는 것이다. 스스로 정리하고자 하는 대학은 퇴로를 열어줘야 한다. 청산 재산은 설립 주체에게 적정 수준으로 반환하고, 각종 청산비용으로 활용하게 해야 한다. 일부에서 사회적 합의가 이뤄지지 않아 난색을 보이지만, 퇴로가 만들어지지 않으면 그 대학은 다양한 방법으로 계속 남게 될 것이고, 그것이 오히려 더 큰 사회적 비용이 된다는 점을 알아야 한다."

- 지방대 활성화를 위한 다른 제언은.

"대학 설립운영 요건을 대폭 완화해 학교의 여유 재산을 수익 사업으로 활용할 수 있도록 해줘야 한다. 여기서 나오는 수익을 교육에 재투자해 자립할 수 있는 길을 열어줘야 한다는 얘기다. 국·사립대 간 역할 분담도 중요하다. 국립대는 글로벌 연구 중심으로, 지역 사립대는 실무·응용 중심으로 교육을 하면 국가적으로도 좋을 것이다. 국립대가 대학원 중심 대학이 되면 그만큼 지역대의 신입생 미충원 문제 해결에도 도움이 된다."

한·일 관광 역전, 지방공항이 갈랐다

2019년 12월 29일 오전 11시 대구국제공항 1층 도착 로비. 연말 마지막 일요일치곤 한산했다. 중국 상하이발 동방항공편이 도착했지만 중국인은 가뭄에 콩 난 듯했다. 공항 안팎 모습이 인천·김포공항과는 딴판이었다. 외국인을 기다리는 여행사 직원도, 로비 밖 전세 버스도 눈에 띄지 않았다. 개별 체류 관광객을 만난 건 행운이었다. 상하이에서 직장을 다닌다는 30대 중국 여성은 "8일간 한국에 머무르면서 부산 등지도 갈 계획"이라고 했다.

오후 1시 40분쯤. 중국 웨이하이발 동방항공편 도착과 더불어 젊은 중국인이 더러 보였다. 짐을 잔뜩 든 류치(劉琦·23·영남대 유학)씨는 "산둥성 옌타이 집에 다녀오는 길"이라며 "평일에는 한국인, 주말엔 중국 유학생과 한국에서 일하는 중국인이 이 항공편을 많이 이용한다"고 소개했다.

실제 중국 대학생 2명이 이 비행편(출발 오후 2시 40분)으로 귀국할 예정이었다. 리뤄옌(李若言·21·장시사범대)씨는 "1년간 대구가톨릭대에서 교환학생 과정을 마치고 웨이하이를 거쳐 상하이로 간다"고 했다.

오후 4시 45분쯤 일본 나리타발 티웨이항공편이 도착하면서 공항이 북적거렸다. 일본인이 적잖았지만 동남아로 가는 환승객이 대부분이었다. 20대 일본인 남녀, 30대 부부는 이날 저녁 각각 세부와 방콕행 비행편에 올랐다. 환승하면서 대구에서 1박 하는 일본인도 있었다. 부인·아이와 함께 온 이즈미 유스케(42)씨는 "연말 여행을 급하게 짜는 바람에 28일 후쿠오카에서 대구에 도착해 1박하고 세부로 가게 됐다"고 말했다. 30대 일본 직장 여성 2명도 같은 케이스였다.

20년 1월 7일 오후 4시 10분쯤 같은 장소. 대만 타이페이발 티웨이항공편 승객들이 출구로 하나둘씩 빠져나왔다. 방학을 맞은 어린이와 부모, 노부부, 중년 여성 그룹 등 한국 사람이 대부분이었다. 40대 대만인 남자 3명이 나와 "관광 왔느냐"고 묻자 "3박 4일간 대구에 출장 왔다"고 했다.

연말연시 대구공항은 내국인 출국(아웃바운드)의 현관이었다. 일본인엔 종착역이 아니라 동남아로 가는 정류장 격이었다. 2019년 1~11월 대구공항 출국 내국인은 110만여명으로 입국 외국인(인바운드·18만9000여명)의 약 5.8배다. 2018년은 9.4배였다. 공항 관계자는 "외국 단체 관광객은 주로 새벽 비행편으로 온다"며 "여행 상품은 부산이나 강원 지역이 포함된 패키지가 많다"고 했다.

19년 12월 31일 오후 청주국제공항. 청사 앞 주차 선물에 걸린 '연간 이용객 300만명 달성' 현수막이 한눈에 들어왔다. 300만은 국내외 출발·도착 인원을 모두 합친 숫자다(대구공항은 2018년 466만명). 오후 1시 30분쯤 웨이하이발 동방항공편이 도착하면서 중국인이 드문드문 띄었다. 관광객

인지 구분이 가지 않았다. 한국 지인과 합류하는 사람이 적잖았다. 이 비행편도 중국 유학생이 단골이었다.

청주공항은 2013~17년 인바운드 초과 공항이었다. 중국 관광객이 늘면서다. 2015년엔 입국 외국인(19만여명)이 출국 내국인의 2.8배나 됐다. 그러나 2016년 말 중국의 '사드 보복'이 시작되면서 2018년부터 역전됐다. 박병진 한국공항공사 청주지사 운영팀 과장은 "해외 단체여행은 서울이나 제주를 끼우는 패키지가 대부분"이라며 "인천공항 대신 청주공항으로 오는 이유는 서울로 가는 경제적, 시간적 비용이 비슷하기 때문"이라고 설명했다. 청주는 인천보다 공항 이용료가 싸고, 서울 강남까지 고속버스로 1시간 25분이면 간다. 수도권과 가까운 입지가 인바운드를 견인한다는 얘기다. 무안국제공항과 양양국제공항의 인바운드는 대구·청주와 비교도 안 된다. 2018년 입국 외국인이 각각 7674명, 1만3658명이다.

우리의 지방 공항은 내국인에 친근한 존재다. 내국인의 국내외 여행이 성장의 버팀목이다. 외국인 관광 측면에서 보면 하나의 점(點)에 불과하다. 공항이 지역 내 관광 자원과 선(線)으로 연결되지 못했다. 대부분 전철도 없고, 시내버스도 외국인 친화적이 아니다. 지방 공항이 인바운드 관광의 관문으로 우뚝 서려면 갈 길이 멀다는 얘기다. 윤대식 영남대 도시공학과 교수는 "수도권은 면세점 등 도시 관광자원과 문화 관광자원이 압축돼 있지만, 지방은 관광자원이 산재해 있다"며 "외국 관광객이 짧은 시간에 두루 여행할 수 있도록 공항과 관광자원과의 연계 시스템을 구축해야 한다"고 말했다.

지방 공항의 과제는 공항별 인바운드 점유율을 보면 드러난다. 2018년 8개 국제공항 입국 외국인은 1394만여명으로 2008년(581만여명)보다 2.4배 늘었다. 하지만 공항별 인바운드 점유율은 큰 변화가 없다. 인천공항 78%→76%, 김포공항 9%→8%, 김해공항 7%→9%, 나머지 5개 공항

6%→7%이다. 인천공항 일극(一極) 체제가 10년째 그대로다. 인천과 김포를 합친 수도권이 84%, 지방이 16%다.

한국과 일본 공항별 입국 현황

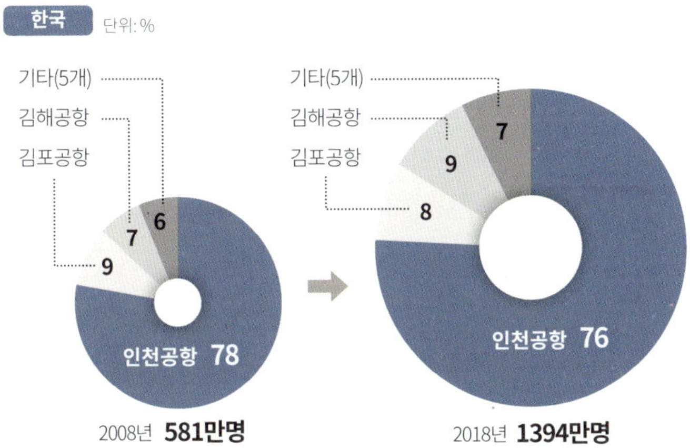

자료: 한국항공협회(관광지식정보사이트 인용)

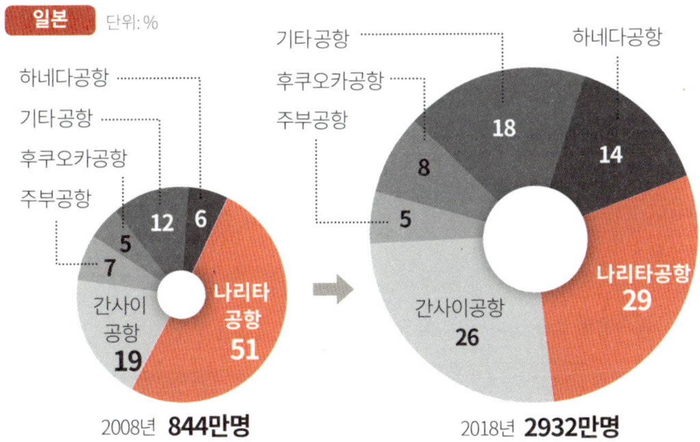

자료: 일본 법무성 통계

지방공항은 10년 전보다 인바운드가 3배 늘었지만 아직 '위성공항' 성격이 강하다. 정부가 2019년 말 지방공항 활성화를 축으로 인바운드 확대에 나선 것은 이 때문으로 보인다. 한국공항공사와 한국관광공사가 손잡고 권역별 협의체를 만들기로 한 것도 같은 맥락이다.

우리가 수도권 집중형 인바운드라면 일본은 다극형이다. 니혼게이자이신문(닛케이)이 2019년 말 집계한 방식에 따르면 지방 공항 직행 인바운드의 약진세가 뚜렷하다. 신문은 수도권 나리타·하네다 공항과 간사이권 간사이·오사카·고베 공항, 나고야권 주부공항의 6개 공항을 제외한 나머지 57곳을 지방공항으로 분류했다. 그 결과 2018년 지방공항 인바운드는 10년 전보다 5.5배 늘어난 758만명이었다. 점유율은 25.2%였다.

지역별로는 규슈 쪽이 두드러졌다. 2018년 후쿠오카공항 입국 외국인은 241만여명으로 김해공항(126만여명)의 약 두배였다. 2008년 42만여명으로 김해(43만여명)와 차이가 없었다는 점을 감안하면 비약적 발전이다. 닛케이는 "서일본 지역이 도쿄와 교토 등 황금 루트 외 지역을 체험하려는 외국인을 불러들이고 있다"고 분석했다. 홋카이도 외국인 관광은 아시아권을 넘어 글로벌 색채다. 2019년 신치토세공항에 핀란드 핀에어와 호주 칸타스항공이 취항했다. 하야노 요코(早野陽子) JTB종합연구소 주임연구원은 통화에서 "지방의 관광 인프라 정비와 저비용항공사(LCC) 노선 유치가 지방 공항 인바운드 증가를 가져왔다"며 "일본 재방문객(repeater)이 지방을 많이 찾는 것도 특징"이라고 말했다. 일본은 외국인 체류 관광을 위해 전국에 11개 '광역관광 주유(周遊)루트'를 지정했다. 농산어촌 체류형 관광(農泊) 지역도 500개로 늘린다. 점을 선으로, 면(面)으로 확대하는 전략이다.

한일 인바운드 추이 비교 단위: 명

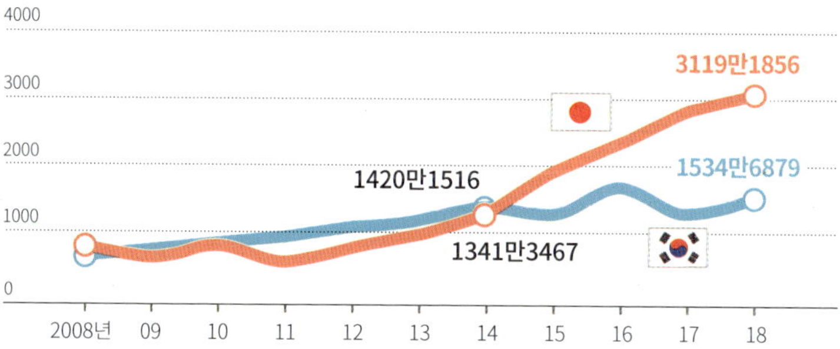

자료: 관광지식정보시스템, JTB종합연구소

일본은 지금 인바운드 초과 시대다. 2015년을 기점으로 아웃바운드를 웃돌기 시작했다. 인바운드 성장세는 가파르다. 초과분은 2015년 352만명에서 2018년 1223만명으로 늘었다(공항+항만 입국). 그렇다 보니 하네다·주부공항을 빼곤 웬만한 공항이 인바운드 초과다. 2015년은 일본이 한국의 인바운드를 추월한 해이기도 하다. 이래 차이가 벌어져 2018년 한국의 인바운드(1534만여명)는 일본(3119만여명)의 절반이다. 여기에는 관광입국을 내건 아베 신조 내각의 총력전이 한몫했다. 지방 하늘길 관광은 지역 회생의 한 축이기도 하다. 우리가 공항의 다극화, 킬러 콘텐트 관광망을 서둘지 않으면 한·일 간 격차는 더 커질지 모른다. 점이 선을 이길 수는 없다.[9]

관광은 망하지 않는다

2020년 6월 20일 오전 11시 경북 경주시 황리단길. 지명인 황남동과 서울 경리단길을 합쳐 이름 지은 전마총 옆 일대 골목길은 젊었다. 20~30대들이 길 양쪽을 하나둘씩 메웠다. 명소 나들이의 설렘과 즐거움이 더위 속 마스크의 불편을 이기는 듯했다. 주차장은 거의 찼고, 주변 길가도 주

9 "한·일 인바운드 역전, 지방 공항·관광 경쟁력이 갈랐다", 오영환, 중앙일보, 2020.1.10

차 행렬이었다. 한옥과 카페·맛집 등이 어우러진 경주의 핫플레이스는 기지개를 켜고 있었다. 부산서 아내·아이와 온 김말봉(37)씨는 "지난 겨울에 왔다가 코로나19가 안정세를 보이면서 반년 만에 다시 찾았다"며 "모처럼 온 김에 1박 할 예정"이라고 말했다. 관광객은 대구·울산·부산 등 근거리의 재방문객(repeater)이 많았다. 김향숙 문화해설사는 "코로나19 전 주말 골목길은 인산인해였다"며 "3~4월엔 관광객이 드문드문하다가 지금은 예년의 20~30% 수준을 회복했다"고 했다.

관광 도시 경주는 코로나 직격탄을 맞았다. 2020년 2~5월 내방객 수가 100만여 명으로 전년 같은 기간보다 69% 줄었다. 불국사·석굴암 등 24개 주요 관광 지점을 조사한 결과다. 위안거리는 회복 추세다. 전년 대비 월별 비율이 3월 19%→4월 23%→5월 40%로 상승 곡선을 그리고 있다. 경북 전체도 경주와 비슷한 흐름이다. 관광객 수가 전년 대비 3월 31%→4월 34%→5월 45%로 상승세다(주요 관광지점 307곳 기준). 외국인 발걸음이 뚝 끊기고, 내국인도 장거리 여행을 꺼리는 상황에서 권역 내 여행이 되살아나면서다.

국내 관광 축소는 안심·안전 여행 추구 때문이다. 20년 5월 한국관광공사가 2만명을 대상으로 설문조사를 한 결과, 응답자의 85%가 사회적 거리두기 기간(2월 23일~5월 5일) 여행 계획을 취소했다. 응답자의 연간 여행 계획 횟수는 평균 6회였지만 1.8회로 줄었다. 향후 여행에 대해선 "예방 수칙을 잘 지킨다면 가도 괜찮다"는 응답이 30%, "가지 않는 것이 바람직하다"가 70%였다. 코로나19가 안정되지 않으면 국내 여행 수요의 급반등이 쉽지 않다는 얘기다. 경기 악화와 가계 소득 감소도 악재다.[10]

2020년 12월 5일 들른 김해공항 국제선 청사는 개점휴업이었다. 주

---

10 "세계 동시 '쇄국'…근거리 작은 여행이 관광 살린다", 오영환, 중앙일보, 2020.6.27

말 운항이 없는 로비에 일부 근무 요원만 눈에 띄었다. 12월 현재 김해공항 국제선은 중국 칭다오 간 주(週) 1편이 유일하다. 10월에 출국이 허용됐고, 12월부턴 입국도 가능하다. 19년 12월 기준 국제선이 주 1270편인 점을 고려하면 그야말로 하늘과 땅 차이이다. 국내선 로비도 한산했다. 12월 1~6일 운항이 843편으로 11월 같은 기산보다 129편 줄었다. 탑승률도 83.7%에서 68.6%로 빠졌다. 코로나19의 3파가 시작하면서다.

대구국제공항도 마찬가지다. 국제선은 19년 12월 주 평균 248편이었지만 20년 12월엔 1편(대구-옌지)뿐이다. 국내선 탑승률은 같은 기간 78.9%에서 약 20%포인트 감소했다. 코로나19가 부른 항공 산업의 급전직하다.

아웃바운드와 인바운드는 최악의 빙하기다. 아웃바운드는 20년 1~10월 412만명으로 전년 같은 기간 대비 17%였다. 그것도 코로나가 시작된 1, 2월에 86%가 집중됐다. 인바운드도 같은 추세다. 1~10월 239만명으로 전년 대비 84%가 줄었다. 세계 동시 코로나 쇄국 여파 때문이다. 여행 문턱은 낮아졌지만, 20년 12월 현재 52개 국가·지역이 입국 금지를 하고 있다. 111개국은 시설·자가 격리, 검역 강화 등 조치를 시행 중이다. 해외여행은 여전히 언감생심이다.

이웃 일본은 우리보다 더 심하다. 20년 3~9월 아웃바운드가 월 4만명을 넘은 적이 없다. 인바운드는 숫자가 무색하다. 5월 1663명, 6월 2565명이었고 9월 들어 1만명을 넘겼다. 19년 사상 최다인 3188만명을 기록하다 보니 4~6월은 전년 월 대비 99.9% 줄었다. 경제적 타격이 이만저만이 아니다. 인바운드는 일본 경제에 하나의 버팀목이었다. 18년 일본 내 인바운드 소비액은 4조5000억엔이었다. 반도체 등 전자부품 수출액(4조225억엔, 2017년 기준)을 웃돌았다. 국내 여행 장려책 '고투 트래블(Go To Travel)'은 인바운드의 공백을 메우기 위한 고육책이었다.

한국과 일본의 관광 현주소는 글로벌 축소판이다. 유엔세계관광기구(UNWTO) 집계 20년 1~8월 국제 관광객 수는 19년 같은 기간보다 70% 줄었다. 19년 전체는 14억6200만명이었다. 지역별로는 아시아태평양 감소 폭(79%)이 가장 컸다. 관광 수입 손실액은 7300억 달러나 됐다. 2009년 세계 경제위기 당시 관광 감소액의 약 8배 규모다. 관광산업의 세계 GDP 비중은 약 10%다.

국제 관광객수 추이 단위: %

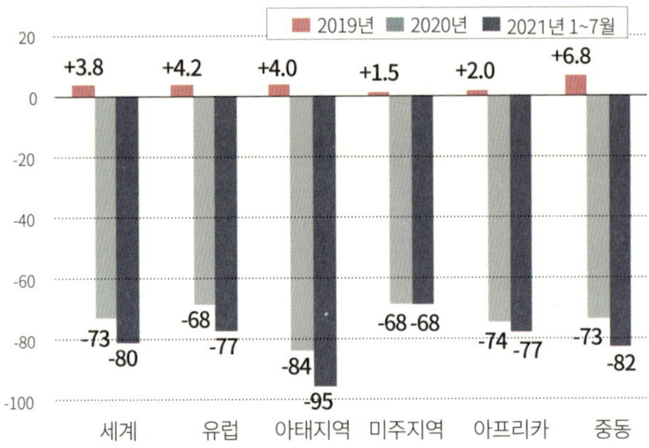

자료: 유엔세계관광기구 ※2020, 21년 수치는 2019년 대비

전문가 예측은 암울하다. WTO 패널 상대 조사 결과, 코로나 이전 수준 회복은 2023년이 돼야 한다는 전망이 지배적이다. 코로나가 세계 관광을 삼킨 꼴이다. 하지만 관광은 망하지 않는다. 인천국제공항공사의 내외국인 1600명 조사 결과, 코로나 백신 개발 이후 내국인 70%, 외국인 82%가 해외여행 의사를 밝혔다.[11]

11 "관광은 망하지 않는다", 오영환, 중앙일보, 2020.12.22

관광 빙하기는 관련 인프라 정비의 기회다. 안심·안전이 시대정신이 됐다. 공포로부터의 해방에 초점을 맞춘 조치는 선결과제다. 일본 호시노리조트 호시노 요시하루 대표는 "지금까지 여행은 아름다운 경치를 보거나 야외활동을 즐기는 것이 주요 목적이었다면 앞으로는 스트레스와 공포로부터의 해방이 중요 과제가 될 것"이라고 내다봤다.[12] '다닥다닥'이 '뜨문뜨문'으로 바뀌어야 한다. 칸막이 문화가 경쟁력이다.

국내 관광의 재발견은 불가결하다. 해외 관광(아웃바운드)의 잠재 수요를 국내로 흡수할 수 있도록 지역의 매력을 발굴하고 가꾸고 다듬어야 한다. 한국관광공사 정창욱 국민관광전략팀장은 "코로나 시대에 맞는 국민 맞춤형 여행상품을 개발·육성하고, 지역 소득 증대를 유도하는 착한 관광 캠페인을 전개할 필요가 있다"고 말한다.[13] 1~2시간의 근거리 작은 여행(micro tourism)은 업계와 지역에 활력소다. 작은 여행은 결국 인바운드의 발판이다. 관광 인프라와 콘텐트 정비도 빼놓을 수 없다. 오용수 전 대구관광뷰로 대표(전 한국관광공사 도쿄지사장)는 "지금은 대증(對症)요법이나 일과성 마케팅보다는 관광의 ABC인 교통·숙박·음식 분야 등의 소프트웨어, 하드웨어 개선을 통해 외국인 수용 태세를 관광 선진국 수준으로 바꿔나갈 때"라고 주문한다.[14] 관련 리스트는 길다. 관광지의 점→선→면 확대, 근대산업유산의 관광지 정비, 외국인 친화적 안내판과 다언어 해설, 즉시 환급형 면세점 확충 등등.

인바운드 측면에서 보면 지방 공항의 관문 역할이 긴요하다. 지금은 인천공항을 통한 인바운드가 약 75%다. 공항마저 수도권 공화국이다. 김해·무안공항 이용 외국 관광객의 심층 분석이 든 한국문화관광연구원의

---

12 "新型コロナ危機下の観光業は、星野リゾート代表星野佳路氏に聞く", 니혼게이자이신문, 2020.4.17

13 필자 인터뷰, 2020.6

14 필자 인터뷰, 2020.6

보고서는 시사점이 많다. 그들이 보고 느낀 문제점이 곧 과제다. 가장 큰 애로는 의사소통 문제였다. 새로운 관광지를 가고 싶어도 한국어를 모르면 어렵고, 음식점과 교통수단 접근도 마찬가지라는 지적이 나왔다. 외국인 친화적 소프트웨어 구축이 급하다. 공항과 지하철의 실내 연결, 공항-관광지 간 버스 개설도 개선점으로 나왔다. 유명 관광코스, 재미있는 투어가 있으면 공항 이용객이 늘어날 것이라고도 했다.[15] 점을 선으로 이어달라는 주문이다. 다른 지방 공항도 사정은 거기서 거기다.

관광 전략의 체계적 수립을 위한 정부 조직 개편도 과제다. 마침 김석기 의원(국민의힘)이 20년 6월 15일 관광청 신설을 위한 정부조직법 개정안을 대표 발의했다. 김 의원은 "코로나19 등으로 급변하는 관광 환경에 능동적으로 대응할 수 있는 정부 내 컨트롤 타워가 없는 데다 관광 관련 행정 기능이 문화체육관광부를 비롯한 10개 부처에 분산돼 있어 관광 정책 효율성에 한계가 있다"고 배경을 밝혔다.[16] 현재 일본과 유럽 국가들은 관광 행정 관장 정부 기관을, 미국은 민관 조직(브랜드 USA)을 운영 중이다. 무엇보다 관광 입국을 위해선 청와대가 컨트롤 타워 역할을 해야 한다는 지적도 강하다.

관광은 성장 잠재력이 큰 분야다. 삼천리 금수강산이 아닌가. 인바운드는 인구 감소의 지방에 한 줄기 희망의 빛이기도 하다. 해외 관광객을 제2의 인구와 소비자로 보는 인식 전환이 절실하다. 관광이 멈춘 지금은 백지상태에서 전략을 다시 짤 마지막 기회일지 모른다. 무역입국을 열어젖힌 우리가 관광입국을 이루지 못할 까닭이 없다. 코로나의 덫에 걸린 글로벌화의 수레바퀴가 다시 돌 때를 대비할 때다.

---

15 "지방공항을 활용한 지역관광 활성화 방안", 이원희, 한국문화관광연구원, 정책연구 2020-10

16 "보도자료", 김석기 의원, 2020.6.15

제3장

이촌향도에서 이도향촌으로

도시청년의 I턴·J턴 도전

경북 영양군의 청년 창업가 이강우씨의 30년 동선은 남다르다. 서울에서 태어나 경기도 안산에서 살다 인근 도시의 대학을 나왔다. 전공이 생명화학공학으로 재학 중 창업을 꿈꿨지만 이루지 못했다. 자금 때문이었다. 2016년 서울의 바이오 기업에 들어갔고, 경북 영양의 계열사로 파견됐다. 1년 근무 후 서울 발령을 받은 그는 경북도의 '도시청년시골파견제 사업'을 접하게 됐다. 지역 활성화 창업에 2년간 연 3000만원을 지원하는 제도다. 이씨는 영양군 연고의 새싹땅콩 재배·가공사업에 응모해 선정됐고, 18년 1월 사업장을 열었다. 땅콩을 발아시켜 틔운 싹의 항산화 성분이 땅콩보다 훨씬 많은 데 착안한 사업이다. 월평균 매출은 약 300만원. 이씨의 포부는 당차다. 새싹땅콩의 항산화 성분 1만 배 올리기와 추출 기술 대중화다. 경북도의 지원은 이씨에 꿈의 밑천이자 실패의 담보다.

이씨는 도시민의 지방 이주를 뜻하는 U·J·I 턴 중 I턴이다. U턴은 출신지로, J는 출신지 언저리 도시로, I는 연고 없는 지역으로의 이주다. 영양군은 이씨의 I턴 창업으로 사람과 일자리를 유치했다. 영양은 서울보다 넓지만, 인구는 1만7000여 명이다. 서울 소재 웬만한 대학의 재학생보다 적다. 지방 소멸에 직면한 영양에 이씨의 I턴만한 낭보는 없다.

대구에서 나 지역 대학원까지 나온 권은아(35)씨는 J턴형 창업가다. 서울의 유력 제과회사 등을 거쳐 19년 참외의 고장 성주군에 둥지를 틀었다. 참외를 원재료로 하는 아이스크림 개발 사업이 도(道)의 심사를 통과하면서다. 식품유통업체에 다니던 언니(38)와 19년 4월 낸 사업장(카페)에서 제조·판매를 하고 있다. 카페는 조선 시대 한옥이 즐비한 한개마을과 멀지 않다. 전통과 현대의 접목은 발칙한 역발상이다. 권씨는 다음 목표가 기업 상대 거래라고 했다. 카페 이름 '능행(能行)'엔 두 자매의 의지가 어른거린다. 도전 정신은 젊은이의 특권이다.

17년 시범 사업 이래 경북에 이주해온 청년 사업가는 19년 6월 현재 87개팀 152명이다. 선정 경쟁률은 높다. 지자체에 귀농 지원 제도는 수두룩하다. 하지만 청년 창업에 초점을 맞춘 것은 경북도가 처음이다. 정착 사업엔 젊은이의 끼가 넘친다. 특산물 브랜드화에서 관광 콘텐트 제작, 게스트하우스·문화 공간 운영, 실버 필라테스까지. 대부분이 정착지 수요나 특성에 맞춘 지역 밀착형이다. 시골에도 카페·문화시설이 있어야 사람이 꼬인다. 창업형 인구 유입은 지역의 활력소다.

경북도 제도는 일본의 지역부흥협력대(協力隊)와 닮았다. 지방 기초단체가 도시민을 협력대원으로 1~3년 위촉하면 중앙 정부가 최대 400만엔(약 4300만원)을 지원한다. 협력대원 업무는 농어촌 일손 돕기, 지역 브랜드 개발, 정보 발신 등 다양하다. 2009년 이래 10년간 선발 인원은 2만여명에 이른다. 이 중 20~30대가 70%이고, 60%가 파견지에 정착했다. 아베 신조 총리는 19년 연두 연설에서 대원을 연간 8000명으로 확대하겠다고 밝혔다. 12년에는 이를 소재로 한 10부작 드라마도 나왔다. '늦게 핀 해바라기~나의 인생 리뉴얼'이다. 지방의 활력은 사회 전체의 뒷받침없이 돌아오지 않는다.

지방은 먹거리에서 관광까지 보물 지도다. 통념만 깨면 6차 산업이

널려 있다. 청년에게 물고기를 주는 식으론 새 바람이 일어나지 않는다. 수도권 광역단체의 수당(手當) 정치는 청년의 응석만 키울 뿐이다. 스스로의 낚는 법으로 시장과 겨뤄보게 해야 한다. 이것이 따뜻한 자본주의요, 지방을 뉴프런티어로 만드는 길이다. 경북형 모델의 확산을 기대한다.[1]

경북도의 도시청년 시골파견제는 21년 6월부터 청년창업 지역정착 지원사업으로 명칭이 바뀌었다. 그동안 파견제는 188명을 선발했고 이중 183명이 경북 지역에 정착했다. 새 사업은 청년들이 단순 창업을 넘어 지역 자원을 활용해 로컬 크리에이터로 성장할 수 있도록 프로그램을 강화했다. 사업화 자금 및 정착 활동비 지원금은 1인당 2000만원이다.[2] 일본의 지역부흥협력대원은 20년 현재 5556명이 1065개 지자체에서 활동 중이다. 대원의 약 40%가 여성이다. 1인당 지원금(활동 경비)은 21년부터 최대 470만엔으로 상향 조정됐고, 창업 등 비용으로 최대 100만엔이 추가 지원된다.[3]

혁신 귀농의 우공이산 꿈

백두대간 자락이 6차산업의 터전이었다. 경북 문경시 농암면 청화산(987m) 기슭의 농장 청화원. 해발 400여m 숲의 정적을 계곡의 나뭇잎 소리가 갈랐다. 귀농 6년 차 이소희(32)씨의 건나물 브랜드(소담)는 청정(清淨)이 키우고 있었다. 취나물·다래순·고사리에 곰취와 명이나물. 산나물을 말려 선물 꾸러미로 팔아 이씨가 2019년 올린 매출은 1억2000만원이다. 코로나19가 덮친 20년도 비슷할 것이라고 했다.

이씨의 귀농 과정은 흥미롭다. 화전민 터인 농상 수변은 그에게 제2

1 "도시청년의 I턴·J턴…경북형 모델 실험", 오영환, 중앙일보, 2019.6.5

2 "경상북도경제진흥원…'청년창업 지역정착 지원사업'으로 거듭나", 이창희, 매일신문, 2021.6.9

3 "地域おこし協力隊について", 일본 총무성 홈페이지, 2021.8.8 검색

의 고향이다. 초등 2학년인 1996년 서울에서 무술 도장을 하던 아버지(청화원 대표)를 따라 내려온 곳이다. 문경에서 초중고를 나온 뒤 다시 서울로 진학해 유치원 교사를 하다 돌아왔다. 부모에겐 무연고지였지만, 이씨엔 U턴이다. 농장에서 일하다 2017년 영농 후계자와 소담 대표가 됐다. 직접 재배한 유기농 산나물과 주변 궁터 마을 주민들이 캐온 산채를 브랜드화했다. 산나물을 헐값에 넘기던 산골 소득에도 보탬이 됐다.

판매처는 주로 회사와 각종 기관이다. 건나물을 행사 답례품으로 주는 아이디어가 맞아떨어졌다고 한다. 여기에 청화원은 산나물 숙박 체험장이자 교육장이다. 천혜의 산나물 서식지는 그새 마을공동체와 함께 하는 6차 산업기지로 거듭났다. 이씨도 귀농·귀촌 코디네이터에 청년여성농업인협동조합 회장 등 역할이 한둘이 아니다. 고충도 적잖았다. 미혼 여성이 귀농하자 사회부적응자니 실패자니 하는 얘기가 들려왔다고 한다. 앞으로 농장을 자연 놀이터와 인성학교로 확대하고, 지속 가능한 농촌공동체를 위해 일조하는 것이 그의 꿈이다.

대구 출신의 박홍희(48) 씨는 귀농 스마트파머다. 서울에서 굴지의 전자회사 부장으로 있다가 14년 딸기 스마트팜 둥지를 틀었다. 경북 상주시 청리면 평원 한가운데의 '우공(愚公)의 딸기정원'(9000㎡ 규모)이다. 비닐하우스 8개 동은 웅장했다. 온실 환경 센싱과 통합 제어기 등을 갖춘 스마트팜이지만 외관은 다른 하우스와 큰 차이가 없었다. 박씨의 20년 매출은 2억7000만원. 코로나로 체험 방문객을 받지 않아 19년보다 약 20% 줄었다고 한다.

박씨는 가족과 함께 하는 삶을 찾아 귀농했다. 부인도 다른 전자회사 차장이라 가족끼리 오붓이 보낼 시간이 없었다고 한다. 13년 육아 휴직을 내고 혼자 청리면에 내려와 딸기 농사를 배우면서 자신감을 갖게 됐다. 치밀한 준비와 창농 이후 계속된 농민사관학교·농업마이스터대 학습

과정이 그를 일류 스마트파머로 만들었다. 고교생·초등생 딸과 아침·저녁을 함께하는 일상도 정착됐다.

그는 지금 농업인이자 농업법인 굿파머스그룹(주)의 경영인, 스마트팜 교육자다. 법인에는 정규 직원이 4명이고, 늘 2~3명의 인턴을 둔다. 21년엔 상주 외서면에 딸기 스마트팜 유리온실(2만㎡)을 짓는다. 딸기 스마트팜으론 전국 최대 규모다. 설비비만 45억원이다. 그가 들려준 꿈은 세 가지다. 농사짓는 기쁨을 세상에 알리는 것이 첫째다. 둘째는 딸기 수출 확대다. 저온 과일인 딸기는 동남아에서 인기가 높다. 판로가 홍콩·싱가포르·대만에서 태국·베트남으로 펴지고 있다. 마지막은 농촌에서 지속해서 일하는 청년 배출이다. 농장을 넓히는 것도 자신 같은 우직한 독립 농부 양성을 위해서라고 했다. 우공이산(移山)의 실현, 그의 꿈은 당차다.

귀농의 재발견이라 할까. 혁신 농부가 고령 농촌의 활력소를 넘어 새 주역으로 떠올랐다. 19년 100만7000 농가 경영주의 평균 나이는 68.2세다. 농가 인구 전체를 보면 일흔 이상이 셋 중 한 명(33.5%)이다. 외부 인구 유입은 불가결하다. 그렇지 않으면 농촌 지자체의 소멸은 시간문제다. 적극적 귀농, 귀촌 정책은 그 산물이다. 귀농으로 학교가 유지되는 곳도 있다.

2020년 귀농어·귀촌 현황

귀농			귀어			귀촌		
가구수	12,489가구	⬆9.3%	가구수	897가구	⬇0.8%	가구수	345,205가구	⬆8.7%
귀농인	12,570명	⬆9.3%	귀어인	967명	⬆0.8%	귀촌인	477,122명	⬆7.3%
가구원	17,447명	⬆7.8%	가구원	1,197명	⬇3.0%			

자료:통계청

귀농 인구는 16년(2만599명) 이래 감소세다. 귀농 1번지를 둘러싼 지자체 간 경쟁이 치열하다. 지원·교육 체계가 난립 양상이다. 문제는 귀농 유치보다 실패의 안전망이다. 한번 망치면 끝인 곳에 창의력은 깃들지 않는다. 농촌도 도전 정신의 인재가 살린다. 농산어촌은 잠재력의 보고(寶庫)다. 먹거리와 볼거리, 쉼터가 어우러져 있다. 농작물 재배·가공·판매와 일체형의 체험·숙박 시설은 더 없는 관광 인프라다. 농박(農泊)은 새로운 트렌드이기도 하다. 코로나 팬데믹으로 과소지가 적소(適疎)로 주목받기 시작했다. 농촌은 디아스포라를 끝낼 혁신가를 기다리고 있다.[4]

과학 주도의 지방회생, 체인지업 그라운드

21년 9월 3일 오전 10시 경북 포항시 남구 포항공대(포스텍) 한가운데의 '체인지업 그라운드(CHANGeUP GROUND·CG)' 건물. 외관은 다른 연구동과 비슷했지만, 로비에 들어서니 딴판이었다. 7층 건물 가운데가 천정까지 뻥 뚫렸고, 케이블카 같은 회의실에서 입주사 직원끼리 미팅하는 모습이 들어왔다. 축구장 네 개 크기 규모(연면적 2만8000㎡)에 약 100개 업체가 입주할 수 있는 이곳은 지방에 하나의 신기원이다. 판교 이남의 최대 창업 보육(Start-up incubation) 센터다. 포스코가 830억원을 들여 지난 7월 개관했다. 체인지업 영문 표기에서 소문자 e를 쓴 것은 창업(CHANGUP)과 혁신을 함께 강조하기 위해서라고 한다. 건물 지번 '청암로 87'도 상징적이다. 청암(靑巖)은 포항제철 신화를 일군 고 박태준 회장의 호(號)이고, 87은 포스텍이 첫 입학생을 받은 해다.

건물 내부는 벤처 맞춤형이다. 발랄하고 섬세하다. 1인 공간인 워크큐브, LP판 음악을 들을 수 있는 뮤직 라운지와 플레이 존, 작은 오두막식

---

4 "산나물과 스마트팜 귀농의 꿈", 오영환, 중앙일보 2020.9.29

휴식 공간 등등. 여기에 공용 부엌과 첨단 캡슐형 수면실, 샤워실도 갖췄다. 24시간 불이 꺼지지 않는 공간다웠다. 시제품을 만드는 메이커 스페이스와 빅데이터 관련 연구소 등도 빼놓을 수 없다. 입주 기업 사무실은 3·6·12인실로 돼 있다.

체인지업 그라운드 포항 야경. [포스코 제공]

옥상에 올라가 보니 건물은 극미세 물체를 분석·가공하는 가속기연구소, 포항산업과학연구원(RIST)과 포스텍 연구동에 둘러싸여 있었다. 입주 벤처와 함께 호흡하는 세계적 수준의 연구 인프라들이다. 포스코가 내건 '또 하나의 퍼시픽 밸리(Pacific valley)' 비전의 버팀목들이다. 태평양 서쪽에 실리콘 밸리에 버금가는 벤처 플랫폼 생태계를 구축하겠다는 포스코의 구상은 야심차다. 반세기 전 영일만 모래밭에서 제철보국(製鐵報國)의 길을 연 도전의 DNA가 꿈틀거린다. 2017년 기준 전국 4차 산업혁명 관련 사업체(6만3536개)의 61.3%, 종사자(115만2463명)의 58.9%가 서울·경기·인천의 수도권에 몰린 상황에서 CG는 혁신보국의 메카가 될 수 있을까. 포항에서 다시 거대 실험이 시작됐다.

"1인당 국민소득 5만 달러, 6만 달러로 가려면 대기업 경제 엔진만으론 한계가 있다. 대기업의 새로운 미래 사업을 위해서도 기술 벤처 생태계라는 또 다른 성장 엔진이 필요하다. 미국은 테슬라·애플·구글·아마존·페이스북 등 벤처 투자를 받은 기업들이 이미 주류가 됐다. 시가총액의 57%, 총고용의 38%를 차지한다. 지금의 시대정신은 벤처 창업정신(Founding Spirit)이다."

포스코 벤처 플랫폼 구축의 실무 책임자인 박성진(53) 산학연 협력실장은 "2030 미래 세대에게 전 세계로 나갈 수 있는 가장 큰 운동장을 만들어주는 것이 신사업의 방향이고, CG는 그 일환"이라고 말했다. 산학연 협력실은 영리기업인 포스코와 비영리 교육·연구기관인 포스텍·RIST·가속기연구소의 접점 조직이다. 박 실장은 포스텍 1기 출신으로 모교 기계공학과 교수를 거쳐 2019년 부임했다.

- 기존 벤처 생태계 구상과의 차이점은.

"포스코가 가진 80개국 160개 해외 사무소를 기반으로 하는 글로벌 마케팅 네트워크를 벤처 기업에 제공한다. 입주 기업은 방사광가속기 2기, 반도체 공정을 연구하는 나노융합센터, 바이오연구소 등 2조원 규모의 연구 시설도 활용할 수 있다. 단일 캠퍼스로는 미국 스탠퍼드대에 이어 세계 2위다. 포스코 연구소까지 합치면 연구 인력 5000명이 매년 연구비 1조원을 쓰는 시스템도 갖추고 있다. 여기에 포항과 광양 등 지자체와 함께 지역 벤처 생태계 구축을 위해 적극적으로 연계·협력하고 있다. CG는 이런 것 모두를 융합해 새 미래를 만들어내는 운동장이다. 벤처 밸리의 좋은 모델을 만들 것으로 기대하고 있다."

- 벤처에 대한 재정 지원도 하나.

"포스코는 벤처 생태계를 위해 1조원을 조성했다. 이 중 8000억원은 벤처 기업 투자에, 2000억원은 포항·광양의 창업 생태계 구축에 활용하고 있다. 재무적 연결 고리도 완비했다는 얘기다. 이를 통해 산학연 협력의 신사업을 창출한다. 그 자연스러운 결과로 지방 경제가 활성화하고, 청년 일자리도 새로 생겨날 것이다."

- 향후 목표는.

"1조원 펀드를 통해 1000개 이상의 벤처에 투자하고, 이 가운데 20개 정도가 매년 코스닥에 상장하고, 1~2개가 나스닥에 상장하는 포스코 벤처 생태계를 만들 계획이다. 이렇게 되면 포스코는 언제든지 신사업을 할 수 있는 시스템을 갖추게 된다. 연구중심 대학인 포스텍 입장에선 미국처럼 새로 배출하는 박사 인력의 30%가 창업할 수 있는 운동장을 만들어주는 것이다."

- 벤처 생태계 구축이 지역의 활력소가 될 것이라는 기대가 높다.

"지방 소멸은 정책으로만 해결되지 않는다. 기술과 함께 풀어야 한다는 생각이다. 가전제품을 비롯한 기술 혁명이 여성 해방에 일조를 한 것과 같은 맥락이다. 지방에서 사람이 빠져나가는 것은 고급 일자리가 없고, 교육과 의료 환경이 수도권보다 못하기 때문이다. 지금은 벤처 기업들의 언택트 기술로 지방소멸 문제에 대응할 좋은 기회다. 현재 경북도와 교육·의료·교통·환경·에너지·농업·금융의 7개 분야에서 창의적 벤처 기술을 발굴해 혁신 사업에 나서는 방안을 모색하고 있다."

- 구체적 사례를 든다면.

"교육의 경우 경북도와 초중고 온라인 AI·과학 교육 프로그램 도입을 논의 중이다. 포스텍 교수 등이 프로그램을 만들고, 전체 초중고생이 매주 하루 비대면 특별수업을 받는 방안이다. 동시에 스탠퍼드대처럼 온라인 중고 국제학교를 개교해 경북 전체 학생들이 국내외 최고 대학에 진학할 수 있는 시스템도 강구하고 있다. 의료는 혁신적 건강관리 시스템을 구축하는 방안을 협의 중이다. 벤처 기업이 260만 도민 전체의 DNA 검사를 하고, 이를 건강검진 데이터와 통합하는 내용이다. 물론 이들 정책을 위해선 규제 완화가 필요하다."

개관 두 달을 맞은 CG 포항엔 혁신 인재들의 꿈이 영글고 있다. 자율주행 솔루션 개발·공급 업체인 폴라리스쓰리디(Polaris3D)의 곽인범(32) 대표는 포스텍 박사과정 휴학생이다. 그는 "여러 기업이 CG에 함께 입주해 있어 기술·홍보·투자 등 다양한 분야에서 시너지가 있을 것으로 생각한다"며 "원천기술과 사업성에 좋은 작업 환경까지 갖췄으니 반드시 성공해 해외로 진출할 것"이라고 했다. 포스코 기술연구원 박영준(55) 연구원은 친환경 분야 입주사인 (주)이옴텍 대표를 맡고 있다. 폐플라스틱과 제철소 부산물인 슬래그로 복합 재료를 개발해 건축과 토목에 적용하는 사업을 개도국까지 확장할 계획이라고 했다.

체인지업 그라운드 포항 입주사 단위: %(개)

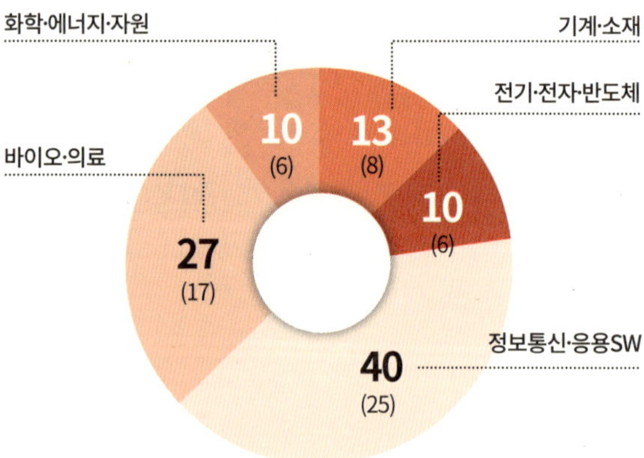

CG 포항과 바로 옆 바이오 센터에 입주한 스타트업은 7월 기준 68개사로, 기업 가치가 4672억원이라고 포스코 측은 설명한다. 지난해 서울 강남구 역삼로에 문을 연 CG 서울의 11개 입주사(885억원)를 압도한다. 포

항·서울을 합쳐 기업 가치가 50억원 이상인 스타트업은 22곳으로, 이 중 14곳이 바이오 업종이다. 광음향 현미경과 초음파 영상장비 관련 기술을 보유한 업체 옵티코와 광통신 핵심 부품 개발·연구 업체인 레신저스의 가치는 100억원을 넘는다. CG를 다녀온 이홍원 한국생명공학연구원 바이오경제혁신사업부장은 "우리나라에서 주로 창업 보육 사업을 하는 대학이나 공공기관은 저렴하게 혜택을 주지만 신축적인 운영을 못 한다"며 "CG 포항은 해외의 상업 목적 창업 보육 시설과 수준이 비슷하다"고 말했다.

CG 포항은 국가와 기업의 새 성장 엔진을 넘어 과학 기술이 주도하는 지방 회생의 모델로도 주목거리다. 지역 인재의 수도권 유출 흐름을 완화하고 수도권 인재의 역류를 끌어낼 하나의 4차 산업혁명 교두보다. 판교 라인 이남엔 포스텍 외에도 연구중심 대학이 건재하다. 대전엔 KAIST를 비롯한 대덕연구개발특구가, 다른 광역시엔 GIST(광주과학기술원)·DGIST(대구경북과학기술원)·UNIST(울산과학기술원)가 있다. 학위 과정 중 기술 창업을 하는 사례가 한둘이 아니다. 지역다움을 살리되 경계를 넘어 서로 손을 맞잡는 과학 주도 성장 회랑이 생겨나기를 기대해본다.[5]

평생현역 마을 설계할 때

천혜의 입지였다. 해송자연휴양림 희리산(329m) 자락에 바다까지 약 4㎞. 여기에 400여m 떨어진 서해안고속도로. 20년 5월 22일 오전 11시 충남의 남단 서천군의 서천어메니티복지마을은 아늑함을 뿜어내고 있었다. 진입로를 따라가지 전체 면적 12만여㎡에 늘어선 요양·여가·주거시설이 하나둘씩 모습을 드러냈다. 시설 아래쪽 파크골프장에는 고령자들이 경

5 "포철 성공신화 DNA로 기술 벤처 메카에 도전", 오영환, 중앙일보, 2021.9.17

기를 즐기고 있었다. 더 안쪽으론 호수(장항제)가 눈에 들어왔다. 천주교 대전교구가 위탁 운영 중인 마을은 개관 12년째로 초집적(超集積) 복지 요람이다.

출발은 2005년 서천군이 보건복지부의 농어촌복합노인복지단지 시범지역으로 선정되면서다. 당시 강원도 영월군, 전북 진안군, 전남 담양군도 뽑혔지만 복합 복지타운은 서천군이 유일하다. 350억원을 들여 노인 복지관·요양병원·요양시설, 장애인 종합복지관·보호작업장, 고령자용 국민임대아파트(보금자리 주택)를 갖췄다. 파크골프장 외 한방 찜질방, 야외 공연장도 자랑거리다. 거주민 이정구(79)씨는 "20년 전 아내와 사별하고 청주에서 혼자 살다가 테니스 동호회 친구 소개로 4년 전 건강을 고려해 입소했다"며 "주변 자연환경이 좋은 데다 복지관이 바로 옆이라 동아리(실버합창단)와 다른 여가 활동도 할 수 있어 너무 좋고 편하다"고 말했다.

아파트는 33㎡형 96세대, 51㎡형 11세대로 전국의 65세 이상이 자격 요건이다. 입주민 평균 나이는 80대 초반이고 독거 세대가 약 70%다. 건물은 무장애(barrier-free) 공간으로 지어졌다. 복지관과 장애인 종합복지관·보호작업장은 서천군민을 위한 시설이고, 요양병원(정원 197명)과 요양시설(정원 99명)은 거주지 제한이 없다. 평소 복지관은 하루 300~350명, 장애인복지관은 150~200명이 이용한다. 복지관 프로그램은 합창단에서 태권도, 요리 교실까지 다채롭다. 탁구, 당구, 배드민턴도 가능하고 다문화 홀에선 문화 행사도 연다.

전체 종사자는 약 250명이다. 마을은 고령화 시대의 복지와 일자리가 공생하는 모델이기도 하다. 서천군 인구는 5만2374명으로 65세 이상이 세 명 중 한 명(35.7%)이다. 이명근 복지마을 기조실장은 "앞으로 요양병원은 치매 전문화 병원으로 특화할 방침"이라며 "복지마을은 시설 규모가 크고 기초단체의 재정 상태가 좋지 않은 만큼 광역단체의 지원이 더 필요하다"고 했다. 서천군의 재정자립도는 13.9%지만, 노인복지관과 요양병원의 올해 지원 예산(23억여원)의 56%가 군비다. 나머지는 국비와 도비다.

서천복지마을은 민간 공급의 실버(시니어)타운이나 공공 노인주거복지시설과는 궤를 달리한다. 대단지에 주거·의료·돌봄·여가 시설을 한데 모은 해외 은퇴자주거복합단지(CCRC·Continuing Care Retirement Community)를 국내에 적용한 초기 모델이다. CCRC는 은퇴자나 고령자들이 건강한 시기에 들어가 지속적인 돌봄 서비스를 받고 여가를 즐기면서 노후를 맞는 마을이다.

서천어메니티복지마을 전경. [서천복지마을 제공]

서천복지마을을 견학하는 발걸음이 끊이질 않는 것은 한국형 CCRC 실험 때문이다. 지자체·연구기관·사회복지시설 관계자와 학생 등 연간 1000명 정도가 찾아간다. 정소이 토지주택연구원 수석연구원은 "초고령사회가 도래하지만, 고비용의 민간 실버타운은 경제적으로 부담스럽고 고령자용 공공임대주택은 저소득층에 한정돼 있다"며 "중간 소득계층 은퇴자나 고령자를 위한 주거+의료+돌봄 모델을 개발하되, 여러 세대가 어울려 사는 세대 통합형 단지를 공급할 필요가 있다"고 말한다.

CCRC의 원조는 미국이다. 미 투자은행 지글러(Ziegler)에 따르면 17년 기준 CCRC는 모두 1955곳이다. 이 중 78%를 비영리법인(NPO)이, 22%를 민간회사가 운영한다. CCRC 규모는 천차만별로, 중위 주택 수는 120호다. 입주 계약 형태는 거의 ABC 세 가지로, 무제한의 헬스케어 서비스를 받는 A 타입이 가장 비싸다. 미 정부회계감사원(GAO) 조사 결과, A 타입 입주비는 16만~60만 달러(약 2억~8억5000만원), 월세는 2500~5400달러다. 서비스를 받을 때만 비용을 내는 C타입은 입주비가 10만~50만 달러, 월세가 1300~4300달러다. 미국의 취약한 공적 의료시스템이 CCRC를 거대 시장으로 만들었다는 분석이다. 입주자도 중상위 계층이 많다.

CCRC의 대명사는 남서부 애리조나주 선시티(Sun City)다. 부동산 개발업자 델버트 웹이 1960년부터 55세 이상의 현역 마을(55+active adult community)을 내걸고 사막 한가운데 조성한 CCRC다. 55+를 내건 것은 미국에서 처음이기도 하다. 분당신도시의 약 2배 면적(38㎢)에 주택이 2만 6000호로 약 4만명이 생활하고 있다. 중위 월세는 1067달러, 거주자 중위 연령은 73.2세다. 시설은 다채롭다. 11개의 골프장과 레스토랑, 수영장, 공방 등을 갖춘 7개의 레크리에이션 센터, 19개의 쇼핑센터, 525개 병상의 종합병원 등등. 입지도 편리하다. 주도(州都) 피닉스시와는 약 25㎞ 떨어져 있고, 애리조나주립대가 반경 10㎞ 내다. 미국에는 대학이 운영하는 대학연계은퇴자단지(UBRC)도 100곳을 넘는다. 대학의 평생교육 프로그램에 참여하거나 젊은 세대와 교류할 수 있는 게 장점이다.

일본은 14년부터 일본판 CCRC(생애활약마을)를 본격화했다. 은퇴자나 고령자가 건강한 상태에서 입주해 건강 장수를 꾀한다는 점에서 미국의 CCRC와 한 맥락이다. 하지만 민간 주체의 미국 CCRC와 달리 일본은 중앙 정부·지자체의 관 주도다. 대도시권의 고령화에 따른 요양 대책, 지방창생 정책과도 맞물려 있다. 큰 그림은 중앙 정부가, 기본계획은 지자체가 만들어 운영 주체에 예산 지원을 한다. 20년 5월 현재 기본계획을 책정한 지자체는 89곳으로 연말까지 100곳이 목표다. 입주자 기본 모델은 일반적인 퇴직자로, 국민연금 제도의 표준적 월 연금액인 21만8000엔(약 250만원)을 받는 고령자 부부다. 의료·요양 서비스는 CCRC가 제공하는 미국과 달리 기존의 공적 제도가 뒷받침한다.

일본판 CCRC가 지역사회 밀착형으로 다세대 교류를 중시하는 점은 우리에 시사하는 바가 크다. 동해와 면한 이시카와(石川) 현 가나자와(金澤)시의 '셰어(Share) 가나자와'는 대표적 다세대 교류형 CCRC다. 병원 부지(약 3만6000㎡)에 14년 개소한 곳으로 고령자, 대학생, 장애아동이 함께 생활한다. 고령자 주택은 32호로, 월 비용은 1인 12만엔, 부부 14만엔이다. 운영단체(붓시엔) 관계자는 통화에서 "학생 주택은 5개동으로 입주비(월 4만엔)가 싸지만 매달 30시간의 봉사 활동을 해야 한다"며 "가나자와 시내와 자동차로 10분 거리인 것도 장점"이라고 말했다. '내가 만드는 마을'이라는 슬로건답게 고령 입주자가 장애 아동을 돌보고, 공동매점 판매 봉사를 한다. 천연온천장 이용은 무료이고, 고령자 주간보호시설, 레스토랑, 갤러리도 갖췄다.

한국의 향후 고령화 속도는 일본보다 빠르다. 인구의 절반이 몰린 수도권에 의료·요양 대란이 일어날지도 모른다. 지방은 사람이 빠져나가 소멸 경보등이 켜져 있다. 이런 상황에서 20년 2월 한국형 CCRC 모델을 모색하는 세미나가 열린 것은 고무적인 일이다. 행사를 주관한 서형수 저출산고령사회위원회 부위원장은 "정부가 고령자 복지주택 공급 확대를 추진하고 있지만 공급량은 미미하고, 급증하는 고령 인구에 대응하기에는 분명한 한계가 있다"며 "이 문제의 대안이 한국형 CCRC에 있다고 본다"고 설명했다. 평생 현역 마을의 설계를 본격화할 때가 됐다.[6]

베이비부머 이도향촌 프로젝트

2020년은 한국 인구 구조의 변곡점이다. 베이비부머의 맏형인 1955년생이 65세 이상 법정 노인으로 진입했다. 막내인 1974년생까지 인구의 3분의 1인 베이비부머가 순차적으로 고령 인구가 된다. 거대 인구층의 고령화라는 '2020년 문제'가 시작됐다. 유례없는 고령화 속도에 세계 최저 수준의 출산율(0.92)이 맞물린다.

여기에 고령 빈곤율은 경제협력개발기구(OECD) 회원국 중 1위다. 기대 수명은 올라가고 생산가능인구가 주는 판에 눈덩이 복지비용은 어떻게 할 것인가. 도시계획 전문가 마강래 중앙대 교수(49)의 베이비부머와 젊은층의 공간 분업론은 신선한 처방전이다. 20년 3월 저서 『베이비부머가 떠나야 모두가 산다』를 통해 은퇴자의 귀향귀촌이 4차 산업혁명 거점인 도시로의 젊은 인재 진입 장벽을 낮추고 한계상황의 지방도 살린다고 역설했다.

6 "평생 현역 마을, 한국형 CCRC 설계할 때", 오영환, 중앙일보, 2020.5.29

귀농·귀촌 가구 소득 단위: 만원

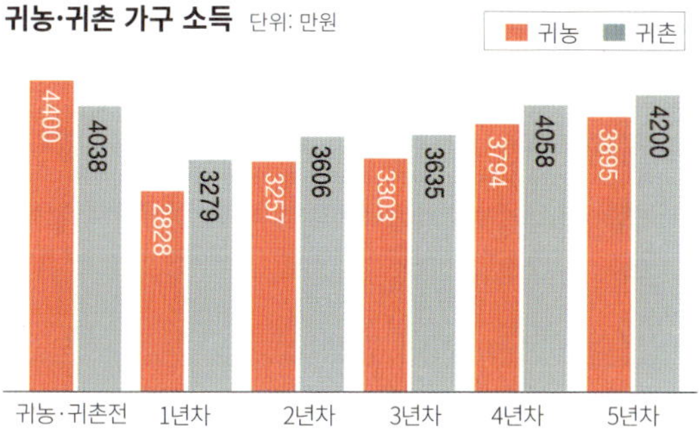

월 평균 생활비

자료: 2019 귀농귀촌 실태조사, 농림축산식품부

- 책 제목이 도발적이다.

"우리나라엔 향후 20년이 고비다. 사회가 감당할 수 없을 정도로 고령자들이 쏟아져 나온다. 베이비부머는 1차(1955~63년), 2차(68~74년)와 그 사이에 낀 64~67년생도 포함해야 한다. 2020년 현재 이들 나이는 46~65세로 모두 1685만명이다. 향후 20년간 65세 이상은 813만명→1722만명으로 두 배 이상 늘어난다. 반면에 생산가능인구(15~64세)는 3736만명→2865만명으로 23% 줄어든다. 거대 인구층의 노령화와 대거 은퇴는 시한폭탄이다. 이제 고령사회가 표준이다. 이에 맞춰 제도를 바꾸어야 우리 사회도 지속 가능할 수 있다. 핵심은 베이비부머의 일자리 정책이다. 그것이 우리의 미래를 결정할 것이다."

- 하지만 연착륙은 쉽지 않아 보인다.

“베이비부머의 은퇴는 온갖 사회적 난제를 만들어낼 것이다. 은퇴자들이 직면한 시간 과잉의 문제부터 연금 고갈, 일자리를 둘러싼 세대 갈등, 고독사, 의료시설 부족까지…. 정치적 문제도 빼놓을 수 없다. 우리보다 먼저 은퇴자를 쏟아낸 선진국을 보면 이들이 선거에 미치는 영향은 매우 크다.”

- 우리 사회가 이들을 챙길 여력이 있겠나.

“베이비부머는 이촌향도(離村向都)를 주도했고, 거대한 공간 흐름을 만들어낸 인구층이다. 이들은 우리가 목도하는 고령자와는 전혀 다른 사람들이다. 지난 30~40년 정치·경제·사회 변화를 주도해온 세대다. 이들은 상상하는 것보다 부자이고 똑똑하며 사회 참여 의지가 강하다. 이들이 앞으로 활발하게 일하고 적극적으로 소비하면서 경제에 활력을 불어넣는 역할을 해야 한다. 나라의 곳간엔 이들의 여생을 돌봐줄 만한 충분한 돈이 없다. 젊은 세대는 자기 앞가림하기도 벅차다. 다른 대안은 없다. 이들이 경제활동을 해야 정부도 재정 압박을 줄일 수 있고, 연금 문제도 해결할 수 있다. 그렇지 않으면 젊은 세대도 힘들어진다.”

- 귀향 정책이 왜 대안인가.

“무엇보다 많은 수의 베이비부머가 도시를 떠나고 싶어 한다. 은퇴 후 귀농귀촌 여부를 조사한 18년 농촌경제연구원 조사를 보면 50대의 42%, 60대 이상의 34.3%가 관심이 있다고 밝혔다. 이것이 난제들을 해결할 하나의 동력이 될 것으로 보았다. 베이비부머가 도시를 떠나 지방 중소도시나 농촌에서 살며 젊은이들과 충돌하지 않는 일을 하면 된다. 일종의 세대 간 공간 분리 전략이다. 베이비부머와 청년층의 상생을 위해선 세대 간 일자리 분업도 중요하지만, 일자리의 공간적 분업도 긴요하다. 이는 두 세대를 궁극적으로 융합하게 하는 상생 전략이다.”

- 귀향한다고 해도 일자리가 문제다.

“베이비부머엔 지방 중소도시가 대도시보다 여생을 보내기에 더 유리한 터전일 수 있다. 앞으로 지방에서 할 수 있는 일이 다양하게 늘어날 수 있다. 실버산업은 두말할 여지가 없다. 고령자가 많아지고 이들의 소비력이 있기 때문이다. 일본이 좋은 예다. IT 기술을 중심으로 한 노인 보조기구 산업이 빠르게 성장하고 있다. 이런 상품과 서비스 기획·개발은 도시에서 젊은 세대가 하겠지만, 수요는 농촌과 지방 중소도시에서 골고루 있을 것이다. 요양업, 고령자용 운송업, 평생교육업, 고령 친화 주택이나 시설 관련업 등 일자리는 건강한 베이비부머 구미에 맞을 수 있다.”

- 베이비부머가 도시를 떠나도 젊은층의 도시 안착 보장이 없다.

“4차 산업혁명 시대의 대세는 정보통신기술(ICT)과 스마트 공장이다. 이 산업에 적합한 공간은 도시이고, 도시는 젊은 혁신 인재들을 원한다. 해마다 20만명이 넘는 젊은이가 시골로 간다. 이는 귀촌한 게 아니라 대도시 집값이 너무 비싸 도시 외곽으로 밀려났다고 보는 게 맞다. 주요 요인 중 하나는 중장년층과 노년층이 대도시 부동산을 꽉 잡고 놓지 않고 있기 때문이다. 베이비부머의 탈도시화는 청년들의 안착을 돕고 일자리 문제도 해결할 수 있는 좋은 방편이다. 이는 저출산 문제도 풀 수 있는 열쇠다. 청년층에 안정적 주거 환경이 제공돼야 도시가 살고, 국가 경제도 좋아질 수 있다. 미국과 일본도 산업구조 변화에 맞춰 도시로 눈을 돌렸다.”

- 은퇴자가 지방에 활력소가 될 수 있을까.

“베이비부머는 일부 지자체에선 거의 청년층이다. 중위연령이 60세에 다다른 지자체도 있다. 베이비부머는 기회만 주어진다면 향후 10~30년 정도는 너끈히 일할 능력도 갖췄다. 현재 지방 중소도시는 젊은 인구 유출→인구 감소→도시 인프라 저하→잔여 인구 유출의 악순환을 겪고 있다. 이를 끊는 방법은 젊은 인구를 유입하는 것보다 인구수 자체를 늘려 생활 인프라 저하를 막는 것이다. 수도권과 지방 5대 광역시에 1100

만명이 넘는 베이비부머가 있다. 이들은 많은 순자산을 가진 만큼 강력한 소비력을 갖고 있다. 일할 능력과 의향도 있다. 이들의 다양한 경험과 인맥이 지방에 상당한 시너지도 불러일으킬 수 있다."

- 귀향에는 문화·의료 시설 부족 등 걸림돌도 적잖다.

"귀향 인사들이 흩어져 살지 않도록 하는 것이 중요하다. 매력적인 공간 조건의 하나는 문화 여가시설, 복지와 행정시설의 집중이다. 은퇴자 주거단지(CCRC)를 주목할 필요가 있다. 지방 의료 수준 개선은 인력의 보완과 경제적 인센티브만으로 부족하다. 공공의료를 강화하고 도시 압축을 통해 의료 접근성을 높여야 한다. 베이비부머의 귀향을 촉진하려면 기초연금 등 지자체의 부담도 줄여줘야 한다. 궁극적으로 기초연금은 중앙정부가 책임져야 한다."

- 지속가능한 사회를 위한 다른 정책적 대안은.

"노인 기준 상향 조정과 정년 연장을 통해 고령자가 일하는 사회를 구축해야 한다. 65세부터 다양한 복지혜택이 제공되는 상황에서 노인 기준을 늦추면 큰돈을 절약할 수 있다. 예산 절감 효과가 가장 큰 부분은 기초연금이다. 물론 문제도 있다. 노인 빈곤을 심화시킬 수 있다. 그런 만큼 노인 기준 변경 문제는 반드시 '계속고용제도' 등 노인 일자리 정책 논의와 맞물려야 한다."

- 귀향 프로젝트를 국가 균형발전 측면에서 본다면.

"수도권과 지방 5대 광역시의 지방 출신 베이비부머 중 10%의 U턴을 가정하면 62만명의 귀향인구가 발생한다. 수도권에서만 44만명이 빠져나간다. 그러면 전남·경북·충남·경남·전북에 각각 10만명 전후의 인구가 유입된다. 몇 십만 명의 이동으로 무엇이 달라지겠냐는 얘기는 지나친 과소평가다. 지금까지 숱한 균형발전 정책이 있었지만 불과 몇 만 명의 이동도 가져오지 못했다. 지방으로 공공기관 이전이 가장 활발했던

2013~16년 수도권→지방 순이동은 5만8000명에 불과했다. 균형발전의 핵심은 인구인데 정부 정책은 계속해서 사람이 아닌 지역에 초점을 맞췄다. 지방으로 옮겨갈 사람이 없으면 지역에 아무리 투자를 한다고 해도 구멍 난 독에 물 붓는 격이다. 베이비부머의 귀향 욕구가 정교한 정책 설계와 맞물리면 지방의 장래가 그리 어둡지만은 않을 것이다."[7]

팬데믹은 지방 분산의 기회

청정(淸淨) 청도군이 돌아왔다. 2020년 2월 말 대남병원의 코로나19 집단감염(115명) 소용돌이에 빠졌던 경북 농촌 도시의 복원력은 강했다. 4개월 만인 6월 5일 다시 찾은 도심 길가는 주차 행렬이었다. 인적이 끊기다시피 했던 석 달 전과는 딴판이었다. 청도시장 맞은편에선 생활용품 판매 각설이 공연이 벌어졌다. 바깥나들이 주민들의 마스크 착용률은 서울이나 대구보다 낮아 보였다.

3월 중순 이래 6월 초까지 추가 확진이 나오지 않으면서 청도의 새로운 일상이 시작됐다. 폐쇄됐던 대남병원, 같은 건물의 보건소도 업무를 재개했다. 파크골프장을 비롯한 다중 시설도 하나둘씩 문을 열고 있다. 보건소 안내를 하는 노옹은 "청도가 유령도시에서 산수 좋은 본모습을 되찾고 있다"고 했다.

영천시도 주목거리다. 코로나19 특별재난지역인 대구·경산·청도와 접한 같은 생활권인데도 3월 7일까지 36명 확진 이래 6월 초까지 지역 감염이 제로(0)다. 영천은 인구가 청도군의 2.4배(10만1758명)다. 대구 출퇴근 외에 노인복지시설이 많아 확산 우려가 컸던 곳이다. 안정적 국면에 대한 시의 설명은 이렇다. ①2월 18일 첫 확진자 발생 다음 날 다중시

7 "1685만 베이비부머의 이도향촌이 청년·지방 살린다", 오영환, 중앙일보, 2020.5.1

설 640여곳의 임시 휴업을 결정했다 ②신천지교회 전담 대응반을 편성해 신도 전원의 검체 검사를 독려했다 ③민관군 합동으로 2296곳의 실내 소독과 3407곳의 실외 방역을 했다 ④자가 격리자마다 전담 공무원을 지정하고 1일 3회 모니터링을 했다…. 2·3월 대구·경북의 긴박했던 상황에서 영천의 체계적 대응은 돋보인다.

두 지역 안정세는 민관의 노력 덕분이다. 그뿐일까. 지방 중소도시의 팬데믹 경쟁력도 빼놓을 수 없다. 코로나19는 밀집·밀접·밀폐의 '3밀(密)'을 파고든다. 뭉치면 위험하고 흩어지면 안전한 바이러스다. '나는 자연인이다' 프로그램을 보면서 코로나19를 떠올릴 순 없다. 17년 기준 청도의 인구밀도(1㎢당 인구)는 62명, 영천은 109명이다. 두 곳 모두 경북 평균(141명)을 밑돌고, 전국 평균(515명)보다 한참 낮다. 사람과 시설이 듬성듬성한 중소도시는 대처하기가 상대적으로 낫다. 들판과 바다, 산이 일터인 사람이 많다. 중소 도시는 행정력이 힘을 발휘하기 쉬운 규모이기도 하다.

메가시티는 팬데믹의 먹잇감이기에 십상이다. 사람과 건물이 몰려 있고, 이동이 많은 초(超) 집적·연결 사회다. 6월 7일 기준 세계 코로나19 확진자 현황을 보자. 1위 미국(192만여명), 2위 브라질(67만여명), 3위 러시아(45만여명)는 메가시티의 감염자 수가 두드러진다. 뉴욕이 20만여명, 상파울루가 14만여명, 모스크바가 19만여명으로 압도적이다. 도시의 공기는 바이러스에도 자유를 주는 법이다.

이웃 일본(1만7141명)도 도쿄도가 5343명으로 가장 많다. 도쿄 신주쿠구 유흥가는 긴급사태선언 해제 이후 확진의 새 진원이다. 이곳만큼 3밀인 장소는 드물다. 세계 추세에 견줘보면 서울(확진자 974명)은 선방 중이다. 하지만 도처에 복병이다. 시간이 갈수록 메가시티의 약한 고리가 불거져 나오고 있다. 팬데믹 앞에 메가시티는 꿈과 약속의 땅이 아니다. 진화하지 않으면 쇠퇴할지도 모른다. "19세기 다음에는 20세기가 오고, 그

다음에 다시 19세기가 온다." 메가시티의 팬데믹 문제에 대한 생물 역사학자 알프레드 크로스비의 30년 전 예견은 섬뜩하다. (『미국의 잊힌 팬데믹: 1918년 인플루엔자』)

『미국의 잊힌 팬데믹: 1918년 인플루엔자』 책 표지

코로나와 더불어(With Corona) 사는 새 일상은 불안하고 불편하다. 보이지 않는 손이 없다. 개인 안보의 방어선은 천차만별이다. 평소와 별반 차이 없는 배짱가에서 감옥 같은 생활을 하는 사람까지. 팬데믹과의 아슬아슬한 동거는 보다 안전한 소통·근로 방식, 일터·놀이터·쉼터에 대한 새 흐름을 낳기 마련이다. SK텔레콤의 '수도권 거점 오피스 출퇴근'도 그 하나다. 사내 인재가 적절히 흩어져 일하는 적재적소(適材適疎)의 발상이랄까. 적소의 지평을 넓혀보면 중소도시다. 팬데믹 시대는 적소가 경쟁력의 한 요소다.

하지만 우리 현실은 수도권 과밀의 극점 사회다. 국토 면적 12%에 인구의 절반이 산다. 팬데믹 위기가 덮치면 이만저만 취약한 구조가 아니다. 반면 지방은 과소(過疎)의 한계 마을이 수두룩하다. 코로나19 사태는 이 격차를 메우고 팬데믹 위기를 낮춰나갈 둘도 없는 기회다. 국토균형발전은 헌법상 가치이기도 하다. 지방으로 사람의 흐름을 돌리고, 공공기관·대학과 기업의 기능을 분산하는 국토 대개조의 구상이 아쉬운 시점이다.[8]

8 "팬데믹 시대, 지방 분산의 기회다", 오영환, 중앙일보, 2020.6.9

제4장

지방회생과 분권의 행정통합 대실험

지자체의 축성은 낙성의 지름길

지방의 1995년은 국가의 1987년이다. 나라는 밑으로부터의 87년 체제로 대통령 직선제가, 지방은 위에서의 95년 체제로 자치단체장 민선이 시작됐다. 국가와 지방의 민주주의 틀은 그리 오래되지 않았다. 두 체제는 한국 정치의 분기점이지만 제도 피로가 역력하다. 87년 체제의 고질은 5년의 사고 회로다. 단임 대통령제는 저출산 등 시대의 장기적 숙제에 효율적이지 못하다. 정권마다 단기간에 빛이 나는 사안에서 정치적 유산을 찾기 일쑤다.

95년 체제의 고질은 행정구역 중심 사고다. 민선이 거듭하면서 영역주의가 강해졌다. 강 건너 쪽은 표와 상관이 없다. 이웃 지자체는 경쟁 상대일 뿐이다. 만년 적자의 너도나도 지역 축제는 그 산물이다. 일부 지역은 분열의 중앙 정치가 짓누른다. 단체장 소속 정당은 또 다른 벽이다. 지자체는 저마다 철옹성이 됐다. 민선 직전 39곳의 도농(都農) 통합시가 탄생했지만, 그 이래 개편은 3건(통합 여수시·창원시·청주시)에 불과하다. 지방 행정개혁도 개헌 못잖은 난제다.

행정구역이 철의 장막이 되지 않아야 하는 이유는 간단하다. 실생활이 행정구역을 넘어 이뤄진다. 전국은 거미줄처럼 엮였다. 도로망, 철도망이 우후죽순이다. 시간적 거리가 우리처럼 단기간에 줄어든 나라는 드물다. 지자체를 넘는 행정 수요가 넘쳐난다. 100년 전 행정구역은 몸에 맞지 않는 옷이다. 반면 전국 시·군 상당수는 인구 감소로 소멸 위기다. 면적은 서울만 한 데 인구가 한 대학의 재학생보다 적은 곳이 수두룩하다. 그런데도 지자체는 자력갱생, 각개약진이다. 고비용 체제다.

행정구역의 광역화·유연화는 세계적 추세다. 규모의 경제 때문이다. 일본은 1999~2006년 기초단체인 시·정·촌을 3232곳에서 1820곳(현재 1718곳)으로 줄였다. 중앙 정부 주도의 '헤이세이(平成) 대합병'이다. 지방교부세 삭감 계획에 지자체가 굴복했다. 울며 겨자먹기식 통합이다. 그래도 기초단체는 재정난이다. 대도시권을 뺀 304개 기초단체가 이번엔 32개 '연대중추도시권'을 결성했다(21년 4월 현재는 34개 권역에 328개 시·정·촌이 참가하고 있다[1]). 권역 내 공공시설 압축과 공동 이용을 위해서다. 간사이(關西)광역연합은 경제계가 쏘시개 역을 한 거대 지역연대 공공단체다. 간사이 8개 광역단체와 4개 시가 방재·관광·산업 등 7개 분야에서 협력한다. 이 연합은 지방이 쟁취한 분권 모델이기도 하다.

우리도 현상 타파 움직임이 나오고 있다. 대구·경북을 보자. 두 광역단체가 자발적 상생위원회를 가동 중이다. 조례로 제도화한 조직이다. 위원장은 두 단체장이고, 별도의 사무국을 두고 있다. 요체는 42개 협력 사업이다. 광역철도망, 대구공항 통합이전, 공무원 통합 교육 등 굵직한 분야가 많다. 관광 분야 협력은 주목거리다. 해외 관광객 유치엔 두 단체의 연계가 불가결하다. 불교(경주)·유교(안동) 문화권 등 관광 자원과 대구의 숙박·쇼핑 인프라가 합쳐야 지역에 돈이 더 떨어진다. 구슬이 서 말이라도 꿰어야 보배다. 산업 연계의 축은 대·구·포다. 대구·구미·포항 벨트를 발전의 견인차로 삼는 전략이다. 두 단체장은 올해 문화체육관광국장과

1 "連携中枢都市圏構想", 일본 총무성 홈페이지, 2021.8.8 검색

경제과장의 1년간 맞파견 인사도 단행했다. 상생·협력에 대한 결기다. 형식(제도)은 결국 내용을 지배한다. 광역권에선 충청권 등 행정협의회가 있지만, 협력 수준은 낮다. 기초단체에선 지리산권 7개 시·군의 관광개발조합이 눈에 띄는 정도다. 지자체 통합이 어렵다면 차선책은 장벽을 낮추는 일이다. 두레나 품앗이의 협업 정신은 우리의 DNA가 아니던가. 지자체의 축성(築城)은 낙성(落城)의 지름길이다.[2]

"512만 대구·경북 단일권 돼야 경쟁력"

지자체의 행정구역 중심사고는 광역 협력을 막는 고질이다. 지방은 대부분 소멸 위기에 직면해있지만, 축성의 구조는 견고하다. 광역단체나 기초단체 간 협력 체제도 적고, 그나마 수준이 낮다. 그런 점에서 대구광역시와 경북도의 행정통합 움직임은 신선한 대실험이다. 2019년 말 이철우 경북도지사가 본격 주창한 이래 통합의 밑그림까지 나왔다. 20년 8월 19일 그에게 광역단체 간 첫 통합의 비전과 방식에 관해 물어보았다.

- 왜 행정통합인가.

"무엇보다 인구 감소를 막을 수 없다. 19년 대구·경북에서 고령군 하나가 사라질 정도의 인구(3만4733명)가 줄었다. 현재의 제도와 틀 안에서는 위기를 극복할 수 없다. 여기에 사람·산업·금융이 수도권으로 몰리면서 지방 소멸의 위기감이 크다. 교통과 통신 발달로 주민의 생활권은 확대하지만, 행정구역은 여전히 나뉘어 있다. 대구·경북 간 지하철 연장, 취수원 갈등 문제뿐만 아니다. 첨단산업 유치 등을 위한 경쟁까지 하고 있고 해결 방안 찾기가 쉽지 않은 것이 현실이다. 지금 세계는 국가 경쟁에서 도시 경쟁으로 바뀌고 있다. 규모의 경제를 갖춰야 살아남을 수 있다.

---

2 "지자체의 축성은 낙성의 지름길이다", 오영환, 중앙일보, 2019.5.8

지금처럼 각자도생이라면 대구·경북은 청년과 미래 세대에게 희망이 없는 땅이 될지 모른다. 행정통합은 함께 하지 않으면 살아남을 수 없다는 절박감에서 시작됐다. 지방이 살아야 나라가 산다."

- 행정통합이 수도권 블랙홀을 완화할 수 있다는 입장을 보여왔다.

"대한민국은 수도권 공화국이라는 말이 나올 정도다. 우수 대학, 대기업 본사, 의료기관, 좋은 일자리, 연구·개발 투자액 등 경제·사회·문화 등 모든 지표에서 수도권 집중은 속도를 내고 있다. 반면 대구·경북의 지역총생산(GRDP) 비중은 40년 새 11.8%에서 8.7%로 줄었다. 경북의 23개 시·군 가운데 19개 시·군이 소멸위기다. 대구와 경북이 통합하면 인구는 512만명, GRDP는 165조7000억원 규모다. 경기도와 서울시에 이은 제3의 자치단체가 된다. 이렇게 되면 공항과 항만을 함께 갖춘 물류 중심의 국제도시로 세계적 도시와 당당하게 경쟁이 가능하다. 대구라는 핵(核)을 중심으로 경북이 동반 발전을 할 수 있다. 이것이 지방 소멸의 방파제 역할도 할 것이다. 국토 개발 측면에선 수도권 중심의 단핵 구조가 다핵 구조로 바뀐다."

- 행정통합이 국가 균형발전에도 기여한다는 얘기인가.

"초광역 지방정부를 구성하면 수도권 집중을 막는 효과를 꾀할 수 있다. 지역 특화 발전을 추진하면 지역 내 젊은 인구가 일자리를 찾아 수도권으로 빠져나가는 경향을 줄일 수 있기 때문이다. 행정통합을 하면 교육·의료·문화·복지 분야 인프라도 자연스럽게 확충된다. 중앙 정부와의 협상력 강화로 여러 권한과 특례도 받아 획기적 지방분권도 할 수 있다."

- 그런 구상은 다른 지역과 발맞춰 나갈 때 힘을 더 받을 수 있다.

"광역 자치단체 간 통합은 지방 경쟁력 제고 차원에서 여러 논의가 진행 중이다. 부산·울산·경남(부·울·경)은 '동남권 메가시티 플랫폼' 구축을 기치로 활발히 움직이고 있다. 부산을 축으로 울산·경남 경제권을 결합해 수도권에 맞서는 경제공동체를 건설하려는 구상이다. 부·울·경은 사업이 본격화하면 행정통합도 검토할 수 있다는 입장이다. 전남·광주와 대전·세종·충남도 민간 차원에서 대구·경북 행정통합에 높은 관심을 보인다. 우리의 행정통합이 새로운 성공 모델을 만든다면 광역단체 간 통합 촉진의 계기가 될 것으로 본다."

- 지역 경제와 관련한 행정통합의 비전은.

"산업화 시대 대구·경북은 대한민국 경제의 성장 엔진이었다. 대구의 섬유, 구미의 전자, 포항의 철강은 산업화를 이끌고 성장을 주도했다. 그러나 그것은 옛날 얘기다. 대구의 1인당 GRDP는 27년째 최하위권이고, 경북도 6위 수준이다. 2000년대 이후 두 지역의 제조업 생산 부진이 이어지고 있다. 소비력·산업 인력·투자 요인이 부족하다 보니 기업 유치가 어려워 좋은 일자리를 만들기도 쉽지 않다. 대구·경북이 통합하면 인구 512만명의 매력적인 소비 도시가 된다. 하나의 경제권, 하나의 생활권이 탄생한다. 통합 신공항(의성·군위)과 영일만 신항의 관문을 통해 물류와 기업 유치에도 획기적 발전이 있을 것으로 기대하고 있다. 통합되면 대구와 경북이 굳이 소모적 경쟁을 할 필요도 없다. 대구는 서비스·금융·의료·교육·문화 중심으로 발전하고, 경북은 제조업·문화관광·바이오·에너지산업 중심으로 개조할 수 있다."

- 지역 경쟁력만큼 주민의 편익 향상도 긴요하다.

"중앙 정부의 권한 이양을 규제 완화로 연결하면 기업 유치를 통해 좋은 일자리를 창출할 수 있다. 광역행정기구 외 소방본부, 공무원교육원, 보건환경연구원, 도시공사 등 유사 업무 통폐합을 통해 행정 비용을 절감하고, 복지·문화·생활 SOC 등에 집중적으로 투자해 지역민의 삶의 질을 높일 계획이다. 첨예한 대립 양상의 취수원 이전 문제 해결의 돌파구도 마련할 수 있다. 대구~포항, 대구~구미, 대구~신공항~도청의 도시철도 광역화도 가능하다. 생활권과 행정구역 불일치에 따른 공공 서비스의 비효율성 해소도 기대할 수 있다는 얘기다. 결국 행정 통합은 주민복지 증진에 기여할 것이다.”

대구·경북 통합방식

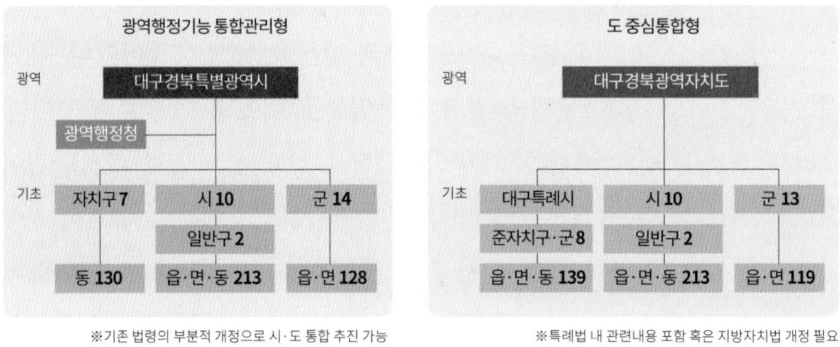

- 행정통합 방식에 대한 구상은.

“어느 한쪽이 다른 쪽을 흡수하는 식의 일방적 통합이 아닌 일대일의 대등한 통합으로 하나의 특별자치도를 만드는 것이다. 현재 대구시의 8개 구·군과 경북의 23개 시·군 등 31개 기초자치단체는 그대로 유지된다. 대구시는 인구 250만의 특수성을 고려해 일반 시보다 높은 자치권을 가진 특례시로 지정해 위상을 그대로 존속할 계획이다. 가칭 대구경북특별자치도의 도지사는 초광역적 기능에 대한 최종 결정권자 역할을 한다. 도청은 현 경북도청사(안동)에 두게 된다.”

- 대구시 입장이 궁금하다.

“행정통합은 권영진 대구시장이 먼저 제안한 것이다. 도지사 당선 후 1년 반 동안 지켜보면서 경북만으로는 어렵다고 판단했고, 지난해 말부터 추진하게 됐다.”

- 행정통합은 행정개혁과 맞물릴 때 더 빛을 발한다. 일본 오사카부(府)와 오사카시(市)의 통합 계획은 이중행정 해소를 통한 예산 절감을 내걸고 있다.

"오사카 부와 시의 통합 계획은 지방의 생존 전략이다. 2011년부터 추진됐고, 올해 말 주민 투표로 최종 결정된다. 분산된 도시 기능을 하나로 통합해 행정의 낭비 요소를 없애고 경쟁력을 키우기 위한 시도라는 점에서 주목하고 있다."

- 행정통합 로드맵은 어떻게 돼 있는가.

"2022년 6월 지방선거를 거쳐 2022년 7월 특별자치도를 출범시키는 것이 목표다. 통합은 크게 3단계로 추진한다. 1단계는 시·도민들의 공감을 통해 통합의 기틀을 마련하고 주민투표를 통해 통합을 결정한다. 2단계는 주로 정부와 국회의 공감과 지원을 끌어내는 과정이다. 그 핵심은 행정통합 특별법 제정이다. 특별법에 다양한 행·재정 특례와 제도적인 장치를 담을 예정이다. 마지막 단계는 행정통합 자치도 출범을 위한 준비단계와 출범이다. 하나의 자치단체로 통합하는 만큼 대구와 경북이 갖고 있던 기존의 자치법규와 행정기구 제도를 정비하고 시·도민 화합을 위한 다양한 프로젝트를 추진할 것이다."[3]

이후 전개 상황을 결론부터 말하면 대구경북 행정통합은 22년 지방선거 이후의 중장기 과제로 전환됐다. 그동안의 경과는 이렇다. 행정통합에 대한 시·도지사의 정책 의지를 바탕으로 20년 9월 학계, 경제계, 시민단체 등 30명으로 대구경북행정통합공론화위원회가 구성됐다. 위원장은 김태일 영남대 교수와 하혜수 경북대 교수가 공동으로 맡았다. 이후 21년 1월까지 3차례 시도민 비대면 열린 토론회, 4개 권역별 토론회 등을 통해

3 "각자도생으론 한계…512만 대구·경북 단일권 돼야 경쟁력", 오영환, 중앙일보, 2020.8.22

통합 방식 등에 대한 의견을 수렴했다. 동시에 두 차례에 걸친 여론조사도 실시했다. 2월의 2000명 대상 1차 전화 여론조사는 행정통합 찬성이 40.2%, 반대가 38.8%였다. 명칭은 대구경북특별광역시가 77.1%, 대구경북특별자치도가 70.7%였다. 3월 말~4월 초의 2차 대면면접조사(1000명 대상)는 행정통합 찬성 45.9%, 반대 37.7%였고, 명칭은 특별광역시가 56.1%, 특별자치도가 31.1%로 나타났다. 통합 추진 시기에 대해선 63.7%가 22년 지방선거 이후 중장기 과제로 진행돼야 한다고 응답했다. 공론화위는 21년 4월 9일 이런 내용의 보고회를 갖고 행정통합의 중장기 과제 전환을 제언했다. 더불어 발표한 행정통합 기본계획(안)에선 통합 형태로 특별광역시를 제시했다.[4]

2차 대면조사 무렵 대구경북 정·관가에선 통합 연기론이 솔솔 불거져 나왔다. 여기에 여론조사에서 찬성이 반대를 압도하지 못했다. 결국 행정통합은 7~8월로 예정한 주민투표에 부치지 못했다. 통합 문제는 당위성만 무성한 채 사회적 합의의 마지막 단계를 넘지 못했다. 이 다음 단계가 대구경북과 중앙 정부 간 특례 등 협의 및 타결, 국회의 특별법 제정이다. 광역단체 간 통합에 관한 법률이라는 신작로가 없는 상태에서의 운행은 개혁적 도전이다. 가보지 않는 길은 덜컹거리기 마련이다. 하지만 정책의 편익이나 비용보다 권력의 향방에 관심이 많아 보이는 여론, 여야 대치 국면의 국회 상황, 22년 출범 계획에 따른 시간적 제약은 거대 실험을 억누르는 요소였다. 향후 변수는 한둘이 아니다. 누가 언제 어떻게 모멘텀을 만들 수 있을지 궁금하다.

---

4 "대구경북행정통합 시도민 공론결과 보고회 자료집", 대구경북행정통합공론화위원회 연구단·대구경북연구원, 2021.4.29

"광주전남 통합은 글로컬 선도의 전기"

2020년은 광역 지방자치단체 간 행정통합 움직임이 거셌던 시기였다. 대구경북은 그해 9월 민간의 행정통합 공론화위원회가 출범했다. 부산·울산·경남은 동남권 메가시티 구상을 본격화했다. 광주전남은 그해 11월 2일 이용섭 광주광역시장·김영록 전남지사 간 통합 로드맵 합의문을 내놓았다. 합의문은 1년간 연구용역, 6개월간 검토·준비를 거쳐 2단계로 공론화위원회를 구성하는 것이 골자다. 11월 6일 이 시장을 만나 통합 논의의 배경과 비전을 들어보았다.

- 합의문 도출의 의의는.

"2020년 9월 광주전남의 동반성장과 국가균형발전, 다음 세대에 풍요로운 미래를 물려주기 위한 해법으로 통합 논의를 제안했다. 통합 논의 제안 50여 일만에 광주전남이 역사적인 첫걸음을 뗐다. 주역에 '이인동심(二人同心) 기리단금(其利斷金)'이라는 말이 있다. 천 년의 역사를 함께 써온 광주 전남이 마음을 합하면 그 예리함이 단단한 쇠라도 끊을 수 있다. 우리 손에 광주전남의 미래가 달려 있다는 시대적 소명의식을 갖고 진정성 있는 통합 논의를 시작해 광주전남 번영의 시대를 열어가겠다."

- 왜 통합 논의를 제안했나.

"국내외적으로 긴밀한 경제 관계에 있거나 생활권이 같은 자치단체들이 경쟁력을 높이기 위해 통합 논의를 본격화하고 있다. 우리만 이를 외면하고 현실에 안주하면 지역의 미래는 없다. (통합은) 수도권 블랙홀을 막아내고 광주전남이 살아남기 위한 해법으로 국가균형발전과 광주전남 경쟁력 제고라는 두 마리 도끼를 잡을 수 있는 발전 전략이다. 소지역주의에서 벗어나 광주전남 간 불필요한 경쟁이나 중복투자를 해소하기 위한 본질적 해결책이라고 여겼다."

- 합의문 1항이 민간 중심의 통합 논의 추진인데 그 배경이 궁금하다.

"시·도 통합은 시·도민을 위한 것인 만큼 지역민이 결정해야 한다. 다만 시·도민들이 정보 부족으로 잘못된 판단을 하지 않도록 시장과 도지사가 정보제공, 토론회 등을 적극 뒷받침해야 한다는 뜻이다. 1986년 광주가 전남에서 분리된 후 많은 이해관계가 새롭게 형성됐다. 다시 통합하게 되면 단기적으로는 불이익을 당하는 사람이나 집단도 많이 있을 것이다. 개별 이해관계로 논의가 무산되거나 지연되지 않도록 행정이 통합 논의의 장애요소들도 제거해 나가야 한다."

- 문재인 정부가 내걸었지만 지지부진한 '연방제 수준의 지방분권' 제도 개선을 위한 두 단체 간 협력 합의도 눈에 띈다. 행정통합을 지방분권 강화로 이어갈 복안은.

"산업사회 때는 수도권으로 돈과 사람을 집중시켜 국가 경쟁력을 높이는 국가 간 경쟁시대이자 일극 집중체제였다. 그러나 지금은 지역마다 고유함과 독특함을 살려 지역이 균형 있게 발전해야 국가 경쟁력을 가질 수 있는 도시 간 경쟁시대이자 다핵(多核) 분산체제이다. 그런 만큼 권역마다 경쟁력을 가질 수 있도록 국책 사업과 국가 기반시설을 균형 있게 배치해야 한다. 참여정부 때 행정자치부 장관, 건교부 장관을 역임하면서 국가균형발전을 위해 수도권 공공기관의 지방이전 정책을 편 경험이 있다. 수도권은 비워서 살리고 지역은 채워서 살리자는 전략이었다. 그러나 공공기관을 지방으로 이전한다고 해서 국가균형발전이 이뤄지는 것은 아니다. 공공기관 이전은 균형 발전을 위한 필요조건의 하나이지 충분조건은 아니다. 이제 국가균형발전 정책의 패러다임이 바뀌어야 한다. 지방이 스스로 발전할 수 있는 규모와 기반을 갖춰야 하고 정부가 이를 적극 뒷받침해야 한다. 지자체 간 통합은 이런 문제의식에서 출발했다. 정보통신이 발달하고 지방분권이 경쟁력인 시대인 만큼 행정 권한과 재정의 지방 이전을 마음 놓고 할 수 있을 정도로 지자체가 초광역화를 통해 자립경제권을 형성해야 한다."

- 광주전남 행정통합의 비전은.

"올해 수도권 인구가 비수도권 인구를 처음 추월했다. 광주(145만명)나 전남(185만명)과 같은 소규모 지방자치단체로선 사람과 기업 등의 수도권 블랙홀 집중을 막아낼 수가 없다. 경제적 낙후와 인구소멸 문제도 극복할 수 없다. 지역 간 인구이동이 거의 없었던 1949년, 호남 인구는 약 520만명으로 전체 인구의 26%였다. 지금 호남 인구는 전체의 10%로 떨어졌다. 이대로 시간이 더 흐르면 광주전남은 한반도 남녘의 낙후지역으로 계속 남을 수 있다. 한국고용정보원 보고서에 따르면 전남 22개 시·군 가운데 18개 시·군(목포·여수·순천·광양 제외)이 30년 내 소멸위험 지역에 포함돼 있다. 획기적 변화가 없으면 광주전남의 쇠락은 피하기 어렵다."

광주전남 통합시 위상

구분	광주광역시	전라남도	통합후	전국	비율
인구	145만명	185만명	330만명	5,178만명	6.4%
면적	501㎢	12,345㎢	12,846㎢	100,401㎢	12.8%
GRDP (지역내총생산)	39조8천억원	75조4천억원	115조2천억원	1,900조원	6.1%
1인당 지역내총생산	2,665만원	4,213만원	3,430만원	3,680만원	93.9%

※전국의 면적3위, GRDP4위, 인구5위, 지방세규모6위로 격상. 자료: 광주광역시

- 다른 비전이 있다면.

"지방자치단체의 초광역화나 메가시티는 시대정신이고 세계적 추세다. 광주전남 통합은 글로벌 선도 도시로 발전하기 위한 해법이다. 지역 단위로 경쟁력을 갖추려면 인구가 적어도 300만~500만 명은 돼야 한다는 것이 전문가들의 주장이다. 동일 생활권인 광주전남이 통합하면 자생

력과 자립경제가 가능한 단일 광역경제권을 구축하게 된다. 지금보다 강력한 경제블록이 형성되고 지방 분권도 가능하게 된다. 국내적으로는 국가균형발전의 마중물이 되고, 대외적으로는 광주전남이 글로컬(glocal) 선도 도시로 도약하는 전기가 될 것이다."

- 통합이 가져올 효과와 주민 편익은.

"광주전남이 따로 가면 완결성도 경쟁력도 확보하기 어렵다. 교통·문화·관광 등 광주전남 정책 중에는 광역화 관점에서 보면 반쪽짜리 정책이 많다. 사안마다 각자도생하고 치열하게 경쟁하면 공멸뿐이다. 농·축·수산물 생산기지로 항만과 천혜 자원을 지닌 전남과 교육·의료·문화·서비스 등 인프라를 갖춘 광주 간 통합이 이뤄지면 상호 시너지를 내면서 발전하게 될 것이다. 행정통합은 행정조직이 하나로 합친다는 물리적 의미를 넘어 한 뿌리인 광주전남 시·도민의 사회·정서적 결합을 가져와 그 효과는 매우 다양하고 광범위하며 클 것이다."

- 지역 여론은 어떠한가.

"지난 추석 연휴를 앞두고 방송과 신문 등 언론기관 2곳에서 여론조사를 한 결과, 광주와 전남 시·도민 50% 이상이 시도 통합에 찬성한 것으로 나타났다. 갑작스럽게 나온 의제인데도 지역민들이 적극 찬성하고 나선 것은 광주전남의 상생이 절실하고 지자체 간 통합이 시대정신이고 흐름이기 때문이라고 생각한다."

- 행정통합을 위해선 국회의 특별법 제정 등 측면에서 대구경북과의 협조도 필요해 보인다.

"대구경북과 광주전남은 원래 한 뿌리에서 분리됐다가 다시 통합을 추진한다는 공통점이 있다. 대구경북을 벤치마킹하면 많은 시행착오를 줄일 것으로 기대하고 있다. 대구경북이 추진하고 있는 특별법 제정에 광주전남도 힘을 보탤 일이 있다면 지역 정치권과 함께 적극적으로 협력하겠다. 아울러 중앙정부도 지방자치와 균형발전 정책에 대한 기존 패러다임을 바꿔야 한다. 현재의 틀로는 균형발전도, 연방제 수준의 분권화도 구호나 말의 성찬으로 끝날 가능성이 높다. 지자체들이 초광역화해 자립경제가 될 수 있도록 중앙정부가 통합에 대한 인센티브를 확실하게 제공해야 한다."

- 행정통합 시 염두에 두고 있는 지자체 명칭은.

"앞으로 충분한 논의를 통해 결정해 가야 할 문제이다. 광주시장이 먼저 얘기하는 것은 적절치 않다."

- 광주전남을 넘어 전북과의 통합에 대한 생각은.

"전문가들은 지방정부가 완전한 자생력을 갖추기 위해선 인구가 500만명 이상은 돼야 한다고 주장하고 있다. 광주전남에 전북(180만명)까지 함께 하면 인구 500만 이상의 초광역권 형성이 가능한 만큼 전북과의 통합도 추진해야 한다는 얘기들이 있다. 우선은 34년 전에 분리돼 정서·경제·문화적으로 한 뿌리인 광주전남이 먼저 성공적으로 통합을 이루는 것이 중요하다."[5]

"서일본 수도" 오사카의 야망

일본 오사카(大阪)만을 끼고 우뚝 솟은 린쿠게이트타워빌딩(GTB)과 세계무역센터(WTC·현 오사카부 사키시마청사). 높이가 각각 256.1m, 256m로 일본에서 서너 번째로 높은 간사이(關西) 지역의 랜드마크다. GTB는 오사카부(府), WTC는 오사카시(市)가 관민 합동으로 1996과 95년에 오피스 빌딩으로 준공했다. 10㎝의 높이 차이는 부·시 간 자존심 대결의 산물이다. WTC는 91년 착공 당시 252m로 설계됐지만, GTB가 256m라는 점을 알

5 "통합은 균형발전 마중물이자 글로컬 선도 도시의 전기", 오영환, 중앙일보, 2020.11.13

게 된 시 측이 4m 더 늘였다. 이에 부 측은 GTB를 10㎝를 더 높여 당시 서일본 최고층 빌딩을 만들었다. 버블 경제기의 일본과 지자체 경쟁이 응축된 에피소드다. 하지만 사무실 임대는 예상을 빗나갔고, 거품이 빠지면서 둘 다 파산하고 소유권 이전이 거듭됐다. GTB와 WTC는 오사카 부와 시의 이중(二重) 행정이 빚어낸 낭비와 경쟁의 상징물이다.

오사카 부·시 현황

①인구 ②면적 ③행정 ④직원수 ⑤재정 규모(올해 예산)

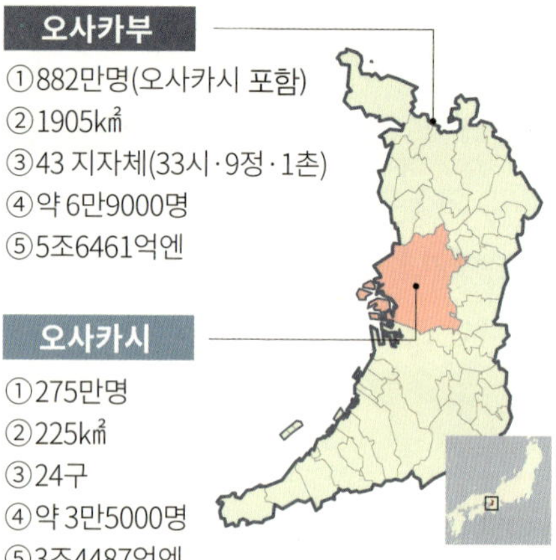

자료:오사카시 홈페이지

오사카부는 우리의 광역단체 격인 47개 도도부현(都道府縣)의 하나다. 오사카시를 포함해 33시·9정(町)·1촌(村)의 상급 지자체다. 오사카시는 도시 제도상 정령(政令) 지정도시다. 인구 50만명 이상 시 가운데 중앙 정부가 지정한 20개 정령시 중 하나로, 자치 권한이 광역단체와 맞먹는다. 오사카부와의 중복 행정 폐해와 불협화음이 불거져 나온 이유다. 부와 시가 맞대면(府市あわせ·후시아와세) 불행(不幸せ·후시아와세)이라는 조어까지 등장했다.

부와 시를 통합하는 오사카도(都) 구상이 지역민과 정치권에 화두가 돼온 것은 각자도생 행정이 한몫했다. 적극적으론 오사카 메가시티를 구축해 서일본의 수도로 삼겠다는 지역의 숙원과 맞물려 있다. 오사카도 구상엔 일본 지방 분권사에 새 장을 열고, 세계 도시로 재도약하려는 비전이 녹아 있는 셈이다.

오사카도 구상이 20년 9월 다시 일대 분수령을 맞았다. 오사카시를 없애고 시를 4개의 특별구로 재편하는 오사카도 구상 제도안이 9월 3일 오사카시 의회를 통과하면서다. 오사카부 의회는 이미 8월에 가결해 절차는 11월 1일 오사카시 주민투표만 남게 됐다. 찬성 다수 땐 2025년 1월 새로운 오사카부가 출범한다. 현재 정령시의 행정구는 의회가 없고, 구청장도 관선이다. 반면 특별구는 의회를 두고 구청장도 직선이다. 현재의 도쿄도 23개 특별구와 한가지다. 도쿄도도 당초 도쿄부와 도쿄시로 나뉘어 있었다. 현재 일본 법률상 특별구를 설치한 도부현(道府縣)은 도(都)로 간주하지만, 도로 명칭을 바꾸는 데는 별도의 법 개정이 필요하다.

오사카도 구상을 둘러싼 주민투표는 5년 만이다. 2015년 5월 치러진 투표에선 불과 0.74%(1만741표) 차이로 부결됐다. 당시 통합을 주도했던 극우 성향의 하시모토 도루(橋下徹) 오사카시장은 책임을 지고 정계를 은퇴했다. 하시모토는 도 구상을 간판 정책으로 삼은 지역정당 오사카유신회의 창당 주역이자 대표였다. 불씨를 되살린 사람은 당 대표를 이어받은 마쓰이 이치로(松井一郎) 오사카 시장과 당 대표 대행 요시무라 히로후미(吉村洋文) 오사카부 지사다. 19년 3월 오사카 지사와 시장이던 마쓰이와 요시무라는 나란히 사임하고 4월 지방 선거에 교차 출마했다. 사실상 도 구상의 신임 투표에서 둘 다 압승했다. 오사카유신회는 부와 시 의회 선거에서도 각각 58%와 48%의 의석을 얻어 반전의 발판을 마련했다.

현재 도 구상에 대한 분위기는 5년 전보다 낫다. 오사카시 의회 자민당과 공산당은 반대지만 공명당이 찬성으로 돌아섰다. 9월 7일 요미우리 신문 여론조사에선 찬성 48%, 반대 34%로 나왔다. 2015년 주민투표 1개월 전 이 신문 조사는 찬성 38%, 반대 39%로 실제와 차이가 없었다. 여기에 마쓰이 시장은 스가 요시히데(菅義偉) 총리와 친분이 두텁다. 국정을 둘러싼 자민당과 오사카유신회의 긴밀한 연대는 두 사람 간 파이프가 한몫했다는 평가다. 스가는 관방장관이던 9월 3일 오사카도 구상에 대해 "이중행정 해소와 주민자치 확충을 꾀하는 것"이라고 호의적 반응을 보였다.

오사카 부·시 통합전후

자료:오사카시홈페이지

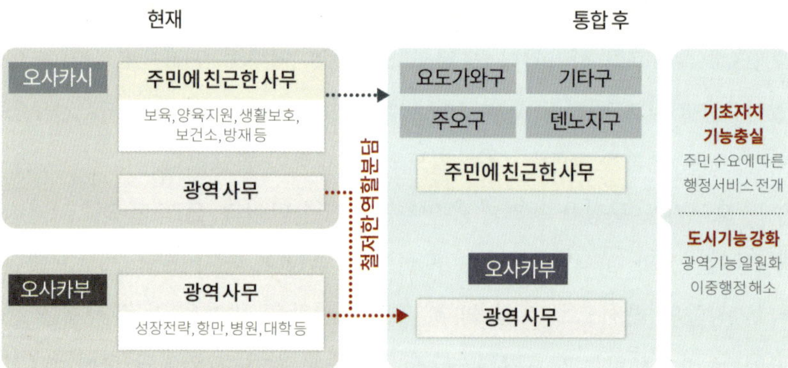

오사카도 구상은 오사카시 24개 행정구를 요도가와구, 기타구, 주오구, 덴노지구의 4개 특별구로 통폐합하는 것이 핵심이다. 4개 특별구는 인구가 60만~78만명으로, 30~70만명의 5개 특별구였던 5년 전 안보다 인구 격차를 줄였다. 특별구간 세수 격차도 크지 않도록 했다. 기업이 몰린 지역을 안배했다. 주민투표를 통과하면 오사카부와 특별구의 역할 분담은 명확해진다. 성장전략, 도시계획, 인프라 정비의 광역 사무가 부로 일원화

한다. 특별구는 보육, 생활보호, 방재 등 주민 서비스를 맡는다. 우리로 치면 광역단체(부)와 기초단체(특별구)로 조정되는 셈이다. 오사카도 구상이 실현되면 56년 정령시 도입 이래 일본 최대의 지자체 재편이 된다. 그런 만큼 다른 지역으로 파급될지도 주목거리다.

이번 주민투표는 마쓰이 오시가 시장엔 배수의 신이다. 5년 전 오사카부 지사 때에 이은 집념의 재도전이다. 그를 서면 인터뷰했다.

- 오사카도 구상의 의의는.

"도쿄 일극(一極) 집중을 해소하고 일본의 성장 엔진 역할을 해나갈 부수도(副首都)가 필요하다. 오사카는 이를 충분히 떠맡을 잠재력이 있다. 부수도 오사카가 도쿄와 다른 개성, 새로운 가치관으로 세계에 존재감을 발휘해나가는 것을 지향하고자 한다. 이를 제도 면에서 뒷받침하는 것이 특별구 제도, 다시 말해 오사카도 구상이다."(※오사카 부와 시는 부수도의 영문을 'Second Capital'로 쓴다.)

- 다른 배경은.

"오사카시는 한국의 서울특별시, 부산광역시와 달리 광역 행정기능과 기초자치 기능을 함께 맡는 지자체다. 이 때문에 오사카 부와 시가 함께 광역 행정을 맡아 오사카부는 시 권역 밖에서, 오사카시는 역내에서 산업 진흥 정책과 교통 인프라 정비 등 정책을 따로 폈다. 협력이 부족하고 이중 행정의 폐해가 있었다. 기초자치 면에서도 시장으로서 한계가 있다. 오사카시는 인구 270만명의 대규모 시로서 지역의 실정을 충분히 반영하기 어렵다. 도 구상을 통해 광역과 기초의 철저한 역할 분담으로 이중 행정 해소와 주민 자치의 확충을 꾀하고 있나. 오사카도 구상이 '부수도권의 성장, 권역의 안심·안전을 뒷받침하는 강한 오사카·간사이'와 '성장의 과실을 바탕으로 한 풍요로운 주민 생활 실현'으로 연결될 것이라고 확신한다."

- 도 구상이 실현되면 행정 비용은 어느 정도 줄어드나.

"행정 비용 삭감 효과에 대해선 정량적 계산은 하고 있지 않다. 하지만 구상이 실현되면 이중 행정이 해소되고 의사결정이 신속하게 된다. 오사카 부와 시가 가진 자원을 전면적으로 활용하면서 같은 전략 아래 도시 경영도 하게 된다. 그런 만큼 인프라 정비와 관광 정책 강화 등을 통해 오사카가 한층 더 성장할 것으로 생각하고 있다. 경제 효과에 대해선 전문지식을 가진 사업체에 조사를 위탁해 10년간 약 1조1000억엔(약 12조3000억원)의 재정 효율화(세출 삭감) 효과가 나타날 것이라는 추정치를 보고받았다."

- 주민투표를 통과하면 오사카부 명칭을 오사카도로 바꿀 계획인가.

"특별구 제도가 실현되면 오사카부가 동서 양극의 일극으로서 일본의 성장을 견인하는 강력한 광역지자체가 되는 만큼 명칭은 오사카도가 걸맞다고 생각한다. 명칭 변경에는 법률 정비가 필요하기 때문에 오사카부 지사와 함께 중앙 정부에 관계법 정비를 요청해 나가겠다."

- 향후 과제는.

"오사카도 구상의 의의와 내용에 대해 시민 여러분의 이해를 받는 것이 중요한 만큼 이를 확실하게 주지·설명하도록 하겠다. 현재 코로나19 대책이 세계적 과제가 되고 있고, 오사카 또한 지사와 시장이 방침을 일원화해 전력을 기울이는 중이다. 도 구상이 이 대응을 더 강화할 것으로 보고 있다."[6]

오사카의 좌절과 교훈

경험 못 한 개표 생중계였다. NHK 화면 상황은 개표율 86%에 찬성 59

---

6 "'서일본 수도' 오사카도 구상 11월에 빛 보나", 오영환, 중앙일보, 2020.9.18

만2047표, 반대 58만9254표. 중반 이후 박빙의 찬성 우세가 이어졌지만, NHK는 '반대 다수 확실' 속보를 띄웠다. 개표 93% 때는 더 벌어져 찬성이 4716표나 웃돌았다. 긴장을 풀지 못하는 방송 진행자. 하지만 명불허전이었다. 개표가 늦었던 반대 우세 선거구의 NHK 독자 취재가 틀리지 않았다. 결과는 1만7167표의 반대 다수였다. 20년 11월 1일 일본 오사카부(府)·시(市) 통합안을 둘러싼 시의 주민투표는 극적이었다.

오사카유신회의 오사카 부·시 통합 주민투표 포스터. [oneosaka.jp]

통합안은 정령(政令) 지정도시 오사카시 폐지와 24개 시 행정구의 4개 특별구 재편이 골자다. 이른바 오사카도(都) 구상이다. 행정구는 시 내부조직이지만, 특별구는 구청장 직선에 의회를 둔다. 유일하게 특별구(23개)를 둔 도쿄도가 모델이다. 통합의 비전은 부와 시 간 이중 행정 해소와 도시 계획·성장 전략의 일원화다. 정령 도시(20곳)의 자치 권한이 광역단체(47곳)와 맞먹는 데서 오는 폐해를 1인 사령탑으로 없애겠다는 얘기다. 오사카를 부수도(副首都)로 삼겠다는 전략도 담겨 있다. 1956년 정령시 설치 이래 최대의 대도시 리셋 안이자 도쿄 일극(一極)에 대한 야심 찬 도전이다.

하지만 도 구상은 민의의 벽을 넘지 못했다. 그것도 2015년에 이어

두 번째다. 도 구상은 추진 역인 지역정당 오사카유신회의 원점이다. 당의 지반 침하는 피하기 어렵다. 마쓰이 오사카 시장(유신회 대표)은 임기 만료와 더불어 정계 은퇴를 선언했다. 요시무라 오사카부 지사(신임 당 대표)는 "내가 도 구상에 재도전하는 일은 없다"고 단언했다. 통합엔 자민당·공산당 등 지방 조직이 반대했다. 재점화는 하늘의 별 따기가 됐다. 개헌 세력 유신회의 좌절은 스가 정권에도 타격이다. 스가 총리와 마쓰이의 친분은 두텁다. 유신회는 스가의 별동대로 불릴 정도다.

주민투표는 현상 변경이 늘 가시밭길이라는 점을 새삼 일러준다. 행정 지도 개편은 더하다. 다수의 이해관계가 얽혀 있다. 무엇보다 고도(古都) 오사카시 해체에 대한 알레르기는 강했다. 요미우리신문 출구 조사 결과, 반대 이유는 "오사카시가 없어지기 때문"(34%)이 압도적이었다. 시민에게 도시와 함께해온 아이덴티티는 미래 비전보다 값질지 모른다.

고령 인구의 선택도 주목거리였다. 고령화율 상위 10개구가 몰린 남부 14개 구는 반대 다수였다. 상대적으로 젊고 오피스·상업시설이 몰린 북부 10개 구는 찬성 다수였다. 고령화 사회는 불안한 미래보다 불만 있는 현실을 선택하기 십상이라는 분석이 나왔다. 주민투표 결과는 고령자의 정치 영향력이 커지는 실버 민주주의의 승리이기도 하다.

오사카 부·시의 사실상 단일화로 통합의 호소력이 떨어졌다는 지적도 있다. 2011년 이래 오사카 지사와 시장은 유신회가 장악해 협력해왔다. 하시모토 도루 전 유신회 대표의 진단은 흥미롭다. 이중 행정을 병(病), 부·시 간 협력을 약(藥), 도 구상을 수술로 비유하면서 "병을 고치기 위해 약을 처방했더니 나았다. 그러면 수술을 좀처럼 선택하기 어렵다"고 했다. 성과에 희생됐다는 얘기다.

오사카도 구상은 멈췄지만, 의의는 적잖다. 지방이 결기해 행정구역의 철옹성을 깨면서 분권의 새 장을 열려고 했다. 1970~80년대 미노베 료키치(美濃部亮吉) 도쿄도지사의 도민당(都民黨) 기치, 나가스 가즈지(長洲一二) 가나가와현 지사의 참가형 분권제에 견줄만한 캠페인이다. 주민투표 제도까지 온 것도 추진 세력의 노력 덕분이다. 여기에 밀려 일본 국회는 2012년 정령시도 특별구를 둘 수 있는 법을 만들었다.

오사카 부와 시는 현재 기존의 틀 안에서 통합을 모색하고 있다. 대규모 개발 사업과 관광진흥 분야를 부가 맡는 조례를 만들 방침이다. 시의 24개 행정구도 구청장 권한을 늘린 8개 종합구로 재편한다는 생각이다. 결기는 죽지 않았다.

우리도 지금 광역지자체 통합 움직임이 거세다. 대의는 오사카와 오십보백보다. 지방으로부터의 개혁도 같다. 하지만 정치 상황이나 통합 방식은 판이하다. 일본의 광역단체 수장은 무소속이나 정당 연합 공천 인사가 대다수다. 한국의 광역시는 일본식 특별구를 도입한 지 오래다.

요체는 분권적 생활·성장 본위의 행정구역 재편이다. 한계상황에 직면한 지방의, 지방에 의한 현상 타파 움직임은 내전적 중앙집권 정치에 대한 경종이기도 하다. 정치의 본령은 비전에 대한 도전이 아니던가. 정부는 본사이고, 광역단체는 지사(支社) 격인 구각을 깰 때가 됐다.[7]

지방분권 1번지 제주특별자치도의 도전

2020년 10월 8일 오후 3시쯤 제주도 서귀포시 영어교육 도시 공공청사 앞. 관광객 발길이 뜸한 곳으로 이국적 냄새가 물씬 풍겼다. 대규모 현대식 학교 건물과 넓은 운동장, 주변의 저층 아파트 단지. 도시로 이름을 붙인 이유가 실감 났다. 길가 영문 간판이 지향점을 일러주었다. 'The World Comes to Jeju, and Jeju Goes to the World(세계가 찾는 제주, 세계

7 "'오사카 부수도'는 실패했는가", 오영환, 중앙일보, 2020.11.24

로 가는 제주)'.

이곳에 설립된 국제학교는 한국국제학교(KIS) 등 4개교. 모두 한국 법인이 운영하는 유치원~고교 통합 학교로 내외국인 모두 입학이 가능하다. 다른 지역 국제학교(외국교육기관·외국인학교)와 달리 국제화된 전문 인력 양성을 담은 제주특별법으로 내국 학생 제한이 없다. 20년 8월 기준 4개교 재학생은 4062명으로 내국인(3655명)이 90%다. 외국 학생은 중국(47%)·미국(20%)·영국(15%) 순이다. 노스런던컬리지에잇스쿨 제주·브랭섬홀 아시아·세인트존스베리아카데미 제주의 3개교 운영 주체인 (주)제인스 안유신 담당은 "3개교의 9월 초 재학생 충원율은 78.4%로 글로벌 국제학교 법인이 운영하는 학교에 손색이 없다"며 "졸업생들이 해외 굴지의 대학에 다수 입학하고 있다"고 말했다.

제주도 추산 유학 수지 개선 효과는 2011~19년 7060억원이다. 학생 외 학부모·교직원의 도내 유입은 지역 경제 활성화에도 한몫한다. 이승훈 도 영어교육도시팀장은 "지난 10년간 사업이 영어교육 도시 조성에 초점을 맞췄다면 앞으로는 교육 경쟁력 강화 등 국가 차원의 교육 자산 활용에 역점을 둘 방침"이라고 했다.

제주도는 지방 자치·분권의 선도 모델이다. 전국 유일의 특별자치도로 고도의 자치권을 누린다. 2006년 제주특별자치도 설치 및 국제자유도시 조성을 위한 특별법(제주특별법)으로 중앙의 권한이 대폭 이양되면서다. 국제학교와 제주형 자율학교 설립의 교육 자치는 그 한 단면이다. 지역 맞춤형 치안 서비스를 하는 도 직속 자치 경찰단은 제주도가 시발점이다. 제주지방국토관리청 등 7개 특별행정기관도 도로 이관됐다. 관광에 가려진 지방 분권 1번지의 시도들이다. 민기 제주대 교수(지방자치·재정)는 "특별자치도 출범 이래 4660건에 이르는 중앙의 권한이 넘어오면서 도의 자치 행정·입법권 범위가 다른 광역단체보다 확대됐다"며 "하지만 행정·환경 등 분야에서 자기 결정권은 아직 미흡하다"고 평가했다.

2006년 특별자치도 출범 이래 관광 분야 성과는 두드러진다. 그해 내외국인 합쳐 531만명에서 19년 1528만명으로 세 배 늘었다. 관광 수입도 2009년 2조원에서 18년 6조5000억원으로 올라갔다. 여기에는 관광 3개 법의 권한·규제 일괄 이양에 따른 독자적 관광산업 체계 구축이 큰 역할을 했다고 도 관계자는 분석한다. 카지노와 출국 납부금으로 관광진흥기금을 조성한 것은 좋은 예다. 19년 해외 관광객(172만명)이 2006년에 비해 4배가량 늘어난 데는 180개국 대상 무비자 입국 특례를 빼놓을 수 없다.

제주도의 또 다른 얼굴은 국제자유도시다. 자본 이동과 기업 활동 편의가 최대한 보장된다. 투자진흥지구·부동산투자 이민 제도는 대표적이다. 2006년 이래 국내외 투자 유치는 41개 사업장 9조1000억원이다. 당초 56곳이 투자진흥지구로 지정됐으나 2015년 이래 15곳을 해제했다. 환경보호 등 투자 유치의 3원칙을 세우면서다.

탄소 없는 섬(Carbon Free Island)은 제주도의 비전이다. 8년 전 이를 2030년까지 실현하겠다고 선포했다. 고도 20.5m, 면적 0.9㎢의 가파도(加波島)는 그 아이콘이다. 10월 7~8일 풍랑주의보로 먼발치서 지켜본 섬의 풍력발전기는 흡사 등대였다. 영상을 보니 집터 곳곳이 태양광 설비였다. 섬 주민은 135가구 220명으로, 신재생에너지 비율이 44.3%다. 풍력발전기 2기(500㎾)와 태양광 발전(48가구·144㎾)을 합쳐서다. 친환경 에너지 자급률은 한때 70~80%였으나 관광객 증가로 식당·카페 등이 들어서면서 감소했다.

2017년 11월부터 가동 중인 제주도 탐라해상풍력발전 단지. [제주도청 제공]

2019년 말 기준 도 전체의 신재생에너지 비중은 14.4%(풍력 9.6%, 태양광 4.3%)다. 도는 2030년까지 전체 필요 전력을 신재생에너지로 메워 세계 최고의 청정 지역으로 만들겠다는 목표다. 풍력발전(2345MW)과 태양광(1411MW)을 축으로 4085MW를 확보하겠다는 계획이다. 8월 말 기준 전기차는 2만699대(전국의 17.5%), 충전소는 1만7843곳이다. 2030년에는 차량 100%가 전기차와 수소차로 대체된다. 김미영 도 저탄소정책과장은 "신재생에너지 확대를 위해선 생산 사업자가 전력을 자유롭게 판매할 수 있는 전력거래 자유화의 특례가 필요하다"고 강조했다. 과제도 없지 않다. 관광객·인구 증가에 따른 쓰레기 처리와 상하수도 인프라 확대가 필요하다. 공항·항만의 수용 능력도 문제다.

제주도는 그동안의 성과와 과제를 어떻게 보고 있을까. 원희룡 지사를 서면 인터뷰했다.

- 제주특별자치도 15년을 총괄한다면.

"대한민국 자치분권의 기본 모형과 제도적 방향을 제시하고 있다고 본다. 제주의 특별자치도 경험은 세종특별자치시 출범의 모델이었고, 제주자치경찰제도는 전국 확대의 기틀이 됐다. 영어교육 도시로 국내 교육

산업의 경쟁력을 입증했고, 특별자치 정책·사업으로 국가에도 기여하고 있다. 기존의 관광·교육·의료·청정 1차 산업과 정보기술·생명공학기술 외에 블록체인·신재생에너지·전기차 등 미래 신산업을 도가 앞서 발굴·육성 중이다. 국세 징수액도 2006년 3736억원에서 지난해 1조8441억원으로 5배 늘었다. 제주도는 사람·상품·자본 이동이 자유로운 '국경 없는 도시'이기도 하다. 지방분권의 시범도(道) 운영 15년의 경험과 노하우는 제주를 넘어 대한민국의 귀중한 자산이다. 한국의 뉴프런티어는 제주 안에 있다고 본다."

- 국제자유도시로서의 과제는.

"15년간 6차례 제주특별법 제도 개선을 거쳤지만 국제자유도시에 필요한 과제들이 번번이 좌절된 점은 아쉽다. 그동안 도 전역 면세지역화 등 실행 방안이 중앙 부처의 지역 형평성 논리에 부딪혀 빛을 보지 못했다. 정부가 지역이 낸 발전 구상에 더 열린 마음으로 접근했으면 한다. 자치분권의 경우 순차적 국가 사무 이양에 따라 정책 자율성이 어느 정도 확보됐다. 그러나 재정 분권의 핵심인 국세 이양, 면세 특례 확대는 해결되지 않고 있다. 특별자치도에 걸맞은 재정 확충 방안을 검토할 필요가 있다."

- 청정과 공존이 현재의 제주 미래 비전인데.

"비전은 도민이 직접 선택했다. 청정을 위해 환경 보전과 난개발 차단에 힘써왔다. 난개발 방지 3원칙을 정립했고, 중산간 보전 등 가이드라인도 강화했다. 조만간 외국 자본이 일으킨 난개발과 땅 투기를 엄정히 처리해나갈 것이다. 교통·주차난 해소를 위한 30년만의 대중교통 개편, 환경자원순환센터 현대화 등도 청정 차원이다. 공존에는 균등한 기회와 상생이 담겨 있다. 일자리 로드맵 5개년 계획, 청년 혁신 인재 육성과 취·창업을 통합 지원하는 '더큰내일센터', 공공 임대주택 1만호 공급을 통해 일자리를 창출하고, 취약 계층과의 공존을 추구하고 있다."

- 향후 역점 분야는.

"코로나19는 대전환의 시기를 불러왔다. 새 감염병에 대비하는 비대면·디지털 환경으로의 전환과 더불어 환경 파괴, 기후 위기에 대한 대응이 필요하다. 기후 위기 대응과 저탄소 사회 전환을 축으로 한 제주형 뉴딜은 이런 문제 인식 아래 설계했다. 강력한 방역으로 도민 생명을 보호하고, 전 국민 힐링의 섬을 구축하겠다. 특히 코로나 팬데믹으로 외국 대신 제주를 찾는 분들이 많은 만큼 철저한 방역과 청정 환경에 바탕을 둔 제주다움에 주력하겠다."[8]

8 "지방분권 1번지의 경험·노하우는 미래 자산", 오영환, 중앙일보, 2020.10.16

제5장

동서화합·지방외교·선진교육의 현장

새 지평 연 대구·광주의 달빛동맹

2020년 1월 28일 오전 11시쯤 광주광역시 금남로 5·18민주화운동기록관 옆 버스정류장. 5·18 현장에 이색적인 시내버스 한 대가 들어왔다. 네 개 벽면을 '2·28 대한민국 최초의 민주화운동' 글귀로 장식한 228 버스였다. 2·28은 대구시 고교생들이 1960년 자유당 정권의 독재와 불법 선거에 맞서 항거한 운동이다. 그해 3·15 마산 의거와 4·19 혁명의 도화선이 됐다. 버스에 올라타니 양쪽 창에 2·28 설명문이 붙어있었다. 운행은 19년 5월 18일 시작됐다.

광주 5·18민주화운동기록관 앞을 지나는 228 버스.

228 버스는 달빛동맹의 산물이다. 달빛동맹은 대구의 옛 지명 달구벌과 광주의 순우리말 빛고을 앞 글자를 딴 두 도시 교류협력 사업이다. 2009년 의료 분야 공동 행사에서 처음 용어가 등장했고, 13년 3월 교류협력 협약서 체결로 본격화했다. 228 버스는 1년 전 달빛동맹 민관협력위원회 회의에서 비롯됐다. 대구시가 지역에 518번 버스 노선이 있는 만큼 광주에 228노선을 만들어 민주화 운동의 역사를 공유하자고 제안하면서다. 광주시는 시민 동의 절차를 거쳐 기존 151번 노선을 228번으로 바꾸었다. 228 버스 운전사 정영복(63)씨는 "2·28 운동 광고와 설명문을 통해 이 버스의 의미가 시민들에게 점차 퍼지고 있다"며 "두 지역이 더 단결하고 화합하기를 기대한다"고 말했다.

버스 노선은 상징적이다. 4·19기념관-4·19역사관(광주고)-5·18기록관-국립아시아문화전당(옛 전남도청)을 지난다. 박부영(25·대학 졸업반)씨는 "자주 타던 151번 버스가 228번으로 바뀐 경위를 알게 돼 좋았다"며 "예전보다 동서 간 지역적 요소가 엷어졌고, 1주 전에는 친구와 함께 대구 여행도 다녀왔다"고 했다. 228 버스는 모두 10대로, 벽면에 2·28 글귀를 넣은 것은 1대다.

대구서도 2·28과 5·18의 교차는 이뤄지고 있다. 대구 518 버스가 시 한복판의 2·28기념중앙공원을 가로지른다. 518 번호는 1998년 버스 노선 개편 때 권역에 맞춰 부여됐다. 5·18과 관련은 없지만 228 버스 출범과 더불어 거듭났다. 운행 버스는 모두 17대로, 반월당-동성로 입구-2·28공원-중구청의 중심가를 관통한다.

대구 2·28 기념 중앙공원 앞을 달리는 518 버스

최균 대구시버스운송조합 이사장은 "대구 518 버스와 광주 228 버스의 동행은 의미가 크다"며 "두 지역 시민의 발이 달빛동맹을 탄탄히 묶는 하나의 기반이 될 것"이라고 말했다. 19년 6월엔 대구에서 두 지역 시내버스 노조 간부 90여명이 '버스 달빛동맹 워크숍'을 열기도 했다. 대구 노조 김종웅 조직국장은 "당시 참석자들은 지역감정 해소 선언을 하고, 영호남 상생 협력의 의지를 다졌다"고 전했다.

228, 518 버스는 두 지역 간 하나의 징검다리다. 교류협력 사업은 전방위다. 사회간접자본(SOC), 경제산업, 민관 교류, 문화체육관광, 환경생태를 아우른다. 교류 프로그램은 한둘이 아니다. 아이디어도 번득인다. 두 지역 포크뮤지션의 모임은 달빛통맹(통키타동맹)이고, 청년 문화예술인의 행사 이름은 달빛소나기다. 소나기는 소통·나눔·기쁨을 줄였다. 두 지역 미혼남녀 만남 행사는 달빛오작교다. 청년들의 교차 방문을 통한 '달빛재회'는 미래의 버팀목이다. 상호 봉사활동도 빼놓을 수 없다. 광주은행·대구은행의 농촌 활동, 두 지역 치과의사회의 무료 진료, 민간 자원봉사자 상호 방문 등등. 관광 마케팅도 협력한다. 두 시의 (사)관광뷰로가 손잡고 넘나들이 여행 캠페인을 벌이고 있다.

현재 두 지역 교류협력 사업은 34건에 이른다. 협력 확대에는 제도화가 한몫했다. 두 시는 15년 각각 민관협력 추진 조례를 만들고 민관협력위(각 15명)를 구성했다. 현대판 나제(羅濟)동맹 얘기가 나올 만하다. 삼국시대 신라와 백제는 고구려가 남진하자 동맹에서 생존책을 구했다. 지금 수도권은 충청·강원까지 넘보는 거대 블랙홀이고, 남쪽 두 내륙도시는 사람·돈·산업이 빠져나가고 있다. 동서 화합과 연대는 상생의 길이기도 하다. 권영진 대구시장과 이용섭 광주시장은 달빛동맹을 한 단계 끌어올렸다는 평가를 받는다.

- 달빛동맹의 의의와 비전은.

(권 시장) "수도권과 지방의 양극화, 지역 대립(동서 갈등)은 우리 사회의 과제다. 영호남이 이를 함께 인식하고 협력해야 낡은 유산이자 적폐인 동서 갈등을 해소하고, 수도권과 지방이 골고루 잘 사는 균형발전의 대한민국을 만들 수 있다. 이런 절박함과 역사적 소명을 갖고 추진하는 것이 달빛동맹이다. 지역 통합은 물론 남북 통합의 좋은 모델이 될 것이다."

(이 시장) "지난 반세기 동안 정치인들의 이해관계에서 비롯된 동서간 분열과 반목이 지자체와 시민 중심의 노력으로 해소되고 있다. 달빛동맹은 대한민국의 지속가능한 발전 측면에서도 의미가 크다. 1300만 영남과 520만 호남이 손잡고 함께 가면 정치 선진화도, 지역 균형발전도 다 이룰 수 있다."

- 지금까지의 협력 사업에 대해 어떻게 평가하나.

(이 시장) "2009년 달빛동맹이 시작한 이래 광주와 대구는 심리적·물리적 거리가 매우 가까워졌다. 2차선의 88고속도로 시대를 마감하고 광주~대구 고속도로(4차선) 개통으로 이동 시간이 2시간 30분으로 단축됐다. 달빛동맹은 형제애로 빛나고 있다. 화재와 폭설 등 두 도시에서 크고 작은 어려움이 닥칠 때마다 서로가 앞장서서 도움의 손길을 내밀고 있다."

(권 시장) "13년 교류협력 협약 체결 이래 협력이 본격화하는 단계다. 민간 중심의 교류협력 확대로 정서적 벽과 지역 이기주의를 해소하고 있다. 지난해 광주세계수영선수권대회 때는 대구 시민 1000여명이 방문해 대회 성공을 적극 지원하기도 했다. 달빛동맹을 국민 대통합의 선도 모델로 자리매김하고 경제·정치동맹으로 협력의 폭을 넓혀가고 있다."

- 향후 역점 사업은.

(권 시장) "우리나라 도로와 철도망 대부분은 남북으로 뻗어 있다. 나라의 균형 발전을 위해선 끊어진 동서축을 연결해야 한다. 그 핵심이 대구~광주 간 달빛내륙철도 건설 사업이다. 영호남 10개 지자체를 통과하는 191㎞ 구간이 철도로 연결되면 1시간 이내 생활권이 되고, 영호남이 어마어마한 시장을 가질 수 있다. 그러면 수도권 집중을 극복하고 지방소멸 위기도 해소할 수 있다."

(이 시장) "행정적 교류를 넘어 스포츠·문화·청소년 등 민간 교류를 확대해 영호남 간 물리적·정서적 거리를 줄여가겠다. 동서 간 접근성의

획기적 개선을 위해 내륙철도 건설과 더불어 경전선(慶全線·광주송정역~삼랑진역) 전철화 사업이 조기에 추진될 수 있도록 최선을 다하겠다."

- 도전 요인은 무엇인가.

(이 시장) "수도권 중심 발전 전략으론 나라의 지속 가능한 발전을 이룰 수 없다. 달빛동맹이 지역 균형발전과 국민 통합의 동력이 돼야 한다. 그러나 일부 정치인이 목전의 이익을 위해 영호남을 여전히 정쟁의 도구로 악용하고 있는 것은 도전적 과제다. 앞으로 달빛동맹이 나라 경제 발전과 경쟁력 강화에 이바지할 수 있는 길을 찾겠다."

(권 시장) "자치단체 간 협력 거버넌스 구축은 필수적이고, 세계적 추세이기도 하다. 하지만 수도권에서 지방을 바라보는 인식과 현실은 그렇지 않아 정말 아쉽다. 지방이 소멸하고 수도권만 살아남는 나라는 세계 어디에도 없다. 지방 도시 소멸이 국가의 위기라는 점을 함께 인식했으면 한다. 달빛동맹 같은 초광역 협력 프로젝트를 통해 지방소멸 위기를 기회로 반전시킬 수 있다고 생각한다."(서면 인터뷰) [1]

대구와 광주의 숙원인 달빛내륙철도는 국토교통부가 21년 6월 29일 확정한 제4차 국가철도망구축계획에 반영됐다. 4월 발표한 초안에는 검토 사업이었지만 의견수렴을 거쳐 확정됐다.[2] 달빛내륙철도는 광주와 대구를 1시간대로 잇는 고속철도로 4조5000억원이 소요되는 사업이다. 광주-전남(담양)-전북(순창·남원·장수)-경남(함양· 거창·합천 해인사)-경북(고령)-대구 등 6개 광역지자체를 포함 10개 지자체를 경유하고, 사업 영향권 인구가 1700만명에 이른다. 달빛내륙철도는 달빛동맹을 넘어 동서 화합과 협력의 새 장을 열 것으로 기대된다.

---

1 "대구 518, 광주 228 버스…'달빛동맹 숙원은 동서 횡단 철도'", 오영환, 중앙일보, 2020.2.7

2 "제4차 국가철도망 구축계획('21~'30) 철산위 심의·의결", 국토교통부 보도자료, 2021.6.29

지방 공공외교의 잠재력

경남 서부의 함양군은 인구(3만9000명) 대비 국제교류가 두드러진 기초단체다. 미국·중국·베트남 등 7개국 11개 도시와 자매결연이나 우호 협력 관계를 맺고 있다. 2020년 열려다 21년 9월로 연기한 '함양 산삼 항노화 엑스포'를 계기로 2년 전 7개 도시와 새로 손을 맞잡으면서 외연이 부쩍 넓어졌다. 덩달아 군청도 바쁘게 돌아갔다. 서춘수 군수는 21년 새해 벽두 11개 도시 단체장에 영상 메시지를 보내 코로나19 확산에 대한 위로를 전하고, 산삼 엑스포 참관을 요청했다. 서 군수는 "외국 단체와의 협력 관계 구축보다 유지 관리가 더 중요한 만큼 공을 들이고 있다"고 말했다. 함양군은 교류 도시가 늘면서 전담팀도 만들었다. 이영희 담당 계장은 "산삼 엑스포를 일회성 이벤트가 아니라 함양군 국제화의 전환점으로 삼기 위해 전략적으로 해외 교류에 박차를 가하고 있다"고 했다. 해외 교류 단체는 농산물 수출과 관광객 유치의 1번지다.

경남 진주시(인구 34만명)의 국제 교류는 모범 사례다. 1961년 북태평양과 면한 미국 오리건주 유진시(City of Eugene, 16만명)와 우리나라 최초로 자매결연한 이래 반세기가 넘도록 대표단의 교환 방문을 이어오고 있다. 진주시청 국제통상팀 이영란 주무관은 "결연은 도시 형태가 비슷해 공동 발전을 꾀하자는 유진시 제의로 이뤄졌다"며 "2002년부터는 청소년 교류를 시작해 19년까지 33차례에 걸쳐 130명이 상호 방문했다"고 소개했다. 청소년기 해외 견학은 더할 나위 없는 자산이다.

지방 공공외교(public diplomacy)의 꽃이 활짝 폈다. 코로나 팬데믹으로 대면 교류는 바닥이지만, 지자체는 저마다 기회의 창(窓) 유지에 안간힘이다. 인구 감소와 지방 소멸, 저성장의 메가트렌드에 맞닥뜨린 지방에 해외는 뉴프런티어다. 자매결연은 일손, 유학생, 관광객, 농수산물 시장 확보의 끈이다. 과거의 선진 지자체 벤치마킹에서 교류의 성격이 바뀌었다. 지자체의 풀뿌리 교류는 경제 의존도는 갈수록 높아지지만, 패권 경쟁과 불신·대립으로 뒤덮인 지구촌 패러독스의 완충재이기도 하다.

광역·기초 단체 시기별 국제교류 건수 단위: 건

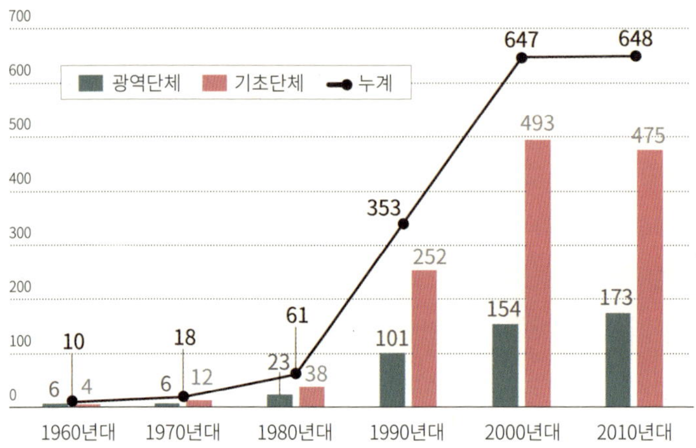

자료:시도지사협의회

지방 공공외교는 지자체의 독자적인 양자 교류와 지자체 연합기구를 통한 다자 교류로 이뤄진다. 국가 외교와 지향점이 다를 뿐 틀은 한가지다. 19년 말 기준 양자 교류를 보면 17개 광역단체·225개 기초단체가 82개국 1304개 도시(중복 제외)와 1746건의 자매결연·우호 협력 관계를 맺고 있다(시도지사협의회 자료). 자매결연은 지방자치법상 지방의회 의결 사항이지만, 그 전 단계인 우호 협력은 의회의 제약을 받지 않는다. 이중 광역단체는 71개국 345개 도시, 기초단체는 70개국 1012개 도시와 교류 관계다.

시기별로는 1960년대 10건, 70년대 18건이었지만 2000년대 647건, 2010년대 648건으로 급증했다. 95년 민선 단체장 시대가 열리면서 본격화한 지방 분권이 세계화·정보화 물결과 맞물린 결과다. 광역단체는

서울시가 70건으로 가장 많고, 기초는 창원시(31건)와 포항시(27건)가 1, 2위다.

지역별로는 중국이 672건(38.5%)으로 압도적으로 많다. 다음은 일본 211건(12%), 미국 186건(10.6%), 베트남 77건(4.4%), 러시아 59건(3.4%) 순이다. 미국을 빼면 지리적으로 가깝거나 경제적 이해관계가 걸린 나라들이다. 베트남 외 필리핀(54건), 몽골(46건)이 상위권인 것은 결혼이주여성의 유입 등에 따른 문화적 접근성과도 관련이 있다는 분석이다. 전훈 경북대 행정학부 교수는 "지방의 대외 협력 다원화가 지방의 국제화를 뜻하는 것은 아니다"며 "국제 협력은 지역 발전과 주민의 삶의 질 향상, 경쟁력 강화라는 패러다임에서 접근해야 한다"고 강조한다. 지자체 간 소모적 경쟁에 따른 너도나도 식의 양적 확대보다 내실화가 필요하다는 주문이다. 관(官)보다 주민 중심의 지속 가능한 교류의 틀도 불가결하다.

지자체의 다자 공공외교 플랫폼은 동북아지역자치단체연합(NEAR)이 대표적이다. 1996년 한국·중국·일본·러시아 4개국 29개 광역단체가 동북아 교류 활성화와 공동 발전을 위해 창설한 협력기구다. 이후 몽골 22개 전체 광역단체와 북한의 함경북도, 라선특별시가 가입해 회원 단체가 6개국 78개(인구 6억여명)로 늘어났다. 한국은 서울을 제외한 16개 광역단체, 일본은 환동해 11개 현, 중국은 11개 성·자치구, 러시아는 극동·시베리아 관구 16개 공화국·주가 회원이다. 최고 의결기관은 격년 개최의 총회이고, 그 아래 국장급 실무위원회와 17개 과장급 분과위원회를 두고 있다. 상설 사무국은 경북 포항테크노파크에 있다.

2019년 7월 러시아에서 열린 동북아자치단체연합(NEAR) 청년리더스 포럼 참석자들. [NEAR 제공]

2021년 2월 말 NEAR 사무국을 찾아가 보니 중국, 일본, 러시아, 몽골 전문위원과 회원단체 파견 직원이 근무하고 있었다. 중국 헤이룽장성 파견 청안니(32) 주재관은 "NEAR 옵서버 자격인 랴오닝성에서 회원 가입에 대한 문의를 해오는 등 중국 지방 정부도 NEAR에 큰 관심을 갖고 있다"며 "사무국과 중국 지방정부 간 가교 역할에 보람을 느낀다"고 말했다. 사무국은 후쿠오카 총영사를 지낸 김옥채 사무총장이 총괄한다.

- NEAR의 가장 큰 역할은.

"참가 단체들이 투자 유치·교역·관광 등에서 실질적 이익이 되느냐를 따지는 경향이 있는데 단견이다. 정치·외교적 갈등과 대립을 겪는 동북아에서 지자체 간 비정치 분야 풀뿌리 교류와 협력을 이어가는 것이 가장 중요하다. 교류·협력은 결국 지역의 공동 번영과 평화·안정에 공헌할 것이다."

- 피부로 느낀 사례가 있다면.

"독도 영유권 문제로 경북도와 일본 시마네현 간 자매결연이 2005년 파기됐지만, NEAR를 통해 교류하고 있다. 2010년 이래 해마다 경북 대학생들이 시마네현 주관 교육분과위에, 시마네현이 경북 주관 경제인

문교류분과위에 참가하고 있다. 17년에는 사드 배치 문제로 중국과의 교류가 전면 중단됐지만, 제주에서 열린 NEAR 실무자 워크숍에 중국 후난성 등 8개 성 대표 19명이 참가했다."

- 북한의 참여도는 어떤가.

"함북, 라선특별시는 2002년 9월 NEAR 가입 이후 인접한 지린성, 헤이룽장성 주관 국제교류 행사에 가끔 참석했다. 19년 가을 지린성 주최의 동북아 지방정부 원탁회의에는 북한 단체장도 참가해 인사를 나눈 바 있다."

- 국내에서 NEAR는 생소하다.

"국내보다는 중국, 러시아, 몽골에 더 알려져 있다고 본다. 사무국 웹사이트는 6개 언어로 정보를 발신하고, 관련 공문도 해당국 언어로 보낸다. 19년 사무국 웹사이트 접속은 1600만건을 넘었고, 그중 80%가 외국에서 이뤄졌다. 우리 지자체들이 외국 지자체와 양자 교류를 많이 하는 편이어서 NEAR를 통한 다자 교류가 부각되지 않은 측면이 있다고 본다."

- 향후 과제는.

"현재 6개국 광역단체의 약 54%가 회원으로 가입해 있는데 이를 80% 이상으로 끌어올릴 생각이다. 중장기 과제는 사무국 운영 예산이다. 총회, 분과위원회 개최 비용은 주관 지자체가 부담한다. 하지만 사무국 예산(연간 15억원)은 경북도와 포항시가 7대 3으로 분담하고 있다. 지속 가능한 플랫폼이 되려면 유엔과 마찬가지로 회원 지자체의 분담금 방식을 도입할 필요가 있다."

'지역과 함께하는 유럽(Europe with regions)'을 내건 유럽지방정부연합(AER)은 NEAR의 협력 파트너이자 모델이다. 85년 닻을 올린 AER은 35개국 250개 자치단체가 회원으로, 유럽의 평화와 통합에 한몫했다. 현재는 유럽연합(EU) 거버넌스의 한 축이자 지역 이익의 대변자이기도 하다. 양기호 성공회대 교수는 "NEAR는 영토·역사·북핵 문제로 협력이 어려운 동북아에서 지방정부의 유엔 역할을 할 수 있는 플랫폼"이라며 "회원 단체들이 이를 보다 적극적으로 활용할 필요가 있다"고 말했다. NEAR는 지방 정부 간 교류·협력을 넘어 궁극적으로 동아시아 통합의 밀알이 될지 모른다. 지방 공공외교의 잠재력을 재발견해 볼 때다.[3]

대구의 국제 바칼로레아(IB) 교육혁명

20년 7월 17일 오전 9시 40분 대구시 북구 삼영초등학교 3학년 3반(25명). 여느 초등학교와 같은 교실이지만 수업은 이채로웠다. 교사와 학생 간 쉼 없는 질의응답과 공책에 자기 평가 쓰기. 생동적이고 속도감이 났다. 수업 과목은 낯설었다. '우리가 사는 지구'였다. 과학의 한 단원쯤이라 여겼더니 재학생이 6년 동안 탐구하는 6가지 융합 주제(프로젝트)의 하나였다. 나머지는 '우리는 누구인가' '우리가 속한 시간과 공간' '우리 자신을 표현하는 방법' '세계가 돌아가는 방식' '우리 자신을 조직하는 방법'이다. 1~6년 수업 시간표는 국어·사회·수학·과학 등 교과별이 아니라 이 6가지 주제가 학년별 소주제로 나뉘어 있었다. 교과서는 6가지 주제에 횡단적으로 접목한다. 과목 간 칸막이가 없는 교육이다.

3 "6개국 풀뿌리 교류 NEAR, 동북아 반목의 벽 낮춘다", 오영환, 중앙일보, 2021.3.5

대구 북구 삼영초등학교 3학년생의 IB 수업 모습.

수업 흐름도는 학생 주도형 탐구 기반 학습이다. 6개 주제 모두 담임 지도하에 학생 간 토의를 통해 탐구 시작(관심·계획)-발견하기(핵심 개념 탐색)-설명하기(발표)-더 나아가기(탐구 심화)-되돌아보기(발표, 자기 평가기록)-행동하기(실생활 연계와 실천)의 사이클로 돼 있다. 이날 3학년 3반 수업은 3년 과정인 '소중한 지구 보존하기'의 되돌아보기 단계였다. 학생들은 당찼다.

"자기가 더 알고 싶은 내용을 스스로 선택할 수 있어 좋다."(김동훈 학생)

"다른 학교와 달리 궁금증을 집중적으로 탐구할 수 있다."(김소민 학생)

이날 수업은 삼영초가 19년 전교생에 도입한 세계적 교육 프로그램 '국제 바칼로레아(IB)'의 한 단면이다. 국제학교 중심으로 채택 중인 글로벌 교육의 틀이 대구 외곽의 공립초교와 만났다. IB 기구(IBO)의 융합적 교육 설계도 용어가 생소할 뿐 학습의 1차 자료는 우리 교과서다. 김영주 담임 교사는 "기존의 공부 방식이 지식, 기능 위주로 흘러갔다면 IB에선 학생이 배운 단계에 미무르지 않고 행농으로 실천하는 탐구가 이뤄진다"며 "학생들이 탐구 주제를 스스로 찾고 '이렇게 하니 재미있다'는 등의 반응을 보일 때 큰 보람을 느낀다"고 말했다.

IB 교육은 구각(舊殼)을 깨야 하는 교사에게도 큰 도전이다. 황정하

교장은 "처음에는 힘들었지만, IB 방식이 교육의 본질에 맞다"며 "지금은 IB의 교육 지평을 넓혀가는 단계로, 무엇보다 교사들이 서로 토의하고 학습도 많이 해야 한다"고 했다.

대구시 달성군 다사읍의 서동중은 20년 1학년에 IB 교육을 도입했다. 7월 17일 오전 1학년 5반 교실로 들어서니 게시판에 IB 교육의 10가지 학습자상(learner profile)이 걸려 있었다. 탐구, 지식, 생각, 소통, 원칙, 열린 마음, 배려, 도전, 균형 감각, 성찰의 인재상이다. 학습자상은 IB 교육의 지향점으로 초중고가 한가지다.

IB프로그램

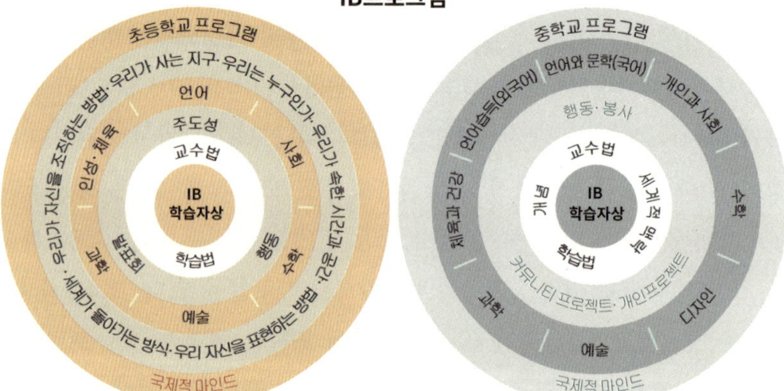

자료: 대구시교육청

이날 수업은 언어와 문학(국어)으로, 다른 일반 학교와 외견상 차이가 없어 보였다. 1학년 과정은 이 과목 외 언어 습득(영어), 개인과 사회(사회·도덕), 수학, 디자인(가정·정보), 예술(음악·미술), 과학, 체육·건강의 8개 과목군으로, 11개 국내 교과를 통합했다. 중학교 교육 내용도 우리 교과 과정이 바탕이다. 하지만 학습과 평가의 틀은 IB 방식이다. 글로벌 맥락 속에서 교수법은 탐구적 질문과 개념 이해를, 학습법은 협업과 소통, 사고력을 강조한다.

"글 쓰는 것이 좋고, 생각하는 시간이 많아졌다. 3년 동안 배우면 다른 학교 학생보다 성과가 클 것 같다."(최시현 학생)

"수업이 말하기(발표)나 글쓰기를 중시하는데 반복하다 보니 늘고 있다. 배운 것을 어떻게 실생활에 적용하고, 세상을 위해 어떤 것을 할 수 있는지를 생각한다."(박정음 학생)

황은비 담임 교사는 "1년 반 동안 해보니 학습자상 등을 통해 학생들의 문제의식과 조화로운 덕성이 연마된다는 확신을 갖게 됐다"며 "IB 교육은 교사도 새로 눈을 뜨게 해주고 성장시킨다"고 했다. 평가 기준이나 방법도 기존 교육과는 판이하다. 예컨대 개인과 사회 과목의 평가 항목은 알고 이해하기, 조사하기, 소통하기, 비판적 사고가 각 25%다. 서동중 김주연 IB 교육 코디네이터(교사)는 "IB는 에세이, 수행평가, 프레젠테이션 등 다양한 평가 도구를 통해 학생들이 실제로 탐구한 내용을 평가해 지식 습득에서 한 걸음 더 나아가 과제 해결 능력과 비판적인 사고력을 기르는 것과 연계하고 있다"고 설명한다.

대구에서 20년 7월 현재 IB 교육을 실시 중인 학교는 초등학교 3개교(사대부초, 삼영초, 영선초), 중학교 3개교(사대부중, 서동중, 대구중앙중)다. 6개교는 IB 관심 학교를 거쳐, 지난해 후보 학교가 됐다. 초등학교, 중학교는 IBO의 공식 인증 전 후보 단계에서도 IB 프로그램 운영이 가능하다. 국내에서 초중의 IB 공교육은 대구가 처음이다. 고등학교는 사대부고·대구외고·포산고가 후보 단계다. 2~3학년 대상의 고교는 인증 전 IB 교육을 할 수 없다. 현재 국내에서 IB 프로그램을 운영 중인 초중고는 28개교로, 경기외고를 제외하곤 모두 국제학교나 외국인학교다.

대구 IB 공교육의 산파역은 강은희 대구시 교육감이다.

- IB 교육을 선도적으로 도입한 배경은.

“4차 산업혁명 시대에 아이들에게 창의 융합적 사고와 미래 역량을 키워주는 것이 교육의 사명이다. IB 교육은 하나의 정답 찾기 교육에서 탈피해 생각을 꺼내는 수업을 구현하고, 수업과 평가의 일관성을 확보한 공신력 있는 평가 시스템을 갖추고 있다. IB 한국어화와 공교육 변화 혁신을 끌어내면서 미래 역량을 갖춘 인재를 양성하고자 새 정책을 도입했다.”

- 도입 초기인데 현 단계에 대한 평가는.

“IB 한국어화, 대구 관내 IB 학교 인증 등의 중장기 로드맵이 차질 없이 진행되고 있다. 19년 IB 관심 학교에서 후보 학교로 지정된 초중고 9개교가 지금 마지막 단계인 IB 인증학교 승인 절차를 준비 중이다. IB 초중고의 연계성을 높이고, IB 교원의 전문성을 높여 원하는 학생 누구나 한국어로 IB 교육을 받을 수 있는 새로운 지평을 열게 된 점도 긍정적으로 평가한다.”

- 향후 주안점은.

“IB 교육을 통해 대구 교육이 확 달라질 것이다. 교육 환경이 열악한 지역의 공립학교에 IB 프로그램을 들여와 교육 격차를 해소하는 길을 확대하고자 한다. 더불어 IB 학교가 국가 수준 교육 과정의 구체적 실행을 강화하는 선진화된 교육으로 일반 학교의 수업과 평가 혁신을 유도하도록 노력하겠다.”(서면 인터뷰)

지금은 정보·기술혁명의 인공지능(AI) 시대다. 단편적 지식과 정보는 디지털과 인터넷의 바다에 널려 있다. 생각하는 힘이 더 중요해졌다. ‘집어넣는 교육’을 ‘꺼내는 교육’으로 바꾸지 않으면 변화의 파고를 헤쳐가기 어렵다. IB 공교육은 거대 관행을 깨는 하나의 촉매일지 모른다. 이혜정 교육과혁신연구소 소장(교육학 박사)은 “IB 교육의 도입은 공교육의 양적 확대 이후 처음으로 교육의 패러다임을 질적으로 바꾸는 교육사의 역사적 사건의 시작”이라며 “공교육의 교실을 깨우고 아이들의 눈빛을 살아나게 하는 교육의 본질을 회복하는 계기가 될 것"이라고 말했다. 대구에서 교실 혁명의 장정(長征)이 시작됐다.

국제 바칼로레아(International Baccalaureate·IB)는 스위스 제네바에 본부를 둔 비영리 교육재단 IB 기구(IBO)가 1968년부터 개발, 운영 중인 교육 프로그램이다. 국제기구가 많은 제네바 주재 외교관, 주재원 등 자녀 교육이 출발점이다. 토론과 탐구 활동을 통해 비판적 사고력을 기르는 것이 특징이다. 프로그램은 네 가지로, 초등학교(PYP), 중학교(MYP)와 고등학교 과정인 디플로마 프로그램(DP), 직업 교육 프로그램(CP)이 있다. PYP와 MYP는 교과 내용을 정하지 않고 교육의 틀만 제공한다. DP는 2년 과정으로, 최종 시험을 거쳐 일정 성적을 받으면 국제적으로 인정받는 대입자격(IB자격)을 취득할 수 있다. 현재 전 세계 IB 전형 대학은 90개국에 3300개를 넘는다. 한국 대학은 IB 전형이 없지만 이수 학생은 수능최저 등급을 요구하지 않는 수시 전형이 가능하다.

전 세계 IB 프로그램 운영 학교는 20년 1월 기준 153개국 5234개교다. 일본은 교육 개혁의 하나로 문부과학성이 IB교육 추진 컨소시움을 구성했다. 운영 학교는 105개교이고, IB 교원 양성 과정을 설치한 대학교도 7곳에 이른다. 중국의 운영 학교가 254개교인 점도 흥미를 끈다.[4]

---

4 "'아이들 눈빛이 살아났다'…대구의 IB 교육 혁명", 오영환, 중앙일보, 2020.7.26

제6장
정치의 그림자

국회 벽에 걸린 고향사랑 기부제

"농어촌 지역은 생산인구 감소와 복지인구 증가의 과제를 떠안으며 세수 부족으로 신음을 거듭하고 있다. '고향 사랑 기부금법'의 조속한 (국회) 통과를 강력히 촉구한다." 19년 5월 23일 경북 의성군 친환경농업기술센터. 전국농어촌지역군수협의회(72개군) 소속 41명의 단체장이 회의에서 채택한 결의문은 비장했다. "저출산·고령화의 직격탄을 맞고 있는 곳은 다름 아닌 농어촌"이라며 "국회와 정부는 농어촌 위기를 더 이상 외면하지 말라"고 촉구했다. 그러면서 "기부금법은 지방 재정 건전화와 지방 분권, 균형 발전을 통한 국가 경쟁력 강화와 일맥상통하고 있다"고 했다.

협의회가 촉구한 '고향 사랑 기부제'는 해묵은 과제다. 2007년 이래 논의된 제도의 이름과 기부 공제 방식만 달랐을 뿐 뼈대는 한 가지다. 문재인 정부 구상과 주요 의원입법안의 골격은 이렇다. 예컨대 수도권에 사는 출향민 A씨가 고향이나 원하는 지자체에 기부하면 10만원까지는 전액 세액 공제된다. 정치자금 공제와 같다. 10~1000만원은 16.5%, 1000만원 초과는 33%의 공제가 적용된다. 기부금품법의 일반 기부와 같은 비율이다. 기부를 받은 지자체는 답례품 제공이 가능하다. 답례품 종류와 상한은 따로 정하고, 모금액과 지출 실적은 공표된다. (행정안전부 설명자료 등)

제도가 실현되면 기부자는 고향을 응원하면서 나눔의 기쁨을 누리고 지역 특산품을 즐긴다. 지방은 기부금으로 보육·노인 복지 등에 쓰고 특산품 개발로 일자리를 만든다. 도시와 지방, 지방 상호 간에 돈·재화·사람의 이동이 이뤄지는 구조다. 한마디로 '누이 좋고 매부 좋고'다.

이 제도는 고질적 재정난에 빠진 농어촌 지자체엔 구명줄이다. 전국 군 단위 기초단체 82곳의 19년 평균 재정자립도는 18.26%다. 예산이 1만원이라면 자체 수입이 1826원이라는 얘기다. 충북 보은군은 재정자립도가 7.74%다. 자체 수입으로 공무원 인건비도 충당하지 못하는 곳이 수두룩하다. 농어촌군수협 회장인 홍성열 증평 군수는 "일본에서 고향 납세 제도가 농촌 경제 활성화에 큰 역할을 하는 점이 검증됐는데도 우리 국회의 관심이 낮아 결의문을 내게 됐다"며 "제도 도입을 위해 협의회의 모든 역량을 동원하겠다"고 말했다.

2019년 5월 고향사랑 기부금법 조속 제정을 촉구하는 전국농어촌지역군수협의회. [전국농어촌지역군수협 제공]

고향 기부제는 2007년 12월 대통령 선거 기간 처음 나왔다. 당시 창조한국당 문국현 후보가 도시민의 주민세 10%를 고향에 내는 고향세 도입을 공약하면서 논의가 시작됐다. 그해 일본이 제도를 만들고 이듬해 시행한 고향 납세가 모델이었다. 이후 18대 국회(2008~2012년)에서 두 건의 의원입법안이 발의됐다가 자동 폐기됐다.

고향 기부제는 문재인 정부 들어 큰 탄력을 받았다. 지방 재정 분권과 균형 발전 차원에서 대선 공약으로 내걸면서다. 정부 출범 후에는 100대 국정과제에 들어갔다. 이를 계기로 고향 사랑 기부제 명칭이 정착됐다. 방식도 일본의 세금 공제가 아닌 기부금 공제로 바뀌었다. 대통령 직속 자치분권위원회는 18년 관련법 제·개정을 하고 19년 시행할 계획을 밝혔다('자치분권 종합계획').

문제는 국회다. 의원입법안 15건이 '결정하지 못하는 정치'의 벽에 막혔다. 국회 파행과 도시 의원들의 낮은 관심도로 행정안전위원회 법안 심사소위의 문턱도 넘지 못했다. 19년 4월에 열린 소위 의사록을 들여다보니 법안의 취지 확인 차원에 머물렀다. 이대로라면 정부의 19년 시행 계획은 불투명하다. 일선 지자체나 지방 의회의 촉구 결의안이 잇따르는 것은 이 때문이다.

결의안 채택에는 광주광역시 광산구도 동참해 눈길을 끌었다. 결의안을 대표 발의한 유영종 의원은 "광산구의 21개 동(洞) 가운데 5개 동은 농촌 지역이지만 광역시 기초단체라 인근 다른 시군 지자체와 달리 농업 관련 예산을 받지 못해 기부제 도입을 촉구하게 됐다"고 말했다. 지방 농협의 결의안 채택도 주목거리다. 답례품 제공이 시작되면 농협엔 내 고장 특산물의 새 판로가 열린다.

제도에 대해선 국민 10명 중 6명이 찬성하는 것으로 조사됐다. 한국갤럽·농민신문의 17년 11월 전국 여론조사(표본 1021명) 결과 고향세 도입

찬성 비율은 59.7%였다. 지역별로는 강원도의 찬성 비율이 65.5%로 가장 높았다. 지역 간 재정 불균형 해소에 도움을 줄 것이라는 응답도 54.8%였다. 반면 인지도는 매우 낮았다. "들어본 적이 없다"가 76%나 됐다.

지방재정 유입 효과 분석도 나왔다. 16년 전북연구원은 지방재정 유입(기부총액)이 최소 3947억원에 이를 것으로 추산했다. 도시 출향민 중 기부 의사가 있는 경제활동 인구가 소득세의 10%를 고향 지역에 기부하는 것을 가정한 분석이다. 육동한 강원연구원장은 "고향 사랑 기부제는 이미 정부의 기본 골격과 의원 입법안이 나와 있는 만큼 미룰 시간도 없고, 미룰 필요도 없다"며 "제도는 일본에서 입증됐듯 소멸 위기를 맞고 있는 농어촌에 활력소와 위로가 될 것"이라고 강조했다.[1]

20대 국회에 발의됐던 고향사랑 기부제 관련 법률 제정·개정안 15건은 자동 폐기됐다. 21대 국회 들어선 한병도 의원(더불어민주당)이 20년 7월 유사 법안을 대표발의 했고, 9월 국회 행정안전위원회를 통과했다. 21년 7월 현재 법제사법위원회로 넘어간 상태다. 21년 6월의 법제사법위 법안심사제2소위 회의록을 보면 야당 의원들은 이 제도가 자칫 기업에 준조세를 강요하는 틀이 될 수 있다는 우려를 표명하고 있다.[2] 기부액 상한을 500만원으로 하는 문제, 기초단체 외에 광역단체에 기부할 수 있는 문제도 쟁점이다. 일본은 기초, 광역 단체 관계없이 기부할 수 있다. 의원들은 기부가 자치단체장을 보고 이뤄질 것으로 생각하는 경향도 강해 보였다. 한국의 현실적 특수성을 고려해야 한다는 지적으로 보이지만, 일본이 2008년 이래 도입한 제도의 장단점과 보완 내용을 제대로 검토해봤으면 싶다. 요체는 지방 살리기에 일조할 수 있느냐다. 농어촌은 지금 고혈을

---

1 "고향에 기부하면 세액공제·특산물…국회서 11년째 외면", 오영환, 중앙일보, 2019.7.23

2 "제388회 국회 법제사법위원회 회의록 제1호", 국회사무처, 2021.6.24

짜야 할 판이다. 지방에 피가 돌지 않으면 결국 나라가 동맥경화에 걸린다. 기부 제도는 재정난의 지방엔 더할 나위 없는 원군이다. 재난 지역엔 방파제다. 구더기 무서워 장을 못 담그면 안 된다. 우려 사항은 법제화 과정에서 면밀히 보완하면 될 일이다. 고향사랑 기부제는 십시일반(十匙一飯)과 다를 게 없다.

정치가 좌우하는 동남권 날개

역사는 사진의 파노라마다. 문자와 글의 기억은 어렴풋해지지만 사진은 쉽사리 뇌리를 떠나지 않는다. 한 장의 사진 힘과 울림은 크다. 사진은 펜보다 강하다. 동남권 신공항 13년 반전(反轉)에도 몇 장의 사진이 등장한다. 하나는 2015년 1월 당시 김기현 울산시장·서병수 부산시장·권영진 대구시장·홍준표 경남지사·김관용 경북지사가 손을 맞잡은 장면이다. 영남 5개 단체장이 신공항 합의서에 서명하고 포즈를 취했다. 합의의 요체는 정부 용역 결과 수용 재확인과 유치 경쟁 중지였다. 5명 간 용역 전 합의는 세 번째다.

당시 영남은 두 쪽이 났다. 부산은 관내 가덕도를, 나머지는 경남 밀양을 밀었다. 2016년 파리공항공단엔지니어링(ADPi)의 용역 결과는 제3의 길이었다. 김해공항 확장으로, 기존 2본 활주로에 1본을 추가하는 안이었다. 확장안은 805점으로, 2위 밀양(활주로 1본 686, 2본 687)과 가덕도(1본 619, 2본 574)를 압도했다. 영남권 전체가 닭 쫓던 개 지붕 쳐다보는 꼴이 됐다. 가덕도 유치에 시장 직을 걸었던 서병수 시장은 반발하다 엿새 만에 돌아섰다. 3개 합의서는 반란의 방패막이였다. 용역의 공신력을 따질 수도 없었다. ADPi는 공항 프로젝트 수주가 700개를 넘는 세계적 업체다. 2006년 노무현 정부에서 검토해 이명박 정부에서 경제성 문제로 백지화했던 동남권 신공항 10년 전쟁은 박근혜 정부에서 일단락됐다. 김해신공항은 18년 말 청사진(기본계획)이 나왔다.

그래도 전쟁은 끝나지 않았다. 김해신공항안은 휴전협정일 뿐이었다. 18년 부산·울산·경남(PK)의 지방 권력이 바뀌면서 사문화가 시작됐다. 더불어민주당 오거돈 부산시장·송철호 울산시장·김경수 경남지사는 김해공항 기본계획 검증단을 꾸렸다. 세 명은 19년 1월 김해신공항 불가를 선언하고 백지화를 요구했다. 새 입지는 말이 없었지 가덕도라는 것은 삼척동자도 안다. 오 시장은 가덕도 신공항을 공약으로 내걸었다. 세 단체장이 당시 손을 맞잡고 찍은 사진은 2015년 영남권 5개 단체장의 컷과 오버랩된다. 5개 단체장 합의서는 휴짓조각이 됐다. 새 권력 지도는 국책 사업의 지도도 바꾸는가. 대구·경북(TK)을 뺀 검증과 현상 변경 시도는 절차적 정당성에 결정적 흠을 남겼다. PK 단체장은 한 걸음 더 나아갔다. 주무부처인 국토교통부 위로 우회했다. 총리실의 김해신공항 재검토를 끌어냈다. 2월 문재인 대통령, 3월 민주당 지도부가 총리실 검증을 언급한대로 됐다. 여권이 하나로 돌아가는 형국이다.

공항의 파괴력은 크다. 한 해 이용객 1억5000만명 시대다. 지방 공항은 누구에나 친근한 존재가 됐다. 지자체에는 효자다. 국비 투입에 운영은 한국공항공사가 맡는다. 공항 입지가 정치인·지역민을 빨아들이는 블랙홀이 될 수밖에 없다. 신공항을 둘러싼 TK-PK 간 대립 축이 갈수록 선명해지는 이유다. 지역 언론의 대리전도 서슬이 퍼렇다. TK는 복잡하다. PK 독주에 대한 반발, 패싱(passing)의 자조가 뒤엉켜있다. 악마의 이간질, 사석(捨石) 작전이라는 지적도 나온다. 20년 총선을 앞두고 영남권을 살라 PK 표심을 모으려는 고도의 정치공학이 꿈틀거린다는 얘기다. 지역 갈라치기는 신종 포퓰리즘이다. 분열의 정치는 또 다른 분열만 낳을 뿐이다.

국가 리더십의 원점은 통합이다. 정부는 지방 사업의 정직한 중재자

(honest broker), 이해의 용광로여야 한다. 갈등의 틈새를 과학과 데이터, 최대 다수의 축복으로 메워주는 것이 순리다. 관료는 정권의 이익이 아닌 국가 이익의 지킴이여야 한다. 동남권 날개를 정치의 끈에서 놓아주자.[3]

김해공항 확장 정부 안은 2020년 11월 정치로 뒤집혔다. 여당 의원 138명, 야당 의원 15명이 용역에서 꼴찌를 한 부산 가덕도 신공항 건설 특별법안을 발의했다. 더불어민주당과 국민의힘 법안은 큰 차이가 없다. 법안 이름이 '가덕도 신공항 건설 촉진 특별법안'과 '부산가덕도신공항 특별법안'으로 동남권 신공항 부지를 가덕도로 못박았다.[4] 그동안의 과정을 무시하고 고도의 전문성이 요구되는 공항 부지를 의원들이 선정한 꼴이다. 세계에서 유례를 찾기 힘들다. 민주당 법안은 사실상 건설 시한도 정했다. 법안에 '2030년 부산세계박람회의 성공 개최를 위한 조기 건설'을 담았다. 늦어도 2030년까지가 되는 셈이다. 여당 법안은 김해공항의 장래에 대한 언급도 없다. 인천공항에 이어 내국인 출국(19년 385만명)과 외국인 입국(135만명)에서 2위 자리를 굳힌 동남권 관문인데도 그렇다.[5]

특별법 형식은 기존의 SOC 관련 일반법과 충돌할 시 우선한다는 점을 고려한 것으로 보인다. 여야 법안 모두 '국가재정법 38조에도 불구하고 예비타당성 조사를 면제할 수 있다'고 규정했다. 이 조사의 핵심은 비용 대 편익 분석인 만큼 경제성에 구애받지 않고 건설하겠다는 뜻이다. 2016년 용역 당시 가덕도의 경우 활주로 1본 건설 때 7조여원, 2본 땐 10

3 "신공항 13년 전쟁…동남권 날개를 정치의 끈에서 놓아주자", 오영환, 중앙일보, 2019.7.3

4 "부산가덕도신공항 특별법안(의안번호 5570, 국민의힘 박수영 의원 대표발의)", 2020.11.20, "가덕도 신공항 건설 촉진 특별법안(의안번호 5759, 더불어민주당 한정애 의원 대표발의)", 2020.11.26

5 2019년 국내 공항별 내국인 출국, 외국인 입국 통계, 관광지식정보시스템 검색

조여원이 드는 것으로 분석됐다. 김해공항 확장 땐 4조여원이다.[6]

여기에 민주당 법안은 신공항 관련 교통시설, 신도시 조성·물류기반 산업단지 인프라 건설에 대한 국가 예산 우선 지원과 지역 기업 우대도 담았다. 조성 비용을 가늠하기 어렵다. 목적지와 도착 시한만 있고 항로(기본 계획)가 없는 상태에서 비행이 시작됐다. 특별법안은 뚝딱 제출됐지만, 종합 과학의 한 영역인 공항 건설은 처음부터 끝까지 '악마는 디테일에 있다'는 경구에 휘말릴지 모른다.

정치 주도 가덕도, 민간 주도 일본 주부공항

영국의 항공 서비스 조사기관 스카이트랙스(Skytrax)의 공항 평가는 아시아 세가 두드러진다. 2020년 상위 10위에 싱가포르 창이(1위), 일본 하네다(2위), 한국 인천(4위), 홍콩(6위), 일본 나리타(7위)·주부(8위)·간사이(10위)가 포진했다. 평가는 공항 접근성, 청결, 시설, 친절도 등 39개 항목에 걸친 설문으로 이뤄진다.

창이 공항은 2013년 이래 8년 연속 1위다. 인천공항은 2009년, 2012년 1위를 비롯해 톱 3의 고정 멤버였다가 2020년 한 계단 떨어졌다. 김포공항은 49위이고, 한국의 나머지 지방공항은 100위 안에 없다. 일본은 100위권이 후쿠오카 공항(39위)을 더해 5곳이다. 중국은 상하이 홍차오(22위), 광저우(30위), 시안(47위) 등 7곳이 100위권이다. 하늘을 잇는 관문의 세계도 아시아 시대가 됐다. 아시아 공항 간 하늘길 경쟁은 더 치열해질 게 분명하다.

---

6 "영남권 신공항 사전타당성 검토 연구 최종보고회 관련 브리핑", 장 마리 슈발리에 ADPi 용역책임자 외, 대한민국 정책브리핑(www.korea.kr), 2016.6.21

영국 스카이트랙스 2020세계 공항 평가 순위

	세계공항순위	지방공항순위
1	싱가포르 창이	일본 주부
2	일본 하네다	독일 함부르크
3	카타르 도하 하마드	독일 쾰른-본
4	한국 인천	남아공 더반 킹샤카
5	독일 뮌헨	독일 뒤셀도르프
6	홍콩	미국 신시내티
7	일본 나리타	미국 덴버
8	일본 주부	중국 하이커우 메이란
9	네덜란드 암스테르담 스키폴	일본 후쿠오카
10	일본 간사이	영국 런던 시티

스카이트랙스는 지방(Regional) 공항 10위 순위도 발표한다. 수도권 거점 공항 외 중·근거리 노선 중심의 공항이 대상이다. 일본 아이치(愛知)현 도코나메(常滑)시 주부(中部)국제공항은 올해를 포함해 6년 연속 세계 1위였다. 2005년 개항한 이래 놀라운 약진이다. 주부공항은 2006년 노무현 정부 때 검토하기 시작한 동남권 신공항 연구 조사의 한 모델이기도 하다.

주부공항 탄생 과정과 운영 방식은 적잖은 시사점을 준다. 공항은 반세기에 걸친 주변 지역민 총화의 결실이다. 구상은 1969년으로 거슬러 올라간다. 그해 일본 중부권 경제단체인 주부경제인연합회가 아이치(愛知)현 미카와(三河)만에 국제화물공항 신설을 주창했다. 고도 성장기였지만 아이치현 운영 나고야공항이 주변의 택지화로 확장이 어려워지면서다. 연합회는 76년 나고야 상공회의소와 더불어 연구회를 세웠고, 연구회는 78년 아이치현과 미에(三重)현 사이의 이세(伊勢)만 내 공항 건설을 제안했다. 하지만 구상은 겉돌았다. 주부경제인연합회는 82년 '중부의 21세기 비전'을 내면서 다시 신공항 건설을 꺼내 들었다. 이를 계기로 나고야(名古

屋)시와 아이치·미에·기후(岐阜)현의 장기종합계획에 신공항 건설이 차례로 반영됐다.

85년은 신공항 건설의 사실상 원년이다. 4개 지자체와 경제단체는 신공항 건설촉진동맹회를 결성했고, 재단법인 주부공항조사회를 설립했다. 조사회는 88년 당초의 7개 후보지를 4곳으로 압축했다. 이세만 동부·북부·서부 해상과 미카와만이었다. 이세만 동부와 미카와만은 아이치현에, 서부는 미에현에 가까운 입지였다. 북부는 하구(河口)로 아이치현과 미에현 중간쯤에 기후현과도 가깝다. 최종 입지 선정은 진통을 겪었다. 미에현이 이세만 북부를, 아이치현이 동부를 고집하면서다. 결국 입지는 이듬해 4개 단체장 합의로 이세만 동부로 낙점됐다. D자형 인공섬(5.8㎢)에 T자형 터미널과 활주로 1본(3500m)으로 된 현재의 주부공항이다.

일본 이세만 동부에 인공섬으로 조성된 주부국제공항. [주부국제공항주식회사 제공]

당시 조사회는 입지가 정치 문제화하는 것을 막는 데 온 힘을 쏟았다고 한다(주니치신문). 입지 선정과 타당성 조사를 재단법인이 맡은 것도 그 일환이다. 재단 이사장은 미야케 시게미츠 도카이은행장이었다. 신공항 건설은 중앙 정부 차원의 '조사 공항(90년)', '착공 공항(95년)' 절차를 거쳐 조성됐다. 공항은 4개 지자체와 경제계가 하나로 뭉쳐 중앙 정부를 움직여 만든 공든 탑이다.

주부공항은 일본의 첫 민간 주도 공항이기도 하다. 회사법 적용을 받는 주부국제공항주식회사가 98년 설립돼 공항을 건설했고, 소유·운영하고 있다. 회사 출자금 비율은 민간 50%, 정부 40%, 지자체 10%다. 초대 사장은 토요타 영국법인장 출신의 히라노 유키히사였다.

생산부문 기술자 출신인 그는 당초 공항건설 총사업비가 7680억엔이었지만 5950억엔으로 완공했다. 당시 운수성 사무차관이 "7680억엔으로 공항을 만들어도 혁명적"이라던 사업비를 20% 넘게 절감했다. 토요타 방식의 철저한 비용 삭감이 위력을 발휘하면서다. 예산을 통째로 쓰는 공공사업의 상식이 주부공항 건설에서 산산조각이 났다. 주부공항은 테마파크형 상업시설 등 항공 외 매출이 2017~18년 전체의 절반을 넘었다. 회사는 2017년에 내놓은 '비전 2027'에서 공항 운영회사에서 공항 활용회사로 바꾸겠다고 밝혔다. 주부공항 사장은 5대째로 모두 토요타 출신이다. 주부공항의 경쟁력에는 민간이 불어넣은 새 바람을 빼놓을 수 없다.

공항 주변 지역의 관광권 정비도 순풍으로 작용했다. 중북부권 9개현과 관광단체가 해외 관광객 유치를 위한 쇼류도(昇龍道) 프로젝트를 출범시키면서 주부공항은 인바운드의 관문이 됐다. 이 프로젝트는 용이 승천하는 모습의 지형을 딴 관광 주유 루트 사업으로 인기가 높다. 전체 관광지를 4개 코스로 나눠 5~9일간 체류를 꾀하고 있다. 2019년 주부공항을 통한 외국인 입국자 수는 177만명으로 나리타·간사이·하네다·후쿠오카 공항에 이어 5번째다. 해외관광객 유치를 통한 지방 활성화에 주부공항이 견인차가 되고 있는 셈이다.

공항은 경제 활동, 국민 생활과 직결되는 인프라다. 저출산·고령화·

저성장과 지방소멸의 메가트렌드를 헤쳐 나오기 위해선 국내외 교류가 불가결하다. 공항은 그 현관이다. 공항의 지속 가능한 성장을 위해선 최대 다수의 접근성과 축복이 긴요하다. 인프라 개발·유치의 토건형 사고는 인프라의 역습을 부를지 모른다. 더구나 지금은 재정 압박의 시기가 아닌가. 돌다리도 두드려야 할 대역사(大役事)의 정치 주도는 재고돼야 한다.[7]

중앙당에 의한, 중앙당을 위한 기초단체

2020년 9월 8일 오전 11시 경북 상주시 의회 본회의장. 전체 시의원 17명 가운데 10명이 발의한 정재현 시의회 의장(5선·국민의힘) 불신임안이 상정됐다. 시의회 의석 분포는 국민의힘 13명, 더불어민주당(민주당) 3명, 무소속 1명이다. 불신임 발의는 국민의힘 의원들이 주도했다. 지방자치법 55조는 '지방의회는 의장이 법령을 위반하거나 정당한 사유 없이 직무를 수행하지 아니하면 불신임할 수 있다'고 돼 있다.

발의 의원 대표가 읽어 내려간 불신임 이유는 크게 세 가지였다. 첫째는 의회 위상과 품위 손상이다. '바르지 못한 행동에 따른 시민들의 지탄' 등을 제시했다. 둘째는 8대(2018~22년) 전·후반기 의장 선출 과정이다. 두 번 모두 국민의힘 당내 경선에서 A 후보가 정해졌는데도 정 의장이 무시하고 출마해 당선됐다고 했다. 정 의장은 전반기엔 국민의힘을 탈당해 무소속으로, 후반기엔 복당한 뒤 소속 의원 7명의 권유로 출마했다. 셋째는 허위공문서 작성이다. 임시회 참석자 14명을 17명으로 불려 회의록을 작성했다고 했다. 정 의장은 불신임안 제출 전 "의회 품위 손상 운운은 적반하장이고, 회의록 작성은 잘못돼 바로잡았다"고 밝혀왔다.

불신임안은 찬성 다수로 가결됐다. 무기명 투표가 아닌 거수 표결을

---

7 "첫 민간 주도 공항…토요타 출신 사장이 건설비 20% 절감", 오영환, 중앙일보, 2020.12.11

통해서였다. 본회의는 곧바로 A 의원을 의장으로 선출했다. 상주시 의회 회의록을 재구성해본 의장 불신임 건은 지방 정치의 한 민낯이다. 불신임안 주도 세력은 다수당 내부 문제를 시의회 현안으로 둔갑시켰다. 그것도 법률상 의장 불신임 요건과 거리가 먼 사유를 들고 나왔다. 의회는 특정 정당의 도구, 감투싸움의 장으로 전락했다.

시의회 의결은 법원이 뒤집었다. 대구지방법원은 불신임 의결 16일 만에 정 의장이 낸 효력정지 가처분 신청을 받아들였다. 21년 5월에는 불신임 결의 취소 등 본안 소송에서 정 의장 손을 들어주었다. 불신임안 주도 세력은 그 새 의장 업무추진비를 전액 삭감하기도 했다. 정 의장은 "의회에서 의장을 뽑아놓고 두 달 만에 탄핵하는 게 말이 되느냐"며 "기초의회 운영에 정당의 당론이 개입할 수 없다는 점이 법원 판결로 확인됐다"고 했다.

- 국민의힘 의원들은 왜 돌아섰나.

"지역 국회의원 마음이 A 의원 쪽에 있었던 것 아니겠냐. 이를 안 소속 의원들이 내년 선거 공천을 받아야 하니 생각이 바뀐 것 같다."

- 이번 사태를 계기로 하고 싶은 제언이 있다면.

"기초의회 선거에서 정당 공천제가 폐지돼야 하는 것은 말할 필요가 없다. 현 중선거구제도 소선거구제로 바꿔야 한다. 중선거구제에선 유력 정당 후보가 1명은 당선되니 그 정당 입장에선 교두보를 확보한다. 따지고 보면 총선 등에서 유력 정당의 하수인을 만들기 위한 장치다. 시의원 연봉(약 3200만원)도 올려야 경쟁력 있는 사람이 들어온다. 예산이 많이 들면 의원 수를 줄이면 된다. 현재대로 가면 지방자치제는 실패한다."

민주당 소속 민지현 시의원(초선)은 "정당 공천제가 정치 신인에게 기회를 부여하는 장점도 있지만, 주민을 보고 일해야 할 지방의원이 공천권을 가진 사람에게 충성 경쟁을 하는 경향도 있다"며 "의원들이 중앙당

정책에 얽매이면서 불필요한 갈등도 겪는다"고 했다.

중앙당의, 중앙당에 의한, 중앙당을 위한 지방 정치는 상주시 의회만이 아니다. 정도의 차이는 있지만, 지방 정치는 중앙 정치에 예속돼 있다. 나라 전체는 정치 과잉 병에 걸려 있고, 그나마 행태는 내전적이다. 그 중앙 정치가 기초의회까지 지배한다. 중앙 정치의 지방 정치 계열화의 핵심 고리는 정당 공천제다. 말이 정당 공천이지, 지역 국회의원의 입김이 절대적이다. 지방의원은 국회의원 보좌관과 한가지다. 행사 의전을 맡고, 당원을 동원하고, 선거운동을 도맡는다. 그 대가가 공천이다.

이스타항공 창업주 이상직 의원(전주을·무소속)의 공직선거법 위반 사건은 국회의원과 기초의원 간 갑을(甲乙) 관계를 웅변한다. 민주당 시의원 2명은 20년 총선 당시 이 의원의 선거 총괄본부장, 상황실장을 맡았다. 이들은 민주당 경선 과정에서 권리 당원이 일반 여론조사에 중복으로 참여하도록 한 혐의로 21년 6월 1심에서 모두 당선 무효형을 받았다. 전주시 의회 관계자는 언론에 "국회의원이 해당 지역구 기초의원의 생사여탈권을 사실상 쥐고 있는 상황에서 '선거를 도와달라'는 의원의 부탁을 거절할 수 있는 기초의원이 있을지 의문"이라고 했다. 21년 6월 국민의힘당 대표 선거를 맞아 대구시 전·현직 시의원·구의원 거의 대다수가 주호영 후보(의원)를 공개 지지한 것도 같은 맥락으로 보인다. 이기우 인하대 법학전문대학원 교수는 "한국에서 지방은 철저히 중앙의 식민지로 전락하고 있다"며 "정당 공천은 공천이 아니라 국회의원 개인의 사천(私薦)에 불과하고, 공천 과정도 모양새를 갖추기 위한 위장 의식에 불과한 경우가 적잖다"고 했다.

오규석 부산시 기장군수는 기초선거 정당공천 폐지에 앞장서온 단체장이다. 21년 6월 14일 낸 입장문에서 "정당 공천제는 악습 중의 악습이고, 적폐 중의 적폐로 반드시 청산돼야 할 과제"라고 주장했다. 그날 국회 앞에서 1인 시위도 벌였다. 그는 1995~98년 민선 초대 기장군수(당시 신한국당)를 지낸 뒤 탈당했고, 2010년부터 무소속으로 내리 3선을 했다.

- 왜 정당 공천제를 반대하나.

"초대 민선 군수 때 폐해를 온몸으로 느꼈다. 당 소속으로 3년을 해보니 중앙당의 시녀, 하수인 노릇을 해야 한다. 중앙당의 끝없는 청탁과 압력, 지역 정치권의 인허가를 포함한 압력에 시달렸다. 3년간 이와 싸운 기억밖에 없다. 무소속인 지금은 소신껏 일할 수 있다."

- 첫 군수 땐 기초의회 정당 공천제가 없다가 2006년 선거부터 시행됐는데.

"95~98년엔 군의원들이 주민 편에 서서 판단하고 조례를 만들려고 했다. 지금은 의원들이 당리당략에 따라 군정의 발목을 잡는다. 지역 국회의원 입맛에 맞추고, 주민의 이해와 요구엔 아랑곳하지 않는다. 전국 최초로 군내에서 무상급식을 하려 했더니 당의 지시를 받아 브레이크를 걸더라. 지역 국회의원들은 얼마나 좋겠나. 군 의원들을 수족처럼 부리고, 호각 불면 다 오니까. 군 의원들은 공천을 받아야 하니 절박할 수밖에 없다."

- 공천제 폐지가 참 지방 자치·분권의 조건이라는 얘기인가.

"지금은 4차 산업혁명 시대다. 행정도 그에 맞춰 발 빠르게 대응하고 주민에게 즉각 피드백을 해야 한다. 하지만 지방자치는 낮잠을 자고 있다. 아니 퇴보하고 있다. 그 중심에 기초선거 정당 공천제가 있다. 기초단체장까지 안되면 기초의원이라도 폐지해야 생활자치가 된다. 중앙 정부라는 거목을 지탱하는 것은 잔디와 풀뿌리다. 이것이 시들고 썩으면 거목도 곪아 터진다."

기초 선거 정당 공천제 폐지는 한때 정치권에서 무르익었지만, 빛을 보지 못했다. 20년 말엔 용인시장을 지낸 정찬민 의원(국민의힘)이 그를 골자로 하는 공직선거법 개정안을 대표 발의했다. 여론은 폐지 쪽이 우세하다. 강원일보가 21년 5월 지역 단체장, 광역·기초의원, 시민 등 150여명을 상대로 한 설문조사를 보자. 일반 시민은 기초 단체장·의원 공천에 대해 각각 62.3%와 81%가 폐지를 지지했다. 반면 국회의원은 기초 단체장에 대해 62.5%가 공천이 필요하다는 입장을 보였다. 기득권을 놓지 않겠다는 속내를 훤히 내비쳤다. 영남일보와 대구KBS의 1000명 대상 7월 여론조사에서도 정당 공천제에 대한 지지 응답은 13.6%에 불과했다. 기초선거 정당 공천제 폐지에 대해선 반론도 없지 않다. 토호 세력의 발호나 전·현직 단체장의 권력 비대화 등등.

일본 지방 자치의 탈정치화는 시사점을 준다. 20년 말 기준 광역·기초 단체장의 정당 소속 비율은 각각 2.1%, 1.0%에 불과하다. 선거 때 여야가 연합으로 추천·지지하거나 순수 무소속으로 출마하는 후보가 대다수이기 때문이다. 정당 소속이 77.4%인 광역 의회를 빼고는 거의 정당의 그림자가 어른거리지 않는다.

지방 의회가 부활한 지 30년이 됐다. 그 새 권한도, 전문성도 강화됐다. 하지만 피로 현상이 역력하다. 주민과 부대껴야 할 의회가 주민의 외면을 받고 있다. 위만 쳐다보면 옆과 아래가 보이지 않는 법이다. 기초 단위 정당 공천을 없애 중앙 지배 구조를 주민 직결로 되돌릴 필요가 있다. 시·군·구 자치는 정치에서 해방돼야 한다.[8]

---

8 "기초선거 정당 공천 없애야 생활 자치 꽃핀다", 오영환, 중앙일보, 2021.7.23

제7장

과제 선진국 일본의 지방창생

지방창생은 아베 내각의 간판 정책

"지방이 스스로의 아이디어로 미래를 열어젖히는 것이 아베 내각의 지방창생입니다. 젊은이가 미래를 맡길 수 있는 농림수산 신시대를 함께 만들어가지 않겠습니까." 19년 1월 28일 일본 중의원 본회의장. 아베 신조 당시 총리는 연두 시정연설에서 내각의 간판 정책인 지방창생에 대한 동참을 호소했다. 성과도 언급했다. 농수산품 수출이 목표치인 1조엔(약 10조 2000억원)에 육박했다고 말했다. 이어 "관광입국(정책)으로 전국 방방곡곡에 지방창생의 핵이 되는 늠름한 일대 산업이 탄생했다"며 "지난해 외국인 관광객 소비액이 4조5000억엔"이라고 강조했다. 아베는 2014년부터 지방소멸 대책에 팔을 걷어붙인 이래 국회 연두 연설에서 지방창생을 빠뜨린 적이 없다. 새 정책과 성공 사례를 소개하고 실적을 보고해왔다. 그날은 동해와 접한 이시카와(石川)현 기초단체 노토초(能登町)의 외국인 체험형 관광을 치켜세웠다. 아베는 20년 1월 재임 마지막 연두 연설에서도 "지방이야말로 기회가 있다"며 "지방창생의 새로운 시대를 함께 만들어가지 않겠느냐"고 했다.[1]

---

1 "安倍首相の施政方針演説全文", 日本経済新聞, 2019.1.29 & 2020.1.21

일본의 지방창생 정책은 2차 아베 내각(2012.12~2020.9)의 역점 정책이다. 그 스스로 "지방창생이 내각의 최고 중요 과제"라고 되뇌어왔다. 18년 10월 개각에선 "현 내각은 지방 쉬프트(shift)"라고도 했다. 첫 입각 12명의 정치인 중 7명이 시장·지방의원 출신이라는 점을 들면서다.[2] 지방창생은 아베의 역사 수정주의, 한일 역사전쟁으로 우리에게 잘 부각되지 않은 분야다.

2014년 9월에 열린 일본 마을·사람·일 창생본부 사무국 현판식.
[일본 총리관저 홈페이지]

아베가 14년 5월 마스다 히로야 전 총무상의 '지방 소멸 보고서'를 계기로 지방창생을 전면에 내걸고, 그 해 9월 마을·사람·일 창생본부 설치, 지방창생 담당대신 직 신설을 통해 일사천리로 움직인 것은 1장에서 소개한 바와 같다. 그렇다면 지방창생이 지향하는 비전과 목표, 이를 위한 구체적 정책은 무엇일까. 아베는 14년 7월 국회 연설에서 "젊은이에 매력 있는 마을 만들기, 사람 만들기, 일 만들기를 추진하겠다. 정부로선 지금까지와는 차원이 다른 대담한 정책을 정리해서 실행해 나가겠다"고 지방창

---

2 "安倍首相「改造内閣は地方シフト」", 毎日新聞, 2018.10.13

생의 방향을 밝힌 바 있다.[3] '마을·사람·일 창생 장기비전'과 1기 '마을·사람·일 창생 종합전략'(2015~19년)이 나온 것은 14년 12월이었다. 19년 12월엔 장기비전 개정판과 2기 종합전략(2020~24년)이 공표됐다.

장기 비전은 마스다 리포트와 유사하다. 먼저 일본이 인구 감소시대에 돌입한 데 대한 국민의 인식 공유가 가장 중요하다고 설파한다. 그러면서 3가지 기본 시각을 제시한다. ①도쿄 일극 집중을 시정한다 ②젊은 세대의 취업·결혼·양육의 희망을 실현한다 ③지역의 특성에 맞춰 지역 과제를 해결한다가 그것이다. 지향해야 할 장래 일본의 방향에 대해선 '활력 있는 일본 사회' 유지를 제시했다. 구체적으론 ①인구 감소에 제동을 건다 ②젊은 세대의 희망이 실현되면 합계출산율은 1.8 정도로 올라간다 ③인구 감소에 제동이 걸리면 2060년에 1억명 정도의 인구가 확보된다. 인구 구조도 다시 젊어지는 시기를 맞게 된다 ④인구의 안정화와 더불어 생산성 향상이 꾀해지면 2050년대에 실질 국내총생산(GDP) 성장률은 1.5~2% 정도 유지된다는 점을 적시했다. 장기비전이 내건 목표의 요체는 합계출산율 1.8명과 2060년 인구 1억명 확보인 셈이다. 장기 비전 문서가 이를 에둘러 표현한 것은 전전(戰前)의 병력·노동력 확보를 위한 인구 증가정책에 대한 경계심 때문으로 보인다. 당시 슬로건은 '낳아라 늘려라, 나라를 위해서'였다. 장기 비전은 지방창생이 가져올 일본 사회의 모습에 대해 "지방이 선행해서 다시 젊어지고, 도쿄권은 열린 국제도시로 발전한다"는 점을 제시했다. 이어 "지방창생은 일본 창생이다. 지방과 도쿄권이 서로 빼앗는 제로섬(zero sum)이 아니라 지방과 도쿄권이 각각의 강점을 살려 일본 전체를 이끌어가는 플러스섬(plus sum)이어야 한다. 그

3 "安倍首相、所信表明演説の全文", 日本経済新聞, 2014.9.30

것이 지향해야 할 장래의 방향"이라고 끝맺는다.[4]

종합전략은 중앙정부의 5개년 계획으로, 일선 지자체는 지방판 종합 전략을 따로 짠다. 종합전략이 과거의 지역경제·고용 대책, 저출산 정책이 큰 효과를 보지 못한 5가지 이유를 적시한 점은 주목거리다. ①중앙부처·제도 간 칸막이 구조 ②지역 특성 무시한 전국 일률적 방법 ③효과 검증 없는 선심성 예산 ④지역에 침투하지 않는 표면적 정책 ⑤단기적 성과에 집착하는 정책이 그것이다. 자민당 정권인 아베 내각이 과거 자민당의 적폐와 관료사회의 고질을 국가 문서에 올릴 정도의 결기다. 그러면서 지방창생 정책의 5원칙으로 ①자립성 ②장래성 ③지역성 ④직접성 ⑤결과 중시를 제시했다. 종합 전략이 핵심성과지표(KPI)가 담긴 4가지의 기본 목표를 설정한 것은 이와 맞물려 있다. 수치 목표는 어느 나라나 관료 집단이 가장 꺼리는 부분이다. 아베 내각의 다짐은 비장하다. "일본은 세계의 선두에서 인구 감소와 초고령 사회를 맞고 있다. 인구감소를 극복하고 지방창생을 이뤄 (세계에서) 처음으로 이 문제에 대한 해답을 찾아나간다. 이것은 '과제 선진국' 일본이 세계에 대해 완수해야할 책임이다."

종합 전략의 첫 번째 목표는 지방에서의 안정적 고용 창출이다. 1차 5년간 지방에서 30만개의 젊은이 일자리 창출과 여성 취업률 73%(13년 69.5%) 실현 등을 내걸었다. 정책 패키지로는 서비스 산업의 노동생산성 향상, 농림수산업의 성장 산업화, 관광 활성화, 젊은 인재의 지방 환류·정착 지원 등이다. 20년까지 농림수산물·식품 수출액 1조엔(13년 5505억엔) 달성과 방일 외국인 여행 소비액 3조엔 확대(13년 1조4000억엔)의 목표도 제시했다. 두 번째 목표는 지방으로의 사람 흐름 창출이다. 도쿄권(도쿄도, 가나가와·지바·사이타마 현)과 다른 지방과의 전출입 균형을 목표로 삼았다. 13

4 "まち·ひと·しごと創生長期ビジョン", 2014.12.27, 内閣官房まち·ひと·しごと創生本部事務局 사이트

년 기준 도쿄권 전입 초과 인구는 10만명으로, 대부분 10~20대다. 2020년까지 도쿄권 인구 4만명의 지방 전출과 지방 인구 6만명의 도쿄 전입 감소를 통해 수도권 집중 해소의 단초를 마련해나겠다는 얘기다. 여기에는 수도권의 출산율이 지방보다 낮아 인구 감소를 부채질한다는 계산도 깔려 있다. 정책 패키지로는 크게 도시민의 지방 이주 추진, 기업의 지방 거점 강화, 지방대학 역량 강화를 내놓았다. 지방 이주와 관련한 KPI는 연간 이주 알선 1만1000건, 5년간 이주 희망자의 거주 실험에 나서는 시·정·촌 수(14년 23%)의 2배 증가, 도시와 농산어촌 교류 인구 1300만명(13년 925만명) 증대다. 더불어 도시권 주민이 건강할 때 지방으로 이주해 노후를 보내는 일본판 은퇴자주거복합단지 정책도 선보였다. 기업의 지방 거점 강화 KPI는 기업 본사 기능의 일부 이전 등 5년간 7500건 증가, 기업의 지방 거점에서의 고용자 수 4만명 증가다. 지방대 강화와 관련해선 지방 현 소재지 대학 졸업자의 역내 평균 취업률 80% 향상(12년 71.9%), 지역기업 등과의 공동연구 7800건으로 증대(13년 5762건)가 눈에 띈다.

세 번째 목표는 젊은 세대의 결혼·출산·양육 희망 실현이다. 관련 KPI는 20년까지 젊은이(20~34세)의 취업률 78% 향상(13년 75.4%), 임산부에 대한 지원 비율 100% 실현, 첫째 아이 출산 전후 여성 계속 취업률 55% 향상(10년 38%), 17년까지 보육원 대기 아동 해소(14년 4월 2만1371명) 등이다. 네 번째 목표는 지역 간 연계다. 인구 감소로 과소지가 된 지자체내 기반시설 압축(compact)과 지자체간 연대가 제시됐다. 구체적으론 압축 도시를 위한 입지(立地)적정화계획 작성 시·정·촌 수 목표를 150곳으로, 지방 중추 도시를 중심으로 한 주변 지자체 간 연계·협력 목표를 140곳으로 잡았다.[5] 지방 창생의 주요 정책은 나중에 상술한다.

5 "まち·ひと·しごと創生総合戦略", 2014.12.27, 内閣官房まち·ひと·しごと創生本部事務局 사이트

마을·사람·일 창생본부는 19년 12월 제 2기 종합전략을 마련했다. 2기 전략은 1기 평가를 통해 15~18년에 걸쳐 전체 취업자 수 263만명 증가, 농업소득 연 평균 9% 성장, 외국인 숙박자수 연평균 14.8% 성장이 이뤄졌다고 밝혔다. 18년 기준 지방의 15~34세 젊은이 취업률은 64.9%, 방일 외국인 여행자수는 3119만명, 농림수산물·식품수출액은 9068억엔으로 집계됐다. 도쿄권과 지방과의 전출입 균형에 대해선 2020년을 목표로 삼았지만, 18년 현재 13만6000명의 도쿄권 전입 초과로 집계됐다. 일본이나 우리나라나 사람의 지방 역류는 난제 중의 난제임이 입증됐다. 2기 종합전략은 도쿄 일극 집중 해소를 위한 대책 강화에 무게를 실었다. 기존의 도시민 지방 이주·정착 촉진 외에 지방 이주보다는 못하지만 단순 교류보다는 끈적끈적한 제3의 인구인 관계(關係)인구 창출·확대 등을 담았다. 도쿄권과 지방의 전출입 균형 달성 시점은 2024년으로 잡았다.[6]

일본의 지방창생은 아직 갈 길이 멀다는 지적이 적잖다. 마스다 전 총무상은 아베 내각이 2기 종합전략을 짜던 19년 3월 언론 인터뷰에서 "지자체 간 대응에 온도차가 있다"며 "(2기에서는) 유엔의 지속가능한 개발목표(SDGs)와 관련한 대응과 외국인과의 공생을 어떻게 진척시키느냐가 중요하다"고 말했다.[7] 니혼게이자이신문은 그해 7월 지방창생 5년 평가에서 "도쿄 집중이 가속화하고 있는 이상 5년간 대응에 합격점을 주기는 어렵다"면서도 "과소화가 진행 중인 소규모 시·정·촌에 도시민의 전원(田園) 회귀 현상이 일어난 것은 지방창생의 하나의 성과"라고 평가했다.[8]

6 "第2期「まち·ひと·しごと創生総合戦略」", 2019.12.20., 内閣官房まち·ひと·しごと創生本部事務局 사이트

7 "地方自治体はシェア経済で活性化を", 日本経済新聞電子版, 2019.3.19

8 "東京一極集中是正に壁", 日本経済新聞, 2019.7.8

지방창생의 전도사 이시바 초대 장관

이시바 시게루(石破茂) 초대 지방창생 담당상은 집권 자민당의 유력 정치인이다. 2012년 9월 자민당 총재 경선 1차 투표에서 후보 5명 중 1위를 차지했지만 국회의원만 참가하는 결선 투표에서 아베 신조 총리에 19표 차로 져 총리 자리를 내줬다. 바로 이어 출범한 아베 2차 내각에서 자민당 간사장과 초대 지방창생 담당상을 맡았다. 아베로선 정적을 요직에 기용한 셈이다. 이시바는 18년 9월 총재 경선에서 다시 1강 체제의 아베와 1대 1 대결에서 패한 데 이어 20년 9월 아베의 총리 사임에 따른 총재 경선에선 스가 요시히데(菅義偉) 당시 관방장관, 기시다 후미오(岸田文雄) 전 정조회장에 이어 3위를 차지했다. 이에 대한 책임을 지고 파벌 스이게츠카이(水月会) 회장도 사임했다. 하지만 이시바 대망론의 불씨는 완전히 꺼지지 않았다. 니혼게이자이신문의 21년 4월 '차기 총리에 적합한 인물' 여론조사 결과, 고노 다로(河野太郎) 규제개혁 담당상(24%)에 이어 2위(16%)를 차지했다.[9] 다른 언론사 여론조사도 유사하다.

1957년생인 이시바는 돗토리(鳥取)현·게이오대 법학부 출신의 2세 정치인이다. 방위청 부(副)장관과 두 차례 방위상(방위청장관)을 지낸 대표적 방위통이다. 농림수산상도 지내 농정에도 밝다. 당에선 간사장 외에 정무조사회장을 역임했다. 인터뷰는 2015년 8월 20일 오전 도쿄 가스미가세키 지방창생 장관 집무실에서 진행됐다. 답변은 자민당 굴지의 정책통이자 지방창생 전도사다웠다. 열정적이고 막힘이 없었다. 인터뷰 녹음을 바탕으로 15년 9월 7일자 중앙일보에 실린 내용에 가필해 초기 지방창생에 대한 일본 정부의 인식과 전략을 소개한다.[10] 지방창생에 대한 이시바의

---

9 "次の首相にふさわしい人　河野氏トップ、24%", 日本経済新聞, 2021.4.26

10 "일본은 저출산·고령화 선진국 … 한국과 경험 나누고 싶다", 오영환, 중앙일보, 2015.9.7

생각은 그의 2017년 저서 『일본열도창생론-지방은 국가의 희망이다』(신초샤)에 잘 나와 있다.

이시바 시게루 지방창생 담당상.

- 마을·사람·일 창생본부라는 조직과 지방창생상이 신설된 배경은.

"지방의 인구는 계속 줄고, 고령자수는 늘어난다. 지방의 인구 감소를 막고, 도쿄 일극 집중을 바꾸는 일은 지난해나 올해 시작한 것이 아니다. 약 30년 전부터 지방은 점점 피폐해지고, 도쿄는 번영해 어떻게든 하지 않으면 안 되었다. 올해 58세지만 고교 시절 다나카 가쿠에이(田中角栄) 총리가 일본열도개조라는 구상을 냈다. 내가 은행에 근무했던 1980년께는 오히라 마사요시(大平正芳) 총리가 전원도시(田園都市) 구상을 내걸었다. 내가 국회의원에 처음 당선됐던 1986년 무렵에는 다케시타 노보루(竹下登) 총리가 고향 창생이라는 구상을 발표했다. 역대 자민당 내각은 지방을 활기차게 만드는 정책을 호소해왔다.

지금 아베 내각이 하려는 것은 과거 정책과는 완전히 다르다. 일본열도 개조, 전원 구상, 고향 창생은 일본의 인구가 증가하던 시대의 구상이었다. 동시에 일본 경제가 성장할 때였다. 그러나 지금 일본은 인구가 엄청나게 감소하는 문제에 직면해 있다. 일본 인구는 1억2700만명이지만 앞으로 (현재의 합계출산율대로) 200년 지나면 1400만명이 된다, 300년이 지나면 400만명이 되고, 서력(西曆) 2900년이 되면 일본인은 4000명이 된다. 서력 3000년이 되면 일본인은 1000명이 되고 만다. 단순히 계산하면 그렇게 된다. 인구가 무서운 기세로 줄기 시작하고, 도쿄는 앞으로 인류가 경험하지 못한 속도와 규모로 고령화가 시작한다. 지금까지 전혀 없었던 상황이 된다. 지금처럼 지방에 도로·철도·댐을 만드는 공공사업이나 기업 유치를 통해 지역을 활기차게 하려는 사고는 통하지 않는다고 생각한다.

그와 다른 대응을 하자는 것이 이번 정책(지방창생)의 포인트다. 일본에는 47개 도도부현(都道府県·광역단체), 1718개 시정촌(市町村·기초단체)이 있다. 전체 도도부현과 시정촌에 대해 어떻게 할 것인지 계획(지방판 지방창생 종합전략)을 만들어 달라고 부탁하고 있다. 개인적으론 앞으로 5년이 승부라고 생각한다. 중앙 정부는 훌륭한 아이디어를 내는 지자체는 지원한다. 어디까지나 지방이 주역이고, 중앙정부는 백업(Back-up)을 하는 것이다."

- 도쿄 일극 해소에 주안점을 두고 있다.

"서울도 그럴지 모르지만 도쿄는 식량을 만들지 못한다. 재생 가능한 에너지를 만드는 것도 거의 불가능하다. 출산율은 전국에서 단연 최저이다. 소비하는 도시이지 생산하는 도시가 아니다. 도쿄만 남으면 되지 않느냐, 지방은 어떻게 돼도 상관없다는 생각을 국가가 해서는 안 된다. 도쿄는 2020년 올림픽 개최로 기쁘지만 실은 그 그늘에서 급속하게 고령화가 진전해가고 있고, 내일 도쿄에서 대지진이 일어난다고 해도 조금도 이상하지 않다. 고령화·대지진 대책이나 저출산 대책 등 도쿄가 해야 할 일이 매우 많다. 도쿄의 부담을 줄여나가는 것도 중요하다고 생각한다. 지금까지 지방은 공공사업과 기업 유치로 유지돼왔다. 그러나 앞으로는 잠재력을 최대한 발휘하지 못했던 농업, 어업, 임업, 해외 관광객 유치 등 서비스업을 비롯해 지방이 갖고 있는 힘을 최대한 끌어내는 것이 중요하다고 생각한다."

- 인구 감소 대책과 지방 살리기를 연계하는 구상은 지금까지는 없었다.

"출산율은 지역에 따라 매우 차이가 크다. 가장 높은 곳이 오키나와(沖繩)현이다. 가장 낮은 곳이 도쿄다. 주로 규슈(九州), 오키나와가 높다. 출산율이 낮은 이유는 '20~30대가 높은 소득을 얻을 수 없고, 아이를 갖고 가정을 유지하는데 필요한 돈을 버는 것이 불가능하기 때문이 아닌가' 하고 지적되지만, 실은 오키나와의 현민 소득이 낮고, 도쿄가 가장 높다. 다른 이유가 있다고 생각한다. 도쿄는 소득은 높지만 집은 좁고 출근이 1시간 이상 걸리고, 물가도 높다. 이런 데서는 좀처럼 어린이가 태어나지 않는다. 지방의 경우 집은 넓고, 통근 시간이 20분가량이다. 시간이 넉넉하고 물가도 싸다. 지방에 안정적인 직업이 있으면 젊은이들은 당연히 그곳으로 간다고 생각한다. 지금 정보통신기술(ICT)은 지방에 가도 간단히 얻을 수 있다. 지방에 가더라도 도쿄와 화상회의는 간단히 할 수 있게 됐다. 도쿄에 불도저를 만드는 고마츠라는 회사가 있는데 발상지인 이시카와(石川)현 고마츠(小松)시로 본사 기능을 많이 옮겼다. 고마츠시의 여성 정사원 결혼율과 어린이 수는 도쿄 본사보다 엄청나게 높고 많았다."

- 인구 문제와 지방 살리기는 장기적인 실행이 필요하기 때문에 치적(legacy)을 앞세우는 정치인이 주도하면 효과가 나기 어렵지 않은가.

"한국 정부도 이 문제에 대해 줄곧 대응해왔다. 한국의 대통령은 5년이고, 대통령이 바뀌면 정책도 바뀌는 문제가 있다고 생각하지만, 일본도 다나카 내각의 열도개조론에 대해 후임 미키 다케오(三木武夫) 내각은 전혀 움직이지 않았다. 오히려 내각의 전원도시 구상도 후임 스즈키 젠

코(鈴木善幸) 내각이 거의 계승하지 않았다. 이번 정책은 결과가 나오는 데 20~30년이 걸린다. 현 내각에서 방향성을 확실히 정해 누가 총리가 돼도 정책이 바뀌지 않는 흐름을 만드는 것이 중요하다."

- 도쿄의 본사 기능을 지방으로 옮긴 기업에 대한 세제(稅制) 우대 법안이 의회에서 통과됐다.

"법안은 통과됐지만 아직 사례가 많지는 않다. 게이단렌(經團連·한국의 전경련)에 정말로 도쿄가 아니면 안 되느냐고 부탁하고 있다. 예컨대 기획이나 연구·인사 (부서) 등은 도쿄에 없어도 좋지 않겠느냐고. 중앙 정부도 한국이 한 것처럼 다케시타 내각 때 지방으로 기능을 이전했다. 그런데 거의 전부가 요코하마(橫濱)나 사이타마현(琦玉)현 등 가까운 곳이었다. 이번에는 정말로 지방으로 이전하려고 생각한다. 국민이 프로세스를 지켜보는 형태로 여러 기능을 지방으로 옮겨가고, 지방에 안정적인 고용과 소득을 만드는 것이 중요하다."

- 도시민의 지방 이주 지원책은.

"도쿄에 살고 있는 50대 남성의 50%가 지방에 가고 싶어 한다. 희망이 있는 셈이다. 그러나 지방에 가도 일할 곳이 있을까, 생활은 불편하지 않을까, 교통은 괜찮을까 등 여러 불안이 있다. 이를 어떻게 해소할 것이냐가 과제다. 일본은 한국보다 정년이 늦다. 정년이 60세 또는 65세이다. 건강할 때 자기가 태어난 곳으로 돌아가는 정책을 추진하고 있다. 예컨대 도쿄의 은행이나 상사, 제조업에 근무한 사람은 능력을 갖고 있다. 회사가 필요하지 않다고 해도 지방에 가면 잘 돌아왔다고 하는 곳이 반드시 있다. 고령자만이 아니라 젊은 사람도 같이 사는 커뮤니티를 만들고 싶다. 미국의 은퇴자주거복합단지(CCRC)를 만들려 하고 있다. 미국은 고령자, 부자가 대상이지만 일본은 보다 젊은 고령자나 연금 생활자가 살 수 있는 CCRC 정책을 만들려고 한다. 지방 이주와 관련해선 지금 20,

30대가 지방에서 생활하려는 움직임이 시작되고 있다. 일본은 농업, 어업, 임업, 관광업의 잠재력을 다 살리지 않고 있다. 여기에 젊은 사람들이 들어올 여지는 많이 있다."

- 지방 창생과 지방 분권과의 관계는.

"물론 지방 분권은 중요하다. 나는 지방 분권도 담당하고 있고, 중앙의 여러 권한을 지방에 건네주는 정책은 계속 추진하고 있다. 예컨대 넓은 농지를 택지 등으로 전용하는 데는 지금까지 농림수산상의 허가가 필요했지만 법률을 개정해서 도도부현 지사가 할 수 있도록 했다. 지방 창생과 분권을 양립할 수 있도록 한다는 것이 하나의 방침이다. 지방은 (창생 정책과 관련해) 하고 싶은 계획을 만들고, 중앙은 지방에 빅데이터를 제공하고 중앙의 인재를 파견하거나 재정지원을 한다. 중앙이 하는 것은 정보와 인재, 자금의 지원일 뿐 어디까지나 주역은 지방이다. 중앙이 위이고, 지방이 아래가 아니다. 일본은 지방자치의 힘이 강하다. 지방 강연을 가면 여러분이 생각하지 않으면 이 나라는 좋아지지 않는다고 얘기한다."

- 일본의 어린이 인구 감소와 고령화, 지방의 위기는 한국과 큰 차이가 없다. 양국의 공동 대응이나 협력에 대한 생각은.

"일본은 과제(課題) 선진국이다. 여러 문제를 아시아의 여러 국가보다 먼저 경험했다. 일본에서 지금 일어나고 있는 것이 곧 한국에서 일어나고, 태국에서 일어날 일이다. 중국에 일어날지도 모른다. 일본이 성공하는 것도 있고, 실패하는 것도 있을 것으로 본다. '이렇게 해서 성공했다' '이렇게 해서 잘 되지 않았다' 하는 것을 한국이 함께 하자고 한다면 여러 경험을 한국과 공유하고사 한다. 인구 감소, 수도권 인구 집중, 고령자 부담 문제는 일본도 한국도 과제를 안고 있다. 가능하면 공동으로 연구해서 서로 가르쳐주고 배울 수 있는 관계가 되면 좋다고 생각한다."

이시바 전 지방창생 담당상과는 2020년 7월 다시 짤막한 서면 인터뷰를 가졌다. 그해 9월 자민당 총재 선거를 앞두고 월간 문예춘추에 포스트 코로나 청사진으로 '지역 분산·내수 주도형' 국가상을 제시하면서다. 사실상의 집권 구상이었다. 그에게 세 가지를 물어봤다.[11]

- 지역 분산·내수 주도형의 비전은.

"코로나19 사태 경험을 통해 과밀한 도시부의 위험성은 한층 더 높아졌다. 이미 나타났던 문제가 심각화·가속화하고 있다. 지방 산업에 AI와 빅데이터, 로봇의 최첨단 기술을 도입해 지방에서부터 풍요로운 일본을 창생하고자 한다. 지방에서 다양한 가치관을 실현해 많은 국민이 다양성을 바탕으로 행복해지는 환경을 만들겠다. 중앙과 대규모 물류에 과도하게 의존하지 않고, 에너지·식량을 생산해 낼 수 있는 지방을 중심으로 지산지소(地産地消·지역 생산물의 지역 소비)를 발전시키겠다. 이를 통해 내수를 확대하고 생산성을 높여 소득을 대폭 늘리고자 한다."

- 지방창생전략 1기의 성과를 든다면.

"초대 지방창생 담당상을 맡아 전국의 1718개 시정촌 각자가 지역의 장래를 진지하게 고려하는 토대를 만든 것이 아닌가 생각한다. 중앙에 의한 획일적 정책이 아니라 각자의 실정에 바탕을 둔 효과적인 정책은 지방에서만 입안할 수 있다. 이를 위해 중앙 정부는 인재·자금·정보 면에서 지원해왔다. 5년이 지나 사회적 인구 증가까지 이룬 시·정·촌이 있고, 지속 가능한 대응이 '점(點)에서 밀(密)이 됐다'고 할 수 있다."

- 2기의 최우선 과제는.

"대응이 점에서 밀이 됐다고는 하지만 아직 면(面)까지는 아니다. 앞으로 지방의 독자적 대응 속도를 높이는 것만이 아니라 도쿄 일극 집중 타파에 힘을 쏟아야 한다. 보다 강력한 정책 수단을 강구해 지방으로 사

11 "이시바의 지방 혁명론", 오영환, 중앙일보, 2020.7.7

람의 흐름을 가속화할 필요가 있다."

가토 초대 1억총활약상 인터뷰

아베 일본 총리는 14년 9월 지방창생 담당상 자리를 만든 데 이어 15년 10월에는 1억총활약 담당상 직을 신설했다. 업무는 "누구라도 활약할 수 있는 '1억총활약' 사회를 만들어내기 위한 정책을 종합적으로 추진하기 위한 기획 입안과 행정 각부의 소관 사무 조정 담당"으로 돼 있다. 저출산·고령화, 지방 소멸의 터널 속에서 장래 1억명의 인구를 확보하고, 평생 현역사회의 밝은 미래를 지향하려는 역발상이 돋보인다. 일본은 1994년 이래 어린이 양육지원을 위한 종합계획(Angel Plan)을 비롯한 대책을 펴고, 2000년대 저출산(少子化)담당 정무장관직까지 만들었지만 인구 절벽을 막지 못했다. 초대 1억총활약 담당상은 저출산 담당도 겸임하면서 2단계 아베노믹스인 강한 경제, 양육지원을 통한 출산율 1.8 달성, 고령자 요양을 위한 이직(離職) 제로의 사회보장도 책임지는 것으로 업무가 조정됐다. 장관에는 아베의 최측근인 가토 가쓰노부(加藤勝信) 관방부장관이 임명됐다. 대장성 관료 출신인 가토는 이후 후생노동상과 자민당 총무회장을 지냈으며 스가 요시히데 내각에서 관방장관을 맡았다. 아베는 21년 한 월간지와의 인터뷰에서 가토를 포스트 스가 후보 4명 중 1명으로 거명했다.[12] 가토 초대 1억총활약상과의 인터뷰는 15년 12월 25일 오후 도쿄 장관 집무실에서 이뤄졌고(일본은 성탄절이 휴일이 아님), 녹음을 바탕으로 16년 1월 20일자 보도 내용에 가필했다.[13]

---

12 "安倍前首相「ポスト菅」列挙　茂木·加藤·下村·岸田の4氏", 日本経済新聞, 2021.5.26

13 "인구 1억명 사수 마지노선은 출산율 1.8", 오영환, 중앙일보, 2016.1.20

가토 가쓰노부 1억총활약 담당상.

- '1억 총활약'은 아베 내각의 캐치프레이즈가 됐다. 어떤 뜻이 담겨 있는가.

"1억에는 두 가지 의미가 있다. 일본 인구가 약 1억2700만명인 만큼 일본인 전원이라는 뜻과 남녀노소, 실패한 사람 등 개개인 누구나 꿈과 희망을 갖고 앞을 향해 나아가는 사회를 만들겠다는 뜻이 들어 있다. 그렇게 해서 장래에도 1억명의 인구를 유지한다는 의미도 담겨 있다. 지난 3년간 1단계 아베노믹스로 기업 경상이익은 과거 최대이고, 고용이 좋아져 일손 부족 현상까지 생겨나고 있다. 그러나 저출산 고령화라는 구조적인 과제에 대응하지 않으면 다음 시대를 열 수 없다고 하는 문제의식에서 1억 총활약 정책이 나오게 됐다. 성장과 분배의 큰 엔진을 돌려나가 출산율이 올라간다면 금세기 중반 정도에는 인구 1억명 정도는 확보하지 않을까 생각하고 있다. 요컨대 새로운 경제·사회시스템을 만들어나가려는 야심찬 대응이라고 할 수 있다."

- 저출산 문제와 관련해 출산율을 1.8로 내건 이유는.

"일본은 1989년의 출생률 '1.57 쇼크' 이후 저출산 대책이 시작됐다. 그러나 2005년에는 사상 최저인 1.26을 기록했고 4~5년 전부터 바뀌어 현재 1.4대로 높아진 상황이다. 저출산은 결혼을 안 하거나 늦게 하는 것이 하나의 이유이다. 다른 하나는 결혼한 부부의 아이 수가 10% 정도 줄어든 것과 관계가 있다. 하지만 '결혼하고 싶은가'라고 물으면 80~90%의 사람들이 '그렇다'고 답하고 있다. 원하는 아이 수도 두 명 이상이라는 뜻을 보이고 있다. 이런 희망에 따른 출산율이 어느 정도인가 하면 1.8이다. 다시 말해 1.8은 희망 출산율이다."

- 출산율이 현재의 1.4대에서 1.8까지 올라가면 인구 1억명이 유지되는가.

"현재 인구를 유지하려면 출산율(인구 치환 출산율)이 2.07을 넘지 않으면 안 된다. 적어도 출산율이 1.8까지 올라간다면 1억명 정도로 안정될 것으로 본다."

- 일본에서 저출산이 가져온 문제점은.

"미시·거시적으로 여러 문제가 있다. 지방에서의 인구 감소 현상이 두드러져 지방에서 미래를 그려나가기가 힘들어지고 있다. 지역 사회를 짊어지는 젊은이의 수가 줄고 있기 때문이다. 총체적으로는 사회 보장 문제다. 현재 연금 보험료 납입자와 연금 수급자의 균형 문제로, 뒷받침하는 사람이 줄고 받는 사람이 늘어나고 있다. 납입자의 부담 증가 문제가 있다. 고령화가 진행돼 일시적으로는 실버(Silver) 시장이 있을지도 모른다. 그러나 (인구 감소로) 시장의 규모가 축소되고 일할 수 있는 사람이 적어지면서 잠재적 경제성장률이 저하하는 문제가 있다. 가정에서는 점점 1인 세대가 늘어나고 있다. 전체적으로 개인, 지역, 기업, 국가 전체에서 많은 영향이 나타나고 있다. 이런 것이 계속된다면 더 심각한 상황이 될지도 모른다고 인식하고 있다."

- 앞으로 역점을 기울이려는 저출산 대책은.

"역시 결혼하려는 사람들의 희망을 실현하는 것이다. 결혼할 때에는 경제적 기반이 어느 정도 갖춰지지 않으면 안 되는 만큼 젊은이들의 고용 안정과 소득 수준 향상 정책을 취해야 한다고 보고 있다. 다른 하나는 이성과의 만남의 장이 없다. 예전에는 맞선을 봐서 결혼하는 경우가 꽤 많았는데 지금은 그렇지 않다. 지방은 더 어렵다. 이런 문제까지 공공기관이 나서는데 대해선 말이 나올 수 있지만, 각 지역 상공회의소와 여러 조직이 만남의 장을 만들거나 정책을 펴고 있다. 여기에 결혼을 늦게 해 임신하기 어려운 상황도 있는 만큼 불임 치료에 대한 지원도 해나갈 것이다. 보육원 문제도 있다. 일본의 경우 보육원에 들어가기 위해 대기하는 아동 문제가 아직 해결되지 않았다. 더 많은 보육원을 확보해 아이를 맡기면서 일을 할 수 있는 환경을 만들어 나갈 것이다. 일본은 대학까지 부모가 보살펴 주기 때문에 교육비 부담 경감도 도모하고 있다."

- 특히 보육원 증설에 힘을 많이 쏟고 있는 것 같다.

"2013년부터 5년간 새로 40만명이 이용할 수 있도록 노력하고 있다. 일하는 여성이 늘면서 보육원에 맡기려는 아동 수도 늘어나 2014년 10만명을 추가했다. 그 중 5만명을 기업 내 보육원으로 대응하기로 했다. 기업에 (저출산 대책비로 내는) 돈을 조금 더 내게 하고 고용보험료를 낮춰 기업 내 보육원을 충실히 하자는 것이다."

- 한 해 저출산 대책 예산이 어느 정도인지 궁금하다.

"2015 회계연도(2015년 4월~2016년 3월)에 약 3조7665억엔(약 38조9000억원)을 저출산 대책에 투입했다. 이 안에는 아동수당 같은 것들이 포함돼 있다. 출산율 1.8 실현을 위한 예산은 추가 경정예산과 2016년도 예산에 상당히 확보돼 있다."

- 일본이 일찍부터 저출산 대책에 힘써왔지만 2011년 각각 2.01과 1.90의 출산율을 보인 프랑스나 스웨덴처럼 되지 않는 이유는.

"문화나 전통의 차이가 있어 일면적으로 비교하기는 어렵다. 하지만 자주 언급되고 있는 것은 자금의 부족이다. 일본은 (보육 등) 가족관계 지출이 국내총생산(GDP)에서 차지하는 비율이 약 1.35%다. 2010년쯤 통계지만 프랑스와 스웨덴은 각각 3.2%와 3.75%다. 고령자에게는 지출이 많고, 젊은이에게는 적은 것이 아닌가하는 얘기가 자주 지적되고 있다. 저출산 정책을 더 펴야한다는 생각을 하고 있다."

- 기업을 비롯한 민간은 어떻게 저출산 문제에 대응하고 있는가.

"민간의 대응도 여러 가지로 요구되고 있다. 이번에 만든 '긴급히 실시해야할 대책'에도 민간의 대응 부분이 들어 있다. 기업은 샐러리맨을 고용하고 있는 만큼 여성과 남성의 육아 휴가를 촉진해야 한다. 일본에서는 장시간 노동도 큰 문제가 되고 있는 만큼 시정해 나가야 한다고 본다. 일과 생활의 조화(Work-Life Balance)가 이뤄질 수 있도록 해주는 것이 필요하다."

- 이민 정책에 대한 일본 정부 입장은

"일본에 와서 쭉 살면서 생활의 장소로 삼는 의미에서의 이민 정책은 취할 생각이 없다. 다만 각국이 경쟁을 펼치고 있지만 다양한 고급 인재가 오길 바라고 있다. 2020년의 도쿄올림픽 등을 맞아 건축 현장의 일손 부족에 대해서는 긴급 대책을 취하고 있다. 일시적으로 일하고 일정기간이 지나면 다시 각자의 모국으로 돌아가는 것을 염두에 두고 있다."

- 한국의 출산율은 세계에서 가장 낮은 수준인데.

"동아시아는 현재 발전의 중심이다. 지금부터 50년, 100년 더 발전해 나가는데 있어서 저출산이 마이너스 요소임에 틀림없다. 중국도 한 자녀 제도를 포기했다. 어느 정도의 희망을 갖는 것이 국가, 지역의 발전에서 매우 중요하다. 그런 만큼 저출산 대책에서 잘 되거나 그렇지 않거나 서로 (정보를) 교환해야 한다고 생각한다. 저출산 정책이 유효하더라도 지속성이 없으면 효율이 낮아지기 때문에 정치의 힘으로 컨센서스를 유지해 나가야 한다고 본다."

재정파탄 유바리시의 미션 임파서블

일본 홋카이도(北海道) 중부 유바리(夕張)시는 일본에서 유일하게 재정이 파탄 난 지방자치단체다. 2006년에 평균 연간 재정의 8년 치인 353억엔(약 3569억원)의 적자를 기록해 중앙정부에 파산 신청을 했고, 이듬해 재정재건단체(현 재정재생단체)로 지정됐다. 유바리시는 한때 일본 굴지의 탄광·관광 도시로 인구가 10만명을 웃돌았지만 지금은 8000여명에 불과하다. 말이 지자체이지 시는 독자적 재량권도 없다. 예산 편성도, 사업도 전부 중앙정부의 동의를 얻어야 한다. 중앙정부와 함께 책정한 재정 적자 해소 시기는 2027년 3월이다. 20년에 걸친 전례 없는 변제 계획이다. 17년 3월 4일 현재 채무 잔고는 238억엔이고, 시는 시간당 24만8000엔씩 갚아 나가고 있다. 유바리시는 왜 파탄했을까. 앞으로 재생할 수 있을 것인가. 17년 2월 17일 일본 포린프레스센터 협조로 스즈키 나오미치(鈴木直道) 시장을 만났다. 사이타마(埼玉)현 출신인 그는 30세이던 2011년 4월 전국 최연소 시장에 당선됐다. 1999년 고교 졸업 후 도쿄도청에 들어가 대학 교육을 마친 뒤 2008년 유바리시에 파견 근무를 하면서 인연을 맺었다. 스즈키 시장은 2019년 홋카이도 지사 선거에 무소속으로 출마해 당선됐다. 당시 38세로, 전국 47개 도도부현 지사 가운데 최연소였다.

스즈키 나오미치 유바리시장.

- 유바리시의 재정은 왜 파탄났나.

유바리는 석탄 도시로 번성했다. 1960년에는 인구가 11만6000명으로 홋카이도에서 7번째나 됐다. 그러다가 에너지 정책이 값싼 해외 석탄 수입과 석유 쪽으로 바뀌면서 24곳이던 탄광이 90년을 끝으로 완전히 문을 닫았다. 나중에 탄광회사가 가진 주택·병원·상하수도·발전시설 등 여러 인프라를 시가 인수하는 데만 584억엔이나 들었다."

- 탄광 폐쇄 후 시의 자구책은 없었나.

"정책을 '탄광에서 관광으로' 바꿨다. 80년대는 유원지를 포함해 어뮤즈먼트 파크도 개발해 연간 수십만명이 방문하는 효과가 있었다. 90년에는 정책 전환이 훌륭하다고 해서 당시 자치상(현 총무상)으로부터 표창도 받았다. 다른 지자체한테 유바리를 배우라고 한 것이었다. 하지만 잘된 것은 일시적이었고, 관광 정책도 어려워졌다. 그렇다고 탄광 실직자를 받아줄 수 있는 관광에 대한 적극적인 투자를 그만둘 수도 없었다. 여기에 시에서 민간의 분식회계 같은 것이 있었다. 몇 년간 적자를 흑자로 처리하면서 적자액이 한 해 표준 재정규모(당시 44억엔)의 약 여덟 배가 됐다. 자주적으로 재건할 수 없는 수준이었다."

- 당시 거품경제 붕괴로 유바리시 외에도 재정이 좋지 않은 지자체가 있었을 텐데.

"유바리는 차입금 규모가 너무 컸다. 유바리 다음으로 적자액이 큰 지자체라고 해봐야 재정 규모의 1.3배 수준이었다. 유바리 시는 세수가 약 8억엔인데 매년 26억엔을 갚아가고 있다. 유바리의 변제 기간은 전례 없이 장기간이지만 단기간이기도 하다. 통상 80년이 걸리는 규모를 20년만에 하는 것이다. '미션 임파서블(mission impossible)'이었다."

- 시는 재정 재건을 위해 어떤 조치를 취했나.

"399명이던 시 직원을 100명으로 줄였다. 파탄 당시 직원 급여를 연간 기준으로 40% 삭감했다. 시 의회 의원도 18명에서 9명으로 줄였다. 시장 급여도 70% 삭감했다(17년 2월 현재 25만9000엔). 이렇게 해도 안 돼 각종 단체에 대한 보조금을 모두 폐지했다. 영화제 개최에도 1억엔이 들었지만 지원을 없앴고, 도서관·시민회관도 문을 닫았다. 초등학교 6개를 1개로, 중학교 3개를 1개로 통폐합했고, 종합병원도 진료소로 낮춰 민간에 이관했다. 이런 식으로 미션 임파서블이었던 변제를 하기 시작했다.”

- 변제는 계획대로 이뤄지고 있지만 여러 문제가 나타나고 있다고 하는데.

“유바리는 일본 역사상 어디에서도 해 본 적이 없는 행정개혁과 긴축재정을 했다. 당연하지만 인구가 파탄 전에 비해 30% 줄었다(2006년 1만3045명→2016년 8851명). 유바리가 (행정)서비스를 낮추니 주민들이 다른 지자체로 옮겨갔다. 변제에는 우등생이지만 지금까지는 지역 재생에 돈을 투자할 수 없었다. 그렇게 되면 마이너스 사이클이 된다. 시의 체력이 떨어지면 서비스도 나빠게 되고 결국 사람이 떠나가 돈을 갚을 수 없다. 돈도 갚고 지역도 재생하는 것, 다시 말해 엑셀레이터와 브레이크를 동시에 밟지 않으면 안 된다고 중앙정부에 얘기를 해서 3월에 검토가 이뤄진다. 향후 10년 계획을 만들어 중앙정부에 제시해 같이 해보자고 한 단계다.”

- 중앙 정부의 특별교부금 지원으로 향후 10년간 100억엔의 규모의 신사업을 할 수 있게 됐다는 보도가 있다.

“시장 취임 후 인구가 줄더라도 전부 악은 아니라고 했다. 일본 전체의 인구가 줄고 있고, 도쿄도 2020년 올림픽 이후 감소하게 된다. 유바리는 유바리에 적합한 도시를 만들지 않으면 안 된다. 컴팩트 시티(compact city·압축 도시)라고 불리는 것을 우리도 만들고 있다. 유바리의 인구가 반감해도 남은 사람이 행복하고 편리한 상황을 만드려는 것이 정책의 기둥이다. 그동안 고령화와 육아에 대한 단독 사업이 불가능했다. 시침이 10년간 멈췄기 때문에 이런 것을 움직이려고 한다."

- 유바리시가 향후 저출산·고령화 시대의 지역 재생 모델이 될 수 있겠는가.

"2013년 다보스 세계경제포럼의 '영 글로벌 리더(Young Global Leader)'로 뽑혔을 당시 그쪽에서 일본을 '과제 선진국'이라고 했나. 1000조엔을 넘는 재정난, 저출산 고령화, 동일본 대지진과 후쿠시마 원전 문제를 들었다. 과제 선진국 가운데 유바리는 과제의 선진 지역인 만큼 관심을 가지지 않으면 안 된다고 했다. 일본에서 작은 지자체인 유바리가 문제를 해결하지 못하면 큰 곳은 해결되지 않는다. 정부 채무는 1초당 81만5천엔이 늘고 있고, 유바리는 1초당 69엔을 갚고 있다. 유바리는 반드시 재생한다."

- 도쿄도와의 협력은 지속되고 있나.

"일본에서 가장 돈이 많은 도쿄도와 가장 돈이 없는 지자체가 연계하려고 한다. 도쿄도 직원이 유바리에 파견돼 있다. 도쿄도청에서 유바리 홍보 이벤트를 열고 있고, 도쿄도 운영 지하철에서 유바리 영화제 포스터를 무료로 붙이고 있기도 하다."[14]

---

14 "1년에 260억원씩 빚 갚는다 … 유바리시의 '미션 임파서블'", 오영환, 중앙일보, 2017.3.6

제8장

지방창생의 각론을 묻다

무역입국 연상시키는 관광입국

일본의 관광입국 정책은 무역입국을 연상시킨다. 자원 빈국 일본은 수입 원재료의 가공·수출로 전후 부흥과 발전을 이뤘다. 자유무역은 일본에 생명선이다. 우리와 한가지다. 관광입국은 해외 관광객(인바운드) 유치를 통한 소비 확대를 경제의 새 활력소로 삼는 전략이다. 인구감소 시대의 유효 수요를 인바운드에서 찾는 방식이라 할 수 있다. 무엇보다 소멸 위기의 지방에 해외 관광객은 귀한 몸이다. 2016년과 17년 필자의 기사를 통해 당시의 현장 분위기와 정책을 살펴보고, 관련 내용을 업데이트한다.

2016년 12월 1일 오전 도쿄 중심부 긴자(銀座) 사거리 부근의 신사화 판매점인 'Regal Shoes'. 33㎡ 안팎의 1층 가게 윈도우에 붙여진 'TAX FREE 免稅'라는 안내문을 보고 중국인 네댓 명이 들어섰다. 일행은 물건을 사지는 않았지만 면세가 되면 얼마냐고 묻기도 했다. 가게는 아예 신사화에 달린 가격표에 면세 가격과 소비세(8%, 19년 이후는 10%)를 포함한 가격을 함께 적어놓았다. 직원인 와타나베 도루씨는 "15년 8월부터 면세 판매를 시작한 이후 매출이 약 10% 가량 늘었다"고 말했다. 긴자에는 이 가게와 같은 소비세 면세점이 즐비하다. 바로 옆의 양과자 전문점 후지야(不二家)도, 길 건너편 의약품 체인점 마쓰모토키요시도 소비세 면세점이다. 이곳에서 200여m 떨어진 쇼핑몰 '니시긴자' 1, 2층에 입주한 점포 24개 가운데 절반이 넘는 14곳이 소비세 면세점이다. 단기 체류 외국인은 5000엔(5만4000여원)이상의 물건을 사서 여권만 제출하면 면세가 된다. 면세 영업은 절차가 간단하다. 사업자가 점포 관할 세무소에서 수출품 판매 허가만 받으면 된다. 소비세 면세점은 15년 1만8779곳에서 규제 완화로 16년 4월 현재 3만5202 곳으로 늘어났다. 긴자에는 16년 미쓰코시백화점과 일본롯데가 소비세·관세가 함께 면제되는 공항형 면세점을 열었다. 일본 정부는 공항 출국장 외에 입국장에도 면세점을 설치했다. 면세점 확대는 아베 신조 내각의 대표적 외국 관광객 유치 전략의 하나다.

비자 완화도 빼놓을 수 없다. 일본 정부는 16년 11월부터 최대 관광객인 중국인에 대한 비자 발급 요건을 완화했다. 비즈니스 목적의 복수비자 유효 기간을 5년에서 10년으로 늘렸고, 개인 관광비자 발급 절차를 간소화했다. 불법 체류 등 문제보다 관광객 증대에 초점을 맞춘 전략적 결정이다. 인도·러시아·베트남·필리핀에 대한 비자 완화도 실시된다. 외국 관광객의 숙박난 해결을 위해 민박 요건 완화도 주목을 끈다. 이들 관광 진흥정책은 아베 총리가 전면에 나서 추진하고 있다.

"관광은 우리나라 성장 전략의 큰 기둥 가운데 하나다. 더불어 지방창생의 결정적 수단이다. GDP 600조엔 달성을 향한 성장 엔진이기도 하다." 16년 3월 30일 일본 총리 관저에서 열린 제 2차 '내일의 일본을 뒷받침하는 관광비전 구상회의'. 이 회의체 의장인 아베 총리는 관광 산업의 위상을 이렇게 강조했다. 그러면서 비상한 결의를 내비쳤다. "'할 수 있는 것은 모두 한다'는 방침 아래 관광 선진국이라는 새로운 나라 만들기를 위해 정치가 전면에 나서 늘 선수(先手)를 두고 만반의 대책을 강구해 나가겠다." 아베는 구체적 목표도 내놓았다. 방일 외국인 관광객 수를 2020년 4000만명, 2030년 6000만명으로 늘리겠다고 말했다. 2020년 도쿄올림픽(코로나19로 2021년 개최)을 맞아 해외 관광객을 2015년(1974만명)의 두 배로 만들겠다는 야심찬 계획이다. 이날 회의는 관광객 배증(倍增)과 더불어 ^도쿄와 교토의 영빈관 개방 ^국립공원의 세계적 수준화 ^미국·유럽 등 부유층 타깃 시장 개척 ^무료 와이파이 환경과 100% 신용카드 결제 등 세부 사항이 든 비전을 결정했다.

회의체는 총리와 관저(총리실) 주도의 일본 관광 진흥 정책을 상징한다. 15년 11월 총리실에 설치된 이 회의의 멤버는 주요 각료를 망라한다. 관방장관과 관광청을 산하에 둔 국토교통상이 부의장이고, 재무상·외상·경제산업상·1억총활약상 등 각료 6명이 포함돼 있다. 여행사 사장, 여관 주인, 철도회사 사장, 교수 등 민간인 6명도 참가한다. 이 회의체는 중앙부처 간부로 구성된 실무그룹과 더불어 '역사 자원 활용 태스크포스'도 운용한다. 총리를 정점으로 사실상 전 중앙부처가 관광 유치에 나서고 있는 셈이다. 여기에 아베는 2차 내각 발족 직후인 2013년 이래 연 1~2차례 관광입국추진 각료회의도 주재하고 있다. 일본 관광청 니시우미 시게카즈(西海重和) 관광산업과장은 "이 회의에는 전 각료가 참석하는 만큼 의결 사항은 각의(국무회의) 결정과 마찬가지"라며 "관광 정책의 골격은 관저가 짜고 관광청은 관련 사무국과 업무 조정 역할을 하고 있다"고 말했다. 2003년 고이즈미 준이치로(小泉純一郎) 총리가 관광 입국을 간판으로 내걸고 관저가 전면에 나선 이래의 변화다. 그 새 국토교통성의 1개국에 불과했던 관광담당 부서는 2008년 관광청으로 승격했다.

아베의 공세적 관광 정책으로 해외 관광객은 16년 11월 2000만명을 돌파했다. 2012년 말 취임 이래 지난 4년간 두 배나 늘어났다. 15년 말 현재 외국 관광객 소비액은 3조5000억엔으로 3년간 세 배 이상이 됐다. 아베 내각은 관광 경쟁력 강화를 위해 17년 더 규제 완화에 나설 계획이다. 통역 가이드 확충을 위해 국가 자격이 없더라도 유상 가이드를 할 수 있도록 허용한다. 호텔과 전통여관이 관광지 투어 상품을 팔 수 있도록 법을 정비할 방침이다. 하늘과 바닷길 인프라 정비에도 박차를 가한다. 외국인 크루즈선에 항만을 우선 사용하도록 하고 지방 공항에 새로 취항하는 국제선 항공기의 공항 착륙료 면제도 확대하기로 했다.[1]

지자체의 움직임도 활발하다. 동해에 접해있는 일본 이시카와(石川)현 노토(能登)반도 북단의 노토초(町). 2017년 9월 현재 인구 1만7000명의 이 기초 단체는 전형적 농·어촌 복합지로 65세 이상 고령자가 절반에 육박한다. 이 곳이 체험형 관광지로 각광을 받고 있다. 47채의 농가 민박 단지인 '춘란(春蘭)의 마을(里)'이 20년에 걸쳐 조성되면서다. 하얀 벽과 검은 기와의 전통 가옥, 제철 산나물과 산천어구이 요리, 벼 베기와 버섯 채취 체험…. 전통과 자연, 생활상이 어우러진 녹색 관광(Green Tourism)의 전형이다. 이 곳엔 해마다 약 1000명의 외국인이 찾고 있다. 노토초의 미노시마 신고(蓑島眞吾) 고향관광과 계장은 "농가 민박이 관내 외국 관광객 유치에 크게 기여하고 있다"며 "외국 학생들이 수학여행을 오는 경우도 있다"고 말했다.

춘란의 마을은 인구 감소·고령화의 '한계 부락'이 주민들의 농박(農泊) 도전으로 거듭나는 현장이기도 하다. 이 마을은 "아무것도 없는 시골에 정말로 아무것도 없는가"라고 묻고 있다. 춘란의 마을은 일본 농수산성이 외국인 체험형 관광 진흥을 위해 80곳을 지정한 '디스커버(discover) 농산어촌 보물'의 하나다. 농수산성은 2020년까지 전국에 500곳의 농산어촌 명소를 지정해 홍보·시설 정비를 지원할 계획이다.

일본 중부 기후(岐阜)현 다카야미(高山)시. 에도(江戸)시대 이래의 상점가 등이 보존돼 작은 교토(京都)로 불리는 이 소도시(인구 8만9000명)는 관광

---

1 "과자·약판매점까지…긴자 한 집 건너 외국 관광객에 면세", 오영환, 중앙일보, 2016.12.29(일부 업데이트)

에 올인하고 있다. 이 시의 홈페이지는 관광 안내 사이트에 가깝다. 11개 언어로 정보를 접할 수 있다. 관광 가이드 책자도 10개 언어별로 만들었다. 주 관광루트는 옥외에서 7일간 무료로 와이파이도 쓸 수 있다. 외국인 관광객은 2006년 10만7000명에서 16년 46만1000명으로 늘어났다. 16년 외국인 방문자 수가 인구의 다섯 배를 넘는다. 에지리 히데오(江尻英夫) 해외전략부 계장은 "해외 관광객 증가는 천혜의 관광 자원을 바탕으로 해외 홍보를 지속적으로 한 결과"라고 말했다.

도쿄 북서쪽 나가노(長野)현 야마노우치마치(山ノ内町). 겨울에 원숭이가 노천탕에 들어가는 유다나카(湯田中)온천과 고원으로 유명하지만 관광객 감소로 문을 닫은 여관·점포가 적잖은 지역이다. 이곳은 15년 정부계 펀드(REVIC)와 현내 전 금융기관의 투융자로 관광진흥회사(와쿠와쿠야마노우치)가 설립되면서 다시 기지개를 켜고 있다. 회사가 주민과 더불어 관광시설을 정비하고, 비싼 온천여관 대신 호스텔·레스토랑 각 2곳을 직영하고 웹 관광 마케팅에 나서면서 외국인 관광객이 부쩍 늘어났다. 14년 2만8000명에서 16년 5만5000명을 기록했다. 이 회사 오카 요시노리(岡嘉紀) 사장은 "숙박과 식사 분리 등으로 내외국인이 확실히 늘었다"며 "관광 활성화를 위해 빈 여관·점포를 활용하고 있다"고 설명했다. 나가노현은 외국 학생의 교육 여행에도 박차를 가하고 있다. 16년 중국 68개교, 대만 59개교 등 해외 142개교 4558명이 5~7일 등 일정으로 체류하면서 관내 학교와 교류행사를 가졌다. 에자키 료타로(惠崎良太郎) 나가노현 관광부 특별고문은 "장기적 관점에서 현의 브랜드 파워를 높이고 방문 학생들이 다시 가족과 함께 찾아오는 등의 효과를 기대하고 있다"고 밝혔다.

일본 정부와 지자체, 기업이 외국 관광객의 지방 유치에 팔을 걷어붙이고 있다. 지방을 관광의 뉴프런티어로 삼아 외국인 방문을 늘리고 지방도 살리겠다는 생각이다. 이는 외국 관광객의 도시권·관광명소 편중 현상과 맞물려 있다. 17년 현재 도쿄-후지산-교토-오사카를 잇는 이른바 골든 루트가 외국인 관광의 60%를 차지하고 있다(숙박자 기준). 16년 2404만명인 외국인 관광객을 2020년까지 배로 늘리겠다는 국가적인 목표를 이루려면 지방 관광 확대가 필수적이다. 지역별 해외 관광객 불균형 해소를 위한 대책이 쏟아지는 이유다. 관광청이 홋가이도(北海道)·오키나와(沖縄)현·중부 지역 등 전국에 11개의 광역관광 주유(周遊)루트를 지정한 것도 그 일환이다. 광역 단체 내 관광지나 인접 광역 단체를 한데 묶어 외국 관광객이 더 많이 둘러보고 머물 수 있도록 하기 위해서다. 점(点)으로 된 관광지를 선(線)으로 이어 지방 관광을 활성화하는 전략이다.

일본판 관광지경영조직(DMO·Destination Management Organization) 설립도 한 맥락이다. DMO는 각 지역의 주민·행정기관·교통사업자·음식점·숙박시설이 망라돼 관광 유치 전략을 짜는 법인이다. 15년 말 이래 157개가 등록돼 있다. 유형은 규모 별로 세 가지다. 복수의 광역 단체로 된 광역 연계 DMO(7곳), 광역단체 단독이나 기초단체 연합인 지역연계 DMO(69), 기초단체 단독의 지역 DMO(81곳)다. 이중 기후현 등 9개 현 연계 DMO는 최고운영책임자(COO)로 영국인 전문가를 영입해 화제를 낳기도 했다. DMO로 등록되면 1000억엔 규모의 내각부 지방창생추진교부금에서 충당되는 보조금과 인재 육성 등의 지원을 받는다. 관광청의 나가타 쇼고(長田將吾) DMO 담당은 "DMO가 중심이 돼 지방 관광을 추진하는 것이 일선 지자체 주도보다 더 효과적이라고 보고 있다"고 말한다.[2]

2 "연 관광객 2400만 일본 '지방 관광 살려 3년 내 두 배로'", 오영환, 중앙일보, 2017.9.11

주요 지표를 21년 기준으로 업데이트해보자. 첫째는 인바운드 증가 추세다. 아베 내각이 관광입국 드라이브를 걸기 시작한 14년까지만 해도 한국의 인바운드가 일본을 앞섰다. 13년의 경우 한국 1218만명, 일본 1036명, 14년은 한국 1420만명, 일본 1341만명이었다. 15년 들어 한국 1323만명, 일본 1974만명으로 역전된 뒤 19년까지 차이가 크게 벌어졌다. 한국은 19년까지 2000만명을 넘지 못했지만, 일본은 18년, 19년 연속 3100만명을 돌파했다. 코로나19로 전 세계에 사실상의 국경 봉쇄가 이뤄진 20년과 21년 통계는 제외한다. 19년의 경우 일본 인바운드 국적 별로는 중국이 959만명으로 가장 많았고, 다음은 한국(558만), 대만(489만명) 순으로 아시아가 84%를 차지했다.[3] 19년 방일 외국인 소비액은 전년보다 6.5% 많은 4조8000억엔으로 7년 연속 과거 최고를 기록했다. 국적별로는 중국(1조7000억엔), 대만(5000억엔), 한국(4000억엔) 순이었다. 외국인 1인당 지출액

---

3 관광지식정보시스템(www.tour.go.kr) 입국관광 통계, 日本政府観光局(www.jnto.go.jp) 訪日外客数

은 15만8000엔으로 조사됐다.[4]

외국 여행객 대상 소비세 면세점은 16년 4월 3만5202곳에서 17년 10월 4만2791곳, 19년 10월 5만2222곳으로 상향 곡선을 그리고 있다. 19년 기준 면세점의 지역별 분포는 도쿄권, 오사카권, 나고야권의 3대 도시권이 61.9%를 차지했다. 일본판 DMO는 21년 3월 현재 광역단체 연계 10곳, 기초단체 연합 중심의 지역 연계 92곳, 기초단체 단독 96곳 등 모두 198곳이 등록돼 있다.[5]

일본의 관광입국 정책은 코로나 팬데믹 이후 가속화할 전망이다. 코로나 이전 지방의 유명 관광지를 떠받친 것은 인바운드였다. 해외 관광객은 경제와 생활의 일부로 정착한 곳이 수두룩하다. 인고(忍苦)의 시기, 코로나 팬데믹의 교훈이 관광지의 소프트웨어와 하드웨어에 어떻게 투영됐을지 주목거리다. 일본의 관광입국은 무엇보다 국가 정상이 전면에 나섰을 때 빛을 본다는 점을 웅변한다. 나라와 지역의 매력을 높이고 다듬는 것은 어느 한 부처의 몫이 아니다. 우리 정치권에 발상의 전환을 촉구하고 싶다.

고향 납세 2333만건에 5조원

인구 4980여명에 사육 소 3만4000두. 천혜의 광활한 고원. 일본 홋카이도(北海道) 한복판의 가미시호로초(上士幌町)는 전형적인 낙농 기초단체다. 고령화와 젊은 여성 감소로 소멸 가능성이 높은 지자체로 분류된 이곳에 새로운 금맥(金脈)이 나타났다. 2008년 닻을 올린 중앙 정부의 고향 납세(納稅)다. 누구나 거주지 외의 지자체에 기부하면 소득과 가족관계 등을 고

---

4 일본 관광청(www.mlit.go.jp/kankocho) 訪日外国人消費動向調査

5 일본 관광청 홈페이지

려해 정해진 상한선 내에서 2000엔(2만1000여원)을 뺀 전액을 소득세·주민세에서 공제하는 제도다. 지자체는 기부금을 지역 활성화에 쓰고, 특산물을 기부자에 보내준다.

가미시호로초는 이 제도로 활기를 띠고 있다. 18년 기부가 11만여 건에 20억엔을 넘어섰다. 연간 자체 세수(8억3500만엔)의 두 배를 넘는다. 시행 4년째인 2012년 969건이던 기부는 이듬해 1만건을 넘더니 10년 만에 10만건을 돌파했다. 지역 재생의 안정적 자금줄이 생겨난 셈이다. '티끌 모아 태산'이 따로 없다. 기부 유치에는 지역 특산물인 흑모 와규(和牛)가 한몫했다. 기부자가 고르는 답례품은 와규와 가공품·공예품 등 연간 100여종이다. 답례품 가격은 현재 기부금의 30% 이하다. 가공품은 해를 거듭할수록 늘고 있다. 아이스크림 공장이 신설돼 새 일자리도 생겨났다.

기부금은 주로 저출산·고령화 대책에 쓰인다. 16년부터 10년간 어린이집 무료와 외국어 교육 도입, 중학생 대상 공영학원 개설, 고령자 복지 버스 운영 등등. 18년말 말 현재 두 부분 기금 잔고는 약 17억엔이다. 덕분에 반세기 이상 계속된 인구 감소에 브레이크가 걸렸다. 16년 31명, 2017년 71명이 늘었다. 기부자는 용처를 지정할 수 있다. 분야는 의료·복지에서 농업·임업 활성화와 관광 진흥까지 제한이 없다. 기부금 내역과 용처는 이 지자체 홈페이지에 공개돼 있다. 스즈키 유타 기획재정과 고향납세 담당은 통화에서 "답례품을 통해 우리 지역을 알리게 됐고 기부금도 많이 받게 됐다"며 "답례품 증산에 따른 공장 확대와 신설로 일자리가 늘어났고, 어린이집 무료화로 주부가 공장에서 일할 시간이 생기는 선순환이 만들어졌다"고 말했다.

가미시호로초 사례는 일본의 고향 납세 제도가 뿌리를 내렸음을 방증한다. 17년 전체 기초·광역단체 1788곳이 받은 기부는 1730만건 3653억엔으로 집계됐다(총무성 현황조사). 08년 5만3000여건 81억여엔에 비하면 하늘과 땅 차이다. 4조원에 육박하는 돈이 소멸 위기에 직면한 지방으로 흘러가는 의미는 적잖다. 같은 기간 기부로 세액 공제를 받은 사람도 3만3000명에서 295만9000명으로 늘었다(기부는 복수의 지자체에 할 수 있다). 기부금은 수도권과 오사카(大阪)권, 나고야(名古屋)권의 3대 도시권 주민이 약 70%를 차지한다. 도시·지방 간 세수 격차를 메우고 지방 경제 활성화에 기여한다는 당초 목표에 다가서고 있는 셈이다. 제도의 힘이다. 총무성 간부는 "기업 유치보다 손에 빨리 쥘 수 있는 재원 확보책으로 (고향 납세 제도가) 퍼졌다"고 말했다(니혼게이자이신문).

제도 정착에는 여러 가지가 맞물려 있다. 상한액 확대, 공제 절차 간소화(고향 납세 원스톱 특례), 인지도 상승이 한몫했다. 답례품 다양화도 빼놓을 수 없다. 종류는 갈수록 늘어 19년 7월 현재 20만여 점에 이른다. 지역 특산물 외 술·가공품·여행 숙박권 등 내 고장 먹거리와 볼거리 상품이 망라돼 있다. 기부 유치를 위한 지자체 간 답례품 개발 경쟁은 치열하다. 중앙 정부의 교부금에 목매던 지자체가 시장에 눈을 뜨게 됐다. 고향 납세 제도는 재해 지역 복구에도 기여했다. 11년 3·11 동일본대지진 피해지역인 후쿠시마(福島)·미야기(宮城)·이와테(岩手) 현에 두 달 만에 400억엔이 기부됐다. 이 제도를 통한 재해 의연금이었다. 16년 구마모토(熊本) 지진 때도 기부금이 몰렸다.

문제도 없지 않다. 지자체 간 답례품 과열 경쟁이다. 아마존 선물권, 고액의 여행권, 액정 TV, 디지털카메라…. 기부금 유치를 위해 취지에 벗어난 답례품을 보낸 곳이 적잖았다. 답례품 가격이 기부금의 절반을 넘는 곳도 수두룩했다. 결국 중앙 정부는 2017년 답례품을 '기부의 30% 이하 지역 생산 물품'으로 한정하도록 통지했다. 강제력은 없었고 과열 유치는 이어졌다. 정부는 19년 6월 1일 아예 그 내용을 법제화했다. 고가의 상품권을 보낸 오사카부 이즈미사노(泉佐野)시 등 4곳을 퇴출했다.

제도로 인한 대도시권의 세수 감소에 대한 볼멘소리도 없지 않다. 도쿄도는 19년 4월 제도 탈퇴를 선언했다. 자진 이탈은 광역·기초단체 중 유일하다. "주민의 수익과 부담이라는 지방세 원칙에 훼손된다"는 이유였다. 예산이 일본 전체의 약 20%인 초광역단체의 배짱이다. 하지만 고향 납세 반대는 소수파다. 고향 납세는 지방창생의 한 축으로 자리 잡고 있다. 일본 사례는 지방 소멸 대책도 빠를수록 효과가 크다는 점을 일러준다.[6]

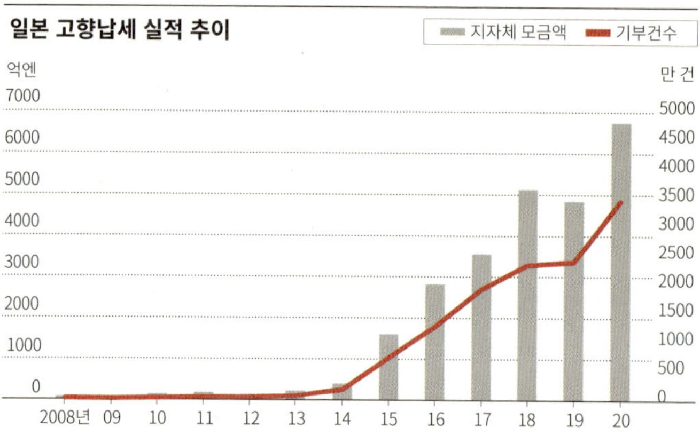

자료: 일본 총무성

고향납세 통계를 업데이트 해보자. 고향납세를 통한 기부 건수는 19년 2333만건 4875억엔으로, 18년(2322만건 5127억엔)과 엇비슷하다. 기부를 할 때 기부자가 용처를 선택할 수 있는 지자체는 1723곳 96.4%였다. 거의 전부인 셈이다. 지자체 전체의 답례품 조달 비용은 전체 기부금의 28.2%로 집계됐다. 여기에 배달·홍보·사무 비용까지 합한 전체 비용은 기부금의 46.7%였다. 향후 우리가 고향사랑 기부제를 도입했을 경우 참고할 만

6 "제도의 힘…일본 고향 기부 1730만건 4조원에 답례품 20만점", 오영환, 중앙일보, 2019.7.23

한 사안이다.[7] 답례품 개수는 고향납세 유력 포털사이트 후루사토초이스(www.furusato-tax.jp)의 경우 21년 3월 현재 35만개를 넘는다. 고향납세 관련 대형 포털사이트는 20년 기준 16곳이다.

기업판 고향납세도 한몫

일본의 빌딩 임대업체인 비루방크(빌딩뱅크)의 사코다 시게오(迫田茂雄·76) 회장은 2016년 여름 고향인 교토(京都)부 마이즈루(舞鶴)시 측의 전화를 받았다. 시의 지방창생 사업을 위해 기부를 해달라는 내용이었다. 사코다 회장은 고교 졸업 후 고향을 떠난 지 55년이나 됐다. 마이즈루시의 인구가 10만명을 밑돌아 폐교가 생겨나고 있다는 얘기를 듣고 있던 터였다. 그는 "끊을래야 끊을 수 없는 고향을 위해 무엇을 할 수 있을지 생각하던 중에 회사 차원의 기부를 하기로 결정했다"며 "나와 같은 생각을 가진 사람이 많을 것"이라고 말했다. 기부액에 대해선 수백만 엔이라며 정확한 답을 주지 않았다. 마이즈루는 2차 세계대전 후 66만명의 해외 억류 일본인이 송환된 항만도시다. 1988년 송환 자료 전시를 통해 평화 메시지를 전한다는 취지에서 마이즈루귀환기념관을 건립한 곳이기도 하다. 마이즈루시 측은 이 기념관의 리모델링과 아카이브 확충 사업을 기업의 기부금으로 충당하기로 했다. 이 시의 니시 사다유키 기획정책과 주사는 "전체 사업비는 4억엔(약 41억원)으로 16년 12월 현재 절반 가량이 모금됐다"고 말했다.

홋카이도(北海道) 중앙의 경승지인 비에이초(美瑛町)는 최근 4개 기업의 기부를 받았다. '일본에서 가장 아름다운 내 고장 만들기 추진 프로젝트'가 대상이다. 관광 자원인 지역의 구릉 경관 보전과 외국어 안내 사인 정비를 통해 관광객을 15년 169만명에서 19년 185만명으로 늘리는 사업

7 "ふるさと納税に関する現況調査結果", 総務省, 2020.8.5

이다. 이 지자체의 이시자키 도모히로 정책조정과 계장은 "기업 기부를 통한 사업비(전체 4890만엔)로 관내 경관의 매력을 높여 국내외 관광객을 늘릴 방침"이라고 말했다. 홋카이도가 발상지인 유력 가구업체 니토리홀딩스는 재정이 파탄 나 재건에 나서고 있는 유바리(夕張)시에 5억엔을 기부하기로 했다.

일본에서 기업이 지방자치단체 사업에 기부하면 세(稅) 부담이 60% 가량 경감되는 '지방창생 응원 세제'가 본궤도에 오르고 있다. 이 제도는 개인이 지자체에 기부하면 2000엔을 뺀 전액이 세액 공제되고 특산물도 받는 고향 납세제도의 기업판이다. 일본 정부는 08년 시행한 개인의 고향 납세제도가 뿌리를 내리자 16년부터 기업으로 확대했다.

지방의 활력을 되살리려는 정책의 일환이다. 지방에 민간 자금의 새로운 흐름을 만들고 지자체에 내 고장 살리기 아이디어 경쟁을 불러일으키려는 시도라고 내각 산하 지방창생추진 사무국은 밝히고 있다. 새 제도의 대상은 관광 진흥, 내 고장 정비 등으로 중앙 정부가 인정한 지자체 사업으로 한정된다. 16년 8월 마이즈루시를 비롯해 81개 기초단체의 102개 사업이 1차로 승인 받았다. 11월 25일엔 2차로 39개 기초단체의 55개 사업이 추가됐다. 1·2차 전체 사업비 규모는 687억엔으로 해당 지자체는 기업 기부금으로 충당하게 된다. 지자체로선 가뭄에 단비가 아닐 수 없다.

기업이 이들 사업에 기부하면 실제 부담금은 기부액의 약 40%다. 손금(損金)처리(약 30%)와 법인세·법인주민세·법인사업세 세액 공제(30%)로 약 60%의 감세 혜택을 받기 때문이다. 1000만엔을 기부하면 실제 부담은 약 400만엔이라는 얘기다. 대도시에 집중된 법인 세수를 지방으로 돌리려는 것인 만큼 도쿄도 23개구 등은 제도의 대상에서 제외했다. 기업의 본사가 위치한 지자체도 마찬가지다. 개인이 지자체에 기부하면 사례품을 받지만 지자체의 기업에 대한 대가 공여는 금지됐다. 기부 기업에 대한 지자체의 보조금 지급이나 입찰·인허가 우대로 인한 유착을 막기 위해서다.

현재 이 제도는 출향한 오너 기업의 창업자가 고향 사업에 기부하는 사례가 많다고 한다. 비교적 자금을 자유롭게 운용할 수 있기 때문이다. 기업의 홍보 차원에서 지자체의 국제스포츠내회 사업에 기부하는 경우도 생겨나고 있다. 오사카부 이즈미사노시는 국제 규격의 아이스스케이트장 조성을 통해 해외 관광객을 3배 늘리는 사업에 기업은 물론 개인의 기부도 활용하고 있다. 기업판 고향 납세 제도에 대해선 반발과 우려도 없지 않다. 대상에서 제외된 도쿄도의 세제(稅制)조사회는 16년 10월 "과세권 침해"라고 지적했다. 지자체간 격차도 문제다. 가타야마 요시히로(片山善博) 전 총무상은 언론에 "기업의 의사로 세금을 다른 곳으로 돌릴 수 있다. 지자체의 재정을 왜곡하는 제도"라고 말했다.[8]

기업판 고향납세는 당초 한시적으로 운용될 예정이었지만, 2기 지방창생종합 전략이 끝나는 2024년까지 연장됐다. 기업의 세액 공제도 약 60%에서 법인세 추가 공제를 통해 최대 약 90%로 늘렸다. 기업이 1000만엔을 기부하면 실제 부담은 당초 약 400만엔에서 약 100만엔으로 줄어든다. 19년 이 제도를 통한 기부는 1327건 33억8000만엔이었고, 최고 기부액은 3억3200만엔이었다. 고향납세와 기업판 고향납세에 대해선 지방(아키타 현) 출신인 스가 총리가 관방장관 때부터 큰 관심을 가졌던 사안이기도 하다.

관계 인구를 새 원동력으로

면적(763㎢)은 부산시와 맞먹지만, 2019년 기준 인구는 고작 7813명. 한때

---

8 "아베 '지방사업에 기부하세요, 법인세 60% 깎아줍니다'", 오영환, 중앙일보, 2016.12.5

일본 굴지의 탄광지에서 관광지로 변모했지만 유일하게 재정이 파탄 난 시(市). 홋카이도(北海道) 중부 유바리(夕張)시는 지방 소멸을 상징하는 기초단체다. 인구 감소율과 시 기준 고령화율이 전국 최고다. 인구는 전성기(11만6908명)의 6.7%이고, 65세 이상 인구가 50.8%(2018년)다. 사람이 살지 않는 마을이 수두룩하다. 19년엔 시를 관통하는 철도가 126년 만에 폐선됐다. 자랑거리라면 멜론이다. 낮과 밤의 기온 차로 당도가 높다. 19년 첫 경매에서 1개가 250만엔(약 2600여만원)에 낙찰됐다. 19년 4월 38세로 당선된 스즈키 나오미치 홋카이도 지사가 유바리의 '미션 임파서블'과 씨름해온 전 시장이다.

한계 도시 유바리는 지금 새 도전에 나서고 있다. '관계 인구' 창출 사업이다. 이주 인구도, 관광 인구도 아닌 지역 유대형 제3의 인구 만들기다. 대상은 유바리 기부자(고향 납세), 전직 근무자를 비롯한 팬과 연고자다. 이들을 '유바리 라이커즈(likers)'로 등록해 주민과 더불어 지역 재생을 꾀하고 있다. 사업은 커뮤니티 재구축과 역사문화 계승(기억 뮤지엄) 두 가지다. 유바리 밖 응원단과 인재의 지혜를 빌려 지역 과제를 해결하고 인적 네트워크도 구축하려는 시도다. 관계 인구는 이주 예비군이기도 하다. 사콘 와타루 지역진흥과 주임은 "19년 현재 등록자는 281명으로 시민을 포함한 (두 사업) 교류 이벤트 참가자는 800명"이라며 "이 자산을 지역 활성화로 연결해나갈 것"이라고 했다. 유바리에 관계 인구는 산소호흡기와 한가지다. 응원단에 유바리는 제2의 고향이다.

돗토리(取鳥)현 히노초(日野町)는 '고향 주민카드' 제도를 시행 중이다. 지역 외 연고자의 등록을 받아 소식지를 보내고 교류 모임도 갖고 있다. 모임에선 히노초 시책에 대한 의견을 구하고, 특산품 감수도 받는다. 외부 시각을 마을 만들기의 원동력으로 삼는 전략이다. 당초 목표는 인구(3050명)의 10분의 1이었지만 19년 현재 등록자는 417명이다. 이들은 산간지 히노초에 돌도 없는 원군이다.

나라(奈良)현의 역사문화지 아스카무라(明日香村)는 '논밭 오너 제도'를 도입했다. 5680명 인구에 고령화로 일손이 달리면서 도시 지원으로 농업을 살리기 위해서다. 논 코스는 1년간 구획(100㎡·78곳)당 4만엔에 분양한다. 참가자는 직접 농사일을 하고 햅쌀을 최소 40㎏ 가져간다. 4월, 9월엔 지역민과 오너가 모여 축제도 연다. 오너 제도는 감귤·감나무와 죽순 등 8개로 확대됐다. 18년 분양은 710건으로, 외국인도 참가하고 있다. 농촌과 도시가 부담과 즐거움을 나누며 공생하는 제도다.

궁하면 통한다고 했던가. 성씨(姓氏)의 고향을 활용한 지자체도 나왔다. 도치기(栃木)현 사노(佐野)시는 약 200만명으로 일본 최대 성인 사토(佐藤)씨의 뿌리에서 실마리를 찾았다. 19년부터 3년간 '사토씨 성지화 프로젝트'를 통해 전국의 사토씨 참가와 더불어 기부도 끌어낼 생각이다. 시는 '사토 접대단'을 꾸렸고 '사토씨 서미트(summit)'도 연다.

관계 인구는 일본 지방창생 정책의 새 화두다. 도시민의 지방 이주가 벽에 부딪히자 그보다는 못 하지만 단순 교류보다는 끈적끈적한 관계에 착안했다. 지속 가능한 지역 만들기의 주역을 외부로 넓히면서 '고향'의 관점도 바꾸는 시도다. 관계 인구 창출사업에 나선 기초단체는 77곳이다. 이 중 5곳은 외국인을 대상으로 삼았다. 우리의 지방 소멸 속도는 일본과 오십보백보다. 인구 감소와 고령화는 대세다. 일본 움직임은 시사점이 적잖다. 통념을 깨야 새 길이 열린다.[9]

관계인구 창출은 2기(2020-24년) 지방창생 전략의 핵심 정책 중 하나다. 총무성의 관계인구 검토회는 17년 4월 중간 보고서에서 이렇게 밝혔다. "인구감소, 저출산·고령화가 급속도록 진행되는 상황에서 지역의 지

9 "일본 '관계 인구'서 지방 회생의 답을 찾다", 오영환, 중앙일보, 2019.12.2

속성을 확보하는 데 있어서 관계 인구의 중요성을 인식하지 않고 지역 만들기를 고려하는 것은 이제 불가능하다고 해도 과언이 아니다. 관계인구는 어느 지역에도 존재하고 지역과 지역민과의 관계는 매우 다양하다. 따라서 지자체는 반드시 존재하는 각 지자체의 다양한 관계인구와 계속적인 끈을 가질 수 있도록 하는 정책을 전개하는 것이 극히 중요하다."[10] 총무성이 관계인구 창출에 얼마나 큰 힘을 쏟는지는 관계인구 포털사이트를 따로 만드는 데서 잘 드러난다. 20년 현재 총무성의 관계인구 창출 모델 사업에 뽑힌 기초단체는 모두 99곳(18년 30곳, 19년 44곳, 20년 25곳)이다.[11]

팽창에서 압축+네트워크로

동해와 면한 일본 혼슈 중북부의 도야마(富山)시. 도야마 현청 소재지로 북알프스라 불리는 3000m급 히다(飛騨)산맥 관광의 출발지와 유리 가공으로 유명하다. 21년 7월 말 현재 인구 가 41만여 명인 이곳은 일본 압축도시(Compact City)의 선도 모델이다. 지방 고령화와 인구 감소 속에서 도시 기능 집적(集積)과 네트워크로 활기를 되찾고 있다.

도야마시의 도전은 2002년 모리 마사시(森雅志) 시장 당선과 더불어 시작됐다. 21년 4월 물러난 모리는 취임 이후 '압축 마을 만들기 연구회'를 발족했다. 당시 압축도시는 일본에서 논의만 무성했을 뿐 가보지 않은 길이다. 새 시도에 나선 배경은 여러 가지다. 무엇보다 도심 공동화다. 시가지 인구 밀도가 2005년 1ha당 40.3명으로, 47개 광역단체 청사 소재지 가운데 가장 낮았다. 도심 인구(2만4099명)는 10년 새 11.5%, 소매 판매액(1182억엔)은 40% 줄었다. 도심 땅값도 덩달아 떨어졌다. 도시의 도넛 현상이 뚜렷했다.

---

10 "これからの移住·交流施策のあり方に関する検討会 報告書", 総務省, 2018.1

11 総務省 홈페이지(관계인구 포털사이트 2021.8.1 검색)

광역단체 2위인 도야마현의 도로 정비율(73.5%)과 높은 자가 보유(77.6%) 성향, 교외의 싼 땅값이 여기에 한몫했다. 결과는 자동차 의존 사회였다. 자동차 교통 분담률이 72.2%로, 20만명 이상 중핵시 가운데 가장 높았다(1999년). 자연스레 공공 교통망이 쇠퇴했다. 차가 없거나 운전을 못 하는 시민에겐 극히 불편한 도시가 됐다. 더구나 2030년엔 75세 이상 후기고령자 비율이 20%가 넘을 것으로 추계됐다. 마지막은 행정비용 압박이다. 도로·공원·하수도 등 공공시설 유지·관리가 큰 숙제로 등장했다. 인프라의 역습 문제다.[12]

"일본이 유사 이래 처음 인구감소 사회를 맞게 된 데 대해 강한 위기감을 느꼈다. 인구 감소는 피할 수 없어도 완만한 감소 정책을 통해 젊은 세대에 부담이 적은 도시를 만드는 것이 중요하다고 생각했다." 모리 전 시장은 서면 인터뷰에서 "지속가능한 도시 구축을 위해 철도와 노면 전차 등 공공교통망 연선(沿線)에 상업·업무·문화, 거주 기능을 집약하는 '공공교통 중심의 거점 집중형 압축도시'를 2003년 이래 줄곧 추진했다"고 했다.[13]

일본 도야마시 차세대 노면전차(LRT). [도야마시 제공]

---

12 "富山市はなぜコンパクトシティを目指したのか?", 富山市都市整備部理事 粟島康夫, 第3回コンパクトシティ推進研究会資料, 2009.9.30

13 모리 마사시 전 도야마시장 서면 인터뷰, 2021.8.18

- 압축도시 방안을 부연한다면.

"도야마시는 도심의 도야마역을 중심으로 공공 교통망이 방사형으로 돼 있다. 지방 도시로선 혜택 받은 환경이다. 압축도시는 '경단 꼬치' 구조다. 공공교통은 꼬치(꼬챙이)이고, 꼬치에 연결된 (원형) 경단은 역과 버스정류장의 도보권으로 보면 된다. 공공교통을 활성화하고, 그 연선에 거주를 추진하면서 중심 시가지를 활기차게 하는 3개의 축으로 돼 있다."

공공교통의 핵심 프로젝트는 차세대 노면전차(Light Rail Transit) 네트워크 구축이다. 시내엔 1913년 이래 도야마역과 남쪽 지역 6.4㎞를 잇는 노면전차가 운행돼왔다. 여기에 도야마역과 북쪽 도야마항을 잇는 옛 JR 철도선의 궤도와 역을 전면 개조한 LRT 노선(7.6㎞)을 2006년 개통했다. 재래선 철도의 LRT 개조는 전국 처음이다. LRT는 저상형 차량이라 승하차가 편하다. 2009년엔 도심 순환선(3.4㎞)을 완성했고, 20년엔 신칸센과 JR 노선으로 분단된 남북 간 노면전차를 연결했다. 도야마 역사(驛舍)를 통한 남북 접속은 도야마 시민의 숙원이었다.

- 공공교통망 주변 주민 거주는 어떻게 추진했나.

"시가 지정한 도심 지구(436ha)와 공공교통 연선지구(19곳 3440ha)로 거주를 유도했다. 연선 지구는 철도·궤도 역 기준 반경 500m 이내, 버스정류장 기준 반경 300m 이내로 잡았다. 거주 유도를 위해 보조금을 지급했다. 양질의 주택을 도심에서 취득하면 50만엔(약 533만원), 연선지구이면 30만엔을 지원했다. 공동주택 건설사업자엔 도심의 경우 1채당 50만엔(상한 2500만엔)을, 연선지구는 35만엔(상한 1750만엔)을 보조했다. 2005~2020년의 누적 보조액은 약 23억엔이다. 중앙 정부는 이 보조사업에 국비를 충당하겠다고 했다. 연선지구 거주 주민 비율은 2005년 28%였고, 이를 2025년 42%로 높이는 목표를 잡았다. 지난해 그 비율이 39.7%로 도시의 확산을 억제하고 있다."

- 다른 성과는.

"전입 인구가 늘어났다. 도심 지구는 2008년 이래 전입 초과를 유지하고 있다. 공공교통 연선지구도 2012년 전입 초과로 돌아선 뒤 이듬해를 제외하고 전입 초과다. 상업·주택 지역 땅값도 올랐다. 도야마현 전체 땅값 평균은 29년 연속 빠졌지만, 도야마시는 최근 6년 연속 올랐다. 중심 시가지에 대한 집중 투자는 세금의 환류라는 관점에서도 효과적이다. 2012년과 21년 고정자산세·도시계획세액을 비교하면 중심 시가지는 5.4% 늘었다."

- 추진 과정에서 어려웠던 점은.

"도시 만들기는 행정만으로는 안된다. 시민과 협동해야 한다. 중요한 하나가 충분한 설명 책임이다. LRT 사업을 시작할 때 시는 약 120회에 걸쳐 시민 설명회를 열었다. 당시 2시간짜리 설명회에 하루 4차례 참석한 적도 있다. 설명과 설득 책임, 그리고 결과 책임을 다하는 것이 행정 수장의 책무라고 생각하고 있다."

도심도 그새 크게 바뀌었다. 전천후 다목적 광장인 그랜드플라자와 유리미술관 등이 문을 열었고, 건강관리 거점도 생겨났다. 공공 투자가 마중물로 작용하면서 민간 투자가 잇따랐다. 압축을 통한 선순환이 이뤄지기 시작한 셈이다. 경제협력개발기구(OECD)는 '콤팩트시티 정책보고서'(2012년)에서 도야마시를 5곳의 성공적인 콤팩트시티 추진 사례 중 하나로 꼽았다. 일본 국내적으론 환경모델도시(2008년), 환경미래도시(2011년), 에너지효율개선도시(2014년), 유엔의 지속 가능한 목표(SDGs) 미래도시에 선정됐다. 4개 모두 전국 처음이었다. 차세대 노면전차 중심의 압축도시와 교외 개발 억제가 곧 미래 환경도시로 가는 길임을 일러준다.

도야마 모델은 일본에서 압축도시 확산 정책의 한 계기가 됐다. 일본 정부는 2014년부터 압축+네트워크형 도시 정책을 본격화했다. 그 해는 일본 지방 정책의 한 분기점이다. 5월에 마스다 히로야 전 총무상의 지방소멸 보고서가 나오면서 아베 신조 내각이 지방 창생 정책의 닻을 올릴 무렵이다. 아베 내각은 6월 정부 지침 문서인 '경제재정운용과 개혁의 기본 방침'과 '일본재흥전략'에 압축도시를 넣었다. 국토교통성은 7월 이를 구체화했다. 국토정비계획의 가이드라인인 '국토 그랜드디자인 2050'에서 다극(多極) 네트워크형 압축 도시를 제시했다. 그러면서 산간지에 진료소·상점 등을 집약한 '작은 거점' 5000개를 정비하고, 30만 명 이상의 압축도시 60~70곳을 구축하는 목표를 내걸었다.[14]

8월부턴 압축도시 마스터플랜인 입지 적정화(立地適正化) 계획이 시행됐다. 도시구역계획을 가진 기초단체(시·정·촌) 1374곳이 대상이고, 지자체 간 연대도 가능하다. 계획은 복지·의료·상업 시설을 한데 모으는 도시기능 유도구역, 주택 단지 등의 거주 유도구역, 이와 연계하는 공공교통망을 설정한다. 유도 구역 내 시설 이전이나 신축 땐 중앙 정부가 세금·재정 지원을 한다. 21년 4월 1일 현재 압축도시 만들기(입지 적정화)에 나선 대상 도시는 581곳으로, 전체의 42%나 됐다. 이 중 383개 도시는 계획을 만들어 공표했다. 국토교통성은 2017년 10곳, 18년 11곳, 19년 5곳 등 26개 압축+네트워크 모델 도시를 선정했다. 선정 도시는 인구 4만여 명의 니시와키(西脇·효고현)시에서 93만 여명의 기타큐슈(北九州·후쿠오카현)시까지 다양한 규모다.[15]

단기간에 압축도시가 일본 국토계획의 대명사가 됐다. 교외 개발을 축으로 한 일본의 전후 도시 정책이 큰 전환점을 맞았다. 1970~80년대 팽창 지향의 열도 개조가 압축+네트워크형으로 바뀌고 있다. 65세 이상

14 "国土のグランドデザイン2050~対流促進型国土の形成~", 国土交通省, 2014.7

15 일본 국토교통성 홈페이지(www.mlit.go.jp/en/toshi/city_plan/compactcity_network.html), 2021.8.18 검색

고령화율 28.8%(75세 이상 14.9%)와 지방의 인구 감소가 몰고 온 일대 변화이다. 윤철재 경북대 교수(건축학부)는 "일본은 우리보다 먼저 도시 축소를 염두에 두고 다양한 정책을 시행하면서 입지 적정화 계획을 채택했다"며 "이제 막 시작 단계인 만큼 향후 20~30년간 이 정책이 어떤 결과를 낳을지 주목할 필요가 있다"고 말했다.

한국의 지방 소멸 위기는 이미 일본과 한가지다. 하지만 교외 개발은 멈추지 않는다. 철도 등 인프라 건설 계획도 봇물이다. 생활·기간 인프라 유지비는 구르는 눈덩이가 될 게 뻔하다. 미래 세대의 부담은 이래저래 늘어날 판이다.

우리도 압축도시가 필요하다는 목소리는 나오지만, 입법 조치를 수반한 제도화는 요원해 보인다. 도시 전체나 권역 차원의 접근이 아닌 사업 단위별 도시 재생에 무게가 쏠려 있다. 현재 417개 지역이 정부와 지자체 재정 분담의 도시재생 뉴딜 사업을 추진 중이다.[16] 사업비는 2018~22년 5년간 50조원이다. 소규모 주택 정비에서 경제거점 창출까지 크고 작은 사업이 진행 중이지만, 지속가능한 도시를 위한 설계도는 없다. 인구동태를 비롯한 환경 변화에 적응하지 못하면 도시도 도태하고, 결국은 세금 먹는 하마가 된다. 수도권 집중 해소와 지방 분산, 압축과 초(超)연결 도시로의 국토 대개조가 절실하다.

수도권 집중 해소 우선하는 대학 정책

일본은 우리와 대입·대학 제도나 정원 규모가 다르지만, 학령인구 감소의 트렌드는 비슷하다. 18세 인구가 2021년 110만명대에서 2023년 100만명대, 2032년 90만명대, 2039년 80만명대로 준다(총무성 통계국 추계). 지방

16 "올해 1차 도시재생 뉴딜 사업지 13곳 선정", 국토교통부 보도자료, 2021.7.8

중소 사립대의 정원 미달이 골칫거리가 된 지 오래다. 1989~2019년의 30년간 생겨난 4년제 대학만 약 300개교다. 1년에 10개꼴이다. 대입 학령인구는 줄지만 4년제 진학률 상승과 2004년 이후 신자유주의 정책에 따른 설립 규제 완화 때문이다. 니시이 야스히코 사학고등교육연구소 주간(슈지츠가쿠엔 이사장)은 "대학 증가는 사립 단기대(우리의 전문대 격)의 4년제 승격과 시대의 수요에 부응한 의료보건계 등 소규모 대학 설립 때문"이라며 "단기대는 97년 595개교에서 2015년 346개교로 감소했고, 폐교 단기대(249개교) 중 약 절반이 4년제 대학이나 대학 학부로 승격했다"고 말했다.

일본 18세 학령인구 추계 단위: 천명

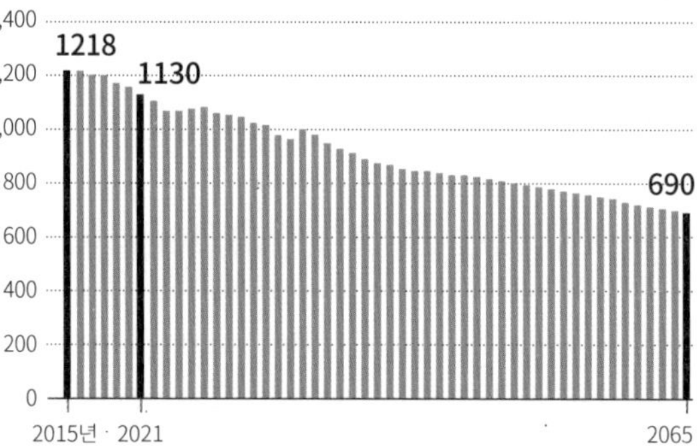

자료:일본총무성통계국

사립대가 늘면서 지방 중소 대학을 중심으로 정원미달이 잇따랐다. 2006년 이래 10년간 사립대의 약 40%(200여교)가 입학정원을 채우지 못했다. 정원 미달 사립대 비율은 2017년(39.4%·229개교) 이래 30%대로 떨어지면서 20년에는 31%(184개교)를 기록했다. 정원미달 사립대의 감소세에 결정적 역할을 한 것이 수도권 대학을 겨냥한 정원 억제다. 2017년 기준 도쿄권(도쿄도+가나가와·지바·사이타마 현) 대학생은 전체(287만명)의 40%를, 도쿄 23구는

18%를 차지한다. 정책이 지방창생 차원에서 이뤄진 점은 주목거리다. 일본 정부는 2015년 각의 결정한 '지방창생 기본방침'에서 지방대 활성화를 내걸고 대도시권 학생 집중 억제책으로 정원 관리 엄격화를 내놓았다.

일본 정원미달 사립대 비율 추이 단위: %

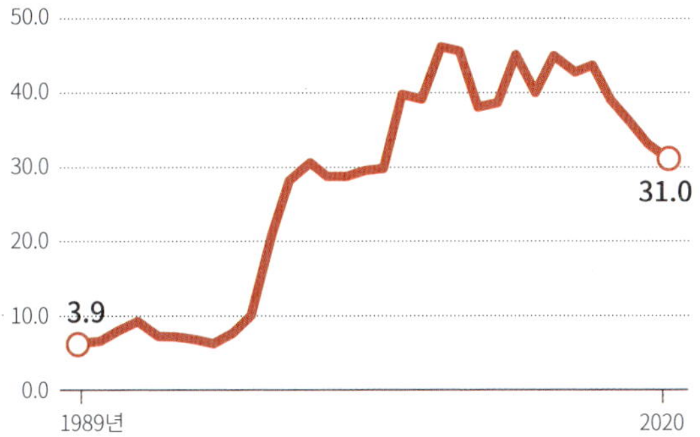

자료: 일본 사립대진흥공제사업단

문부과학성이 이듬해부터 3년간 실시한 조치는 경상비보조금 통제였다. 일본은 사립대의 경우 정원 초과, 미달 모두에 대해 그 비율에 맞춰 보조금을 교부하지 않거나 삭감해왔다. 교직원 급여와 교육·연구 경비에 쓰이는 보조금은 21년 2978억3515만엔(약 3조원)으로, 사립대 경상비의 약 10%다. 사립대엔 생명줄이다. 정원 8000명 이상 사립대를 보자. 2015년까지 보조금을 교부하지 않는 정원 초과율은 1.2배 이상이었다. 이를 2016년 1.17배, 2017년 1.14배, 2018년 1.1배로 낮췄다. 그 결과, 3대 도시권(도쿄권+오사카·교토 부+아이치·효고 현) 전체 대학의 평균 정원 충원율은 2014년 106.22%에서 2018년 103.18%로 낮아졌다. 그 외 지역은 95.87%에서 100.81%로 올라갔다.

문부과학성은 효과가 나자 2019년 이후론 정원 충원율이 90~100%

이면 보조금을 증액하고, 100% 초과에 대한 감액 조치는 일단 보류했다. 2018년 도쿄 23개구 대학에 대해 유학생과 사회인을 제외한 정원 증가와 대학·학부 신설을 10년간 원칙 금지하는 지역대학진흥법이 성립한 것과 맞물린 것으로 보인다. 법은 지방대학·기업과 연계해 인재육성과 고용창출에 나서는 지자체에 대한 교부금 창설도 담았다.

이 법의 촉매는 광역단체장 모임인 전국지사회(知事會)의 2016년 11월 긴급 결의였다. 지사회는 "젊은이의 도쿄 일극 집중에 제동을 걸고, 도쿄권과 지방 간의 전입·전출의 조기 균형을 위해 도쿄 23구의 대학·학부의 신증설을 억제해야 한다"며 입법 조치를 촉구했다. 문부과학성은 2022년부터 지방창생 기여를 조건으로 지방 국립대의 정원 증가를 허용한다. 사립대는 반발하지만, 대학 정책을 수도권 집중 해소와 지방창생에 맞추겠다는 의지다.

대학 개혁에는 재계의 총본산 게이단렌(經團連)도 나섰다. 2018년 6월 제언을 통해 대학 간 연대·재편, 통합을 통한 대학 수의 적정화를 촉구했다. 진학생 감소에 따른 적자·정원 미달 대학의 증가 때문이다. 그해 지방 중소 사립대 335개교의 47.8%(160곳)가, 지방 중소 단기대 204개교의 62.7%(128곳)가 적자였다(사립학교진흥·공제사업단). 게이단렌은 그러면서 국립대의 '1 대학 1 법인'제도 개정, 국공사립을 넘는 운영법인 인가, 사립대의 학부·학과 단위 사업양도 허용을 주장했다. 제언 5개월 후 나온 중앙교육심의회 답신(2040년을 향한 고등교육의 그랜드 디자인)에는 이들 내용이 포함됐다.

학부 양도는 20년 4월 처음 이뤄졌다. 고베시 고베야마테대가 유일 설치 학부인 현대사회학부를 효고현 미키시의 간사이국제대에 양도하고 법인도 통합했다. 학교 건물, 학생, 교직원은 그대로 인계됐다. 이 과정에서 문부과학성은 규제를 완화했다. 사립학교법 시행규칙을 고쳐 양도 대학의 학부 폐지와 이전 대학의 학부 신설이 필요했던 과거의 절차를 간소화했다. 새 제도는 대학원 연구과, 단기대 학과에도 적용된다. 하마나 아츠시 간사이국제대 학장은 “학부 양도는 경영 악화 대학과 학부의 원활한 이전을 통해 재학생을 지키고, 대학과 학부의 재생을 가능케 한다”며 “사립대가 문을 닫지 않고 지역 사회에 필요한 인재를 공급하는 새로운 선택지”라고 했다(일본사립대협회 홈페이지).

국립대의 1개 법인 복수대학 제도도 19년 법제화됐다. 대학의 독립·재산을 유지하면서 경영관리부문을 통합하는 방식이다. 아이치현 나고야대와 기후현 기후대는 광역단체 경계를 넘는 통합법인 도카이국립대학기구를 20년에 설립했다. 사무 슬림화로 생긴 재원을 중점 연구분야인 당쇄(糖鎖) 공학, 항공우주, 농학으로 돌린다. 세계와 경쟁하겠다는 생각이다. 홋카이도에선 오비히로축산대, 기타미공업대, 오타루상과대가 22년에 경영을 통합한다. 농·공·상을 융합해 지역 과제에 대응하는 인재를 육성할 방침이다. 홋카이도는 대표적 인구 과소지역이다. 국립대 통합 움직임은 확산하는 추세다.

법인 통합보다 느슨한 ‘대학 등 연대추진법인(사단법인)’제도도 물꼬를 텄다. 21년 3월 당국의 승인을 받은 국립 야마나시대와 야마나시현립대 간 ‘대학동맹 야마나시’가 그 1호다. 두 대학은 교양 교육·교원양성·유아교육 등 분야 공유 외에 물품 공동조달과 시설 공동 이용에 나섰다. 시미즈 가즈히코 야마나시현립대 학장은 “새 법인은 그동안 계속돼온 조직 중심의 사고방식에서 프로그램 중심의 대학으로 이행하는 혁신적인 제도”라고 말했다(기고문). 도쿠시마대 등 시코쿠 5개 국립대도 21년 연대기구를 설립해 법인 승인을 꾀하고 있다. 지방에선 학생 확보가 어려운 중소 사립대의 공립대 전환도 적잖다.[17]

---

17 “수도권대 정원 억제로 중소 지방대 숨통 틔워”, 오영환, 중앙일보, 2021.5.5

대학의 자구 노력도 긴요하다. 식물·아동·사회복지의 3개 학과에 입학 정원 210명. 일본 오카야마현 쓰야마시의 미마사카(美作)대학은 전형적인 소규모 사립대다. 쓰야마시는 인구가 10만명이 채 안 된다. 하지만 대학은 학령인구 감소세에도 과거 30년 동안 정원을 못 채운 적이 없다. 2016~20년 평균 정원 충원율이 107%다. 지난해 일본 사립대 593곳의 31%(184곳)가 정원 미달인 상황에 비춰보면 발군의 성적표다. 비결은 뭘까. 우자키 미노루 학장은 서면 인터뷰에서 세 가지를 꼽았다.

"무엇보다 압도적 교육력이다. 사회복지사 등 국가시험 합격률이 전국 상위로 국공립대 합격률을 계속 뛰어넘는 데 심혈을 기울이고 있다." 21년 졸업생의 사회복지사와 관리영양사 합격률은 각각 92%(전체 29.3%), 93.8%(61.9%)다. 둘째는 졸업생의 높은 U턴 취직률이라고 우자키 학장은 말한다. 현재 재학생의 3분의 2가 외부 현 출신이다. 인근 고치·시마네현의 역외 진학 대학생 U턴 취업률은 이 대학이 61.3%, 72.1%로 단연 1위였다(2016년). 마지막은 소규모 대학의 장점 발휘다. 담임제도를 운영한다. 우자키 학장은 "지방 사립대는 '지방대의 으뜸'이 돼야 지속할 수 있고, 그렇지 않으면 공립화밖에 길이 없다"고 했다.[18]

지방대 위기는 대학의 문제, 교육 당국의 영역으로 봐선 탈출구가 없어 보인다. 복합 처방이 필요하다. 산업계와 지자체 등도 함께 나서 포괄적 중장기 대책을 마련할 때다.

내고장 홍보탑 도쿄의 안테나숍

17년 2월 4일 오전 11시 일본 도쿄 중심부인 긴자(銀座) 5번가 건물 1층의 '이와테 은하 플라자'. 일본 동북부 이와테(岩手)현 특산품 상설 매장에

---

18 "미달 사태는 지방소멸의 국가 문제…특별회계 짜야", 오영환, 중앙일보, 2021.5.28

30여 명의 손님들이 쇼핑을 하고 있었다. 중국인 관광객도 눈에 띄었다. 240㎡의 매장은 슈퍼마켓을 방불케했다. 3000여 품목의 이와테산 농수산 가공품·도시락·술·공예품이 비치돼 있었다. 지역 납품 업체는 330곳이 넘는다.

매장에서 만난 아마다 에이후(34·도쿄)씨는 "이와테현은 해산물이 유명해 가끔씩 들르곤 한다"며 "건어물이나 자반 생선을 살까 한다"고 말했다. 60대 부부(도쿄)는 이와테산 성게·연어알·회로 만든 덮밥도시락 2개를 구매했다. 매장 맞은 편의 전통 연극 가부키(歌舞伎) 공연장(가부키자)에서 먹을 점심이라고 했다. 이곳의 연간 특산품 구매자는 35만명에 이른다(2015년 4월~2016년 3월 기준). 연간 판매액도 9억2595만엔(약 94억원) 규모다. 이와테현 측은 매장에 지역 업체가 3개월간 물품을 전시하는 '챌런지 코너'도 설치했다. 고객의 반응이 좋으면 상설 비치를 하게 된다고 한다.

일본 긴자 5번가의 이와테현 안테나숍 모습.

이와테현 도쿄사무소 니타나이 겐이치(似内憲一) 부부장은 "매장 입지상 가부키 공연을 보러오는 사람과 외국인 관광객이 이와테 출신보다 많다"며

"16년 말부터는 단기 체류 외국인에게 소비세(8%)를 면제해주고 있다"고 말했다. 매장 옆에는 이와테 관광정보 코너, 이벤트 시설, 귀향 상담센터도 마련돼 있다. 이벤트 시설은 현내 기초자치단체와 상공(商工)단체가 지역 물산전 장소로 이용한다.

이와테 은하 플라자는 일본 광역 지자체가 도쿄 중심부에 설치한 '안테나숍'의 하나다. 안테나숍은 내고장의 맛과 매력을 전파하는 홍보탑이자 도쿄와 지방의 가교로 자리 잡고 있다. 지방 출신에겐 향수를 달래주는 거점이기도 하다. 안테나숍 절반 가량은 지역 식자재를 쓰는 식당도 운영한다. 도쿄에서 일본 전국의 맛을 즐길 수 있는 셈이다.

일본 지역활성화센터(재단법인) 발표에 따르면 16년 현재 도쿄에 안테나숍(이하 독립점포 기준)을 낸 광역 지자체는 47곳 가운데 38곳에 이른다. 아오모리(青森)현 아오모리시와 시가(滋賀)현 나가하마(長浜)시 등 기초단체 안테나숍도 16곳이나 된다. 광역·기초를 합쳐 36곳이었던 2008년에 비해 1.5배 늘어났다. 2020년 도쿄올림픽을 맞아 국내외 관광객을 겨냥해 더 늘어날 전망이다. 17년 현재 도야마(富山)·나라(奈良)·나가사키(長崎)현은 두 곳을 갖고 있다.

지자체가 공동으로 안테나숍을 연 케이스도 생겨났다. 동해와 면한 돗토리(鳥取)현과 세토나이카이(瀬戸内海)의 오카야마(岡山)현은 2014년 번화가인 신바시(新橋)역 부근에 공동으로 개점했다. 이웃한 현끼리 재정 부담을 줄여 함께 지역을 홍보하고 인지도를 높이기 위해서다. 이곳에는 15년 이래 2년간 97만명이 다녀가 6억7735억엔의 매출을 올렸다. 돗토리현 후지모토 나츠코(藤本夏子) 주사는 "방문자의 약 30%가 고향 출신"이라고 말했다. 두 현의 제철 식자재를 사용하는 양식풍 레스토랑에는 찾는 발길이 끊이지 않고 있다. 레스토랑 매출은 전체의 4분의 1이나 된다. 안테나숍 나카야마 나오미(中山尚美)사무국장은 "돗토리와 오카야마의 특산물 출하

시기가 달라 두 현 공동 운영의 시너지 효과가 나고 있다"고 설명했다.

안테나숍은 도쿄 중심부에 몰려 있다. 긴자와 유라쿠초(有樂町)에 20곳, 도쿄역·니혼바시(日本橋)·간다(神田)에 10곳이 들어서 있다. 하나같이 내외국인이 자주 드나드는 1급 상권이다. 이중에서도 긴자와 유라쿠초는 안테나숍 격전지다. 이와테현과 군마(群馬)현 안테나숍간 거리는 100m에 불과하다.

지자체간 경쟁은 출시품의 질 향상으로 이어지고 있다. 안테나숍의 평판이 좋아지면서 매출도 상승세다. 16년 54개 점포의 63%인 34곳이 1억엔 이상의 매출액을 기록했다. 홋카이도(北海道)가 유라쿠초에 낸 안테나숍은 처음으로 매출이 10억엔을 넘어서기도 했다. 안테나숍은 지방창생의 일익도 맡고 있다. 관내 여행권 할인 판매와 귀향 창구 운영으로 지방 활성화에 한몫한다. 지역활성화센터 측은 "안테나숍 80% 이상이 해당 지자체의 인지도를 올리고 특산품의 판로를 넓히는 등 효과를 거두고 있는 것으로 조사됐다"고 말했다.[19]

20년 4월 현재 지역활성화센터가 집계한 도쿄 소재 독립점포 기준 안테나숍은 모두 62곳(광역단체 38곳, 기초단체 24곳)이다. 16년에 비하면 기초단체가 8곳 늘어났다. 19년 연간 입장객수가 100만명을 넘은 점포는 3곳으로, 이중 홋카이도 유락초점은 200만명을 넘었다. 홋카이도 점포는 매출도 3년 연속 10억엔 이상을 달성했다.[20] 안테나숍은 코로나19로 인바운드가 거의 끊기기 전에 외국인에도 인기였다. 도쿄 도심에서 일본 지방의 특산물을 접할 수 있기 때문이다. 필자가 도쿄에 근무할 당시 일본 모 언론사 간부의 초대로 안테나숍 병설 식당에서 향토 요리와 청주를 즐긴

---

19 "도쿄에 지자체 특산품 매장 54곳 … 연 100억원 파는 곳도", 오영환, 중앙일보, 2017.2.6

20 "2020年度 自治体アンテナショップ実態調査報告", 一般財団法人地域活性化センター, 2020.12.23

기억이 생생하다.

일본 외상이 지방 광역단체장과 더불어 주일 외교사절, 특파원단 등을 대상으로 도쿄 외무성 이이쿠라(飯倉)공관에서 개최하는 리셉션도 인상적이다. 정식 명칭은 '지방창생 지원 이이쿠라공관 활용 대외발신사업'이다. 안테나숍이 도쿄와 지방 간 가교라면 외무성 리셉션은 해외를 향한 지방 매력 발신의 장이다. 15년 10월에는 미에(三重)현 초청 리셉션이 열려 미에현 전통 음식과 술 등이 제공됐다. 당시 행사는 16년 5월 미에현 G7 정상회의를 앞두고 미에현의 매력을 세계에 알리려는 색채가 강했다. 이 사업은 15년 2월 외무성·교토시 공동 개최를 시작으로 20년 2월까지 모두 21차례 진행됐다.[21] 우리도 외교부와 광역단체가 공동으로 지방의 매력을 발신하는 플랫폼을 만들면 어떨까 싶다. 글로컬(Glocal) 시대에 걸맞은 홍보 플랫폼은 다다익선이 아닐 수 없다.

빈집 은행은 기본…개보수 금융상품도

일본의 전후 베이비붐 세대(단카이 세대)에 내집 마련은 평생의 꿈이었다. 1947~49년 패전의 잿더미에서 태어난 것도 보금자리에 대한 소망을 키웠다. 800만 명인 이들 세대는 60~70년대 고도성장을 이끌면서 꿈을 이뤄갔다. 임대 주택에서 출발해 새집을 분양받고 다시 단독 주택을 마련했다.

종신고용 환경에서 회사 인간으로 사는 한 내집은 어려운 일이 아니었다. 마침 정부도 경기 부양 차원에서 신축의 자가 보유 정책을 폈다. 장기 저리의 주택융자를 보장했다. 70~80년대 교외로, 야산 지대로 주택 건설 붐이 일었던 이유다. 주택 단지를 따라 철도 노선과 도로가 개통됐다. 공원과 학교에는 어린이들이 넘쳐났고, 상권도 형성됐다. 뜰이 달린 단

---

21 "地方創生支援飯倉公館活用対外発信事業", 일본 외무성, 2020.2.13

독 주택은 단카이 세대의 이상향이었다. 가정은 집(家)과 뜰(庭)이 있을 때 이뤄진다는 말이 나왔다. 자연 속의 쾌적한 주거 공간은 긴 출퇴근의 고생을 씻겨 주는 안식처였다. 단카이 세대의 자가 보유율은 86.2%나 됐다(2013년 고령사회백서).

그러나 지금 교외의 주택단지는 일변했다. 어디를 가나 빈집이 한눈에 들어온다. 인적도 드물다. 빈집 증가는 인구 감소의 필연적 산물이다. 고령화도 한몫한다. 자식과 떨어져 사는 고령자의 양로시설 입소가 늘고 있다.[22]

기초단체 오쿠타마마치(奧多摩町)는 도쿄도(東京都)에서 대표적으로 인구가 적은 산간지역이다. 면적이 225㎢로 도쿄도에서 가장 넓지만 17년 현재 인구는 2664세대 5271명에 불과하다. 이 가운데 48%가 65세 이상이다. 빈집은 고령자 사망 등으로 갈수록 늘어 444곳에 달한다.

오쿠타마는 16년 6월 기부를 받은 역내 빈집을 40대 부부에게 제공했다. 인구 증가와 젊은 세대 이주를 위한 대책의 일환이다. 오쿠타마가 주최한 맞선 이벤트를 통해 결혼에 성공한 이 부부는 2층짜리 단독주택에 보금자리를 마련했다. 이들은 월 1만엔의 사용료를 내고 15년만 살면 주택 소유자가 된다. 지자체가 거주 축하금 50만엔을 지급하고 주택수리비도 200만엔을 보조하는 만큼 무상이나 다름없다. 이 지자체는 11월에도 기부받은 단독주택을 외지의 10인 가족 세대에 기증했다.

빈집을 활용해 젊은 전입자를 늘리려는 오쿠타마의 대책은 다양하다. 2010년 이래 빈집 은행을 운영해왔다. 인터넷 홈페이지에 임대·매매 대상 빈집 정보를 공개해 외지인과 연결시켜주고 있다. 2015년에는 '젊은층 거주 응원 보조금' 제도를 신설했다. 50세 이하로 어린이가 있는 세대,

22 "빈집 30% 시대 맞게 되는 일본", 오영환, 중앙일보, 2016.6.14

45세 이하 부부, 35세 이하 단신 세대가 관내 빈집을 사거나 개·증축하면 200만엔 한도내에서 비용 절반을 보조해준다. 오쿠타마의 젊은이정주화 대책실 야마다 마사히로(山田將寬) 담당은 "빈집 은행 사업을 시작한 이후 17년 3월까지 212명이 전입했다"며 "이 중 19세 이하가 90명이라서 고무적"이라고 말했다.

일본에서는 저출산·고령화와 지방 쇠락을 상징하는 빈집 문제 해결을 위한 다양한 대책이 나오고 있다. 일본 총무성 조사 결과 빈집은 820만 채로 전체 주택의 13.5%를 차지한다(2013년 현재). 약 800만명의 전후 베이비 붐 세대 사망률이 올라가는 2020년부터는 매년 20만~30만 채의 빈집이 생길 것이라는 관측도 있다.

수도권도 예외가 아니다. 도쿄도와 인근 6개현 기초단체 가운데 빈집 비율이 15%를 넘는 곳은 65곳이나 된다. 지바(千葉)현 가쓰우라(勝浦)시의 빈집 비율은 36.8%다. 노무라종합연구소는 2033년엔 일본 전국의 빈집 비율이 30.4%(2167만채)에 달할 것으로 전망했다. 16년 후엔 3채 중 1채가 빈집이 될 것이란 얘기다. 중앙정부와 지자체가 빈집 활용과 거래에 팔을 걷어부치는 이유다.

대책은 쏟아지고 있다. 요코하마(橫浜)시는 빈집을 소규모 보육원으로 활용할 방침이다. 보육원 입소 대기 아동수를 제로(0)로 하면서 빈집도 줄이는 일석이조의 계획이다. 요코하마시의 빈집은 2013년 현재 2만 채로 5년새 1.3배 늘었다. 하야시 후미코(林文子)시장은 시 의회에서 "빈집은 비교적 오래돼 지진 피해 등의 우려가 있지만 단독주택의 경우 마당이 있는 장점이 있다"고 말했다. 빈집 비율이 28.6%인 지바현 이스미(いすみ)시는 도시민의 이주 촉진 차원에서 전입자에게 JR(일본철도) 특급권 구입을 보조해주는 제도를 마련했다. 대도시 출퇴근 교통비를 지원하는 방안이다. 도치기현 우쓰노미야(宇都宮)시는 수도권 주민이 지방도시에도 생활 거점을 갖는

'2개 지역 생활(Double Place)'을 캐치프레이즈로 내걸었다. 주중엔 도쿄에서 주말은 우쓰노미야에서 보내자는 캠페인을 통해 빈집 줄이기에 나섰다.

일본 정부는 내집 마련이 어려운 독신 고령자와 어린이 양육 세대가 빈집을 임대 주택으로 활용할 수 있도록 하는 제도를 17년 3월 각의에서 결정했다. 빈집 소유자에겐 주택 개보수 비용으로 최대 200만엔을, 저소득 입주자엔 월 4만엔을 보조해준다. 새 제도는 관련법 개정을 거쳐 17년 가을 시행된다. 국토교통성은 2020년까지 이런 용도로 빈집 17만5000채를 확보할 계획이다. 국토교통성 주택국 엔도 겐토(遠藤健人) 과장보좌는 "관련 예산은 중앙정부와 지자체가 절반 가량씩 부담하게 된다"고 말했다.

빈집은 관광객 숙박 시설로도 활용된다. 일본 정부는 국가전략특구(규제 프리존)로 지정된 후쿠오카(福岡)현 기타큐슈(北九州)시가 빈집을 민박시설로 이용할 수 있도록 승인했다. 아베 신조 총리는 17년 1월 시정연설에서 "빈집과 유휴지 활용에 관한 제한을 완화해 지자체가 유효하게 이용할 수 있도록 하겠다"고 밝혀 빈집 활용은 더 늘어날 전망이다. 빈집 개조와 거래가 늘어나면서 개보수 등 관련 금융상품도 등장했다. 시즈오카(静岡)현 지방은행인 스루가은행은 최고 1000만엔까지 융자해주는 '빈집 해결 대출' 상품을 16년 선보였다. 주택 리모델링 사업 시장도 덩달아 기지개를 켜고 있다.[23]

일본의 빈집 현황은 5년마다 갱신된다. 총무성의 주택·토지 통계조사를 통해서다. 최신 조사는 2018년으로, 13년보다 26만채 늘어난 846만채(전체의 13.6%)다. 빈집을 종류 별로 보면 '임대 또는 매각용 주택'이 461만채이고, '기타 주택'이 347만채다. 진짜 빈집은 기타 주택으로 분류된 것으로 20년새 1.9배 늘어났다. 고치(高知)·가고시마(鹿兒島)· 와카야마(和歌

23 "일본 '빈집 대란' … 입주 축하+수리비 2500만원 주는 곳도", 오영환, 중앙일보, 2017.4.3

山) 현의 기타 주택 비율은 10%를 넘어 전국 평균(5.6%)을 크게 웃도는 것으로 조사됐다.

일본의 빈집 대책은 도시와 농촌으로 이원화돼 있는 우리와 달리 전국에 동일하게 적용된다. 중앙정부와 광역·기초단체 간 역할도 명확하다. 2015년 2월부터 '빈집 등 대책 추진에 관한 특별조치법'이 시행되면서다. 중앙 정부(국토교통성, 총무성)는 빈집에 관한 정책의 기본 지침을 정하고(5조), 기초단체(시정촌)는 지침에 따라 빈집 대책 계획을 작성하고, 협의회를 설치한다(7조). 광역단체(도도부현)는 기초단체에 대한 기술적인 조언이나 기초단체 상호간의 연락을 조정한다(8조). 빈집 가운데 붕괴 등 현저한 위험이 있거나 위생상 유해한 주택은 '특정 빈집'으로 지정하고, 기초단체장은 이에 대해 제거와 수리 등을 조언·지도·권고·명령할 수 있고, 행정대집행도 가능하다. 기초단체는 빈집 대책에 따른 비용에 대해 보조금이나 지방교부세를 지원받는다(15조).[24]

지자체 빈집 은행은 전체의 약 70%인 1261곳이 운영하고 있고, 미운용 지자체 가운데 169곳이 참가를 준비 중이다. 국토교토성은 지자체별 빈집 은행을 한눈에 파악할 수 있도록 전국판 빈집은행을 19년 4월부터 본격적으로 가동하고 있다. 공모로 선정한 민간의 2개 사업자가 구축한 사이트를 통해서다. 21년 7월말 전국판 빈집뱅크 참가 지자체는 829곳이다. 운용 이래 계약은 약 8400건이다. 전국판 빈집 뱅크는 체계적으로 구축돼 있어 향후 빈집 유통 시장 확대에 기여하면서 지방으로의 인구 유입에 한몫할 것으로 예상된다.[25]

---

24 "空き家対策について", 국토교통성, 2019.5

25 国土交通省 空き家·空き地バンク総合情報ページ (https://www.mlit.go.jp/totikensangyo/const/sosei_const_tk3_000131.html), 2021.9.1 검색

맺음말

필자는 1차 베이비부머(1955~63년)의 막내뻘이다. 2차(68~74년)와 그 사이에 낀 64~67년생도 포함한 베이비부머 1600여만명 전체로 보면 가운데쯤이다. 전체 인구의 약 3분의 1인 베이버부머의 은퇴와 65세 고령인구 진입은 한국 사회의 태풍의 눈이다. 대량 생산·소비와 납세 주역들에 의한 인구의 덤(bonus)이 짐(onus)으로 바뀐다. 저출산의 다음세대에 연금과 의료·요양의 복지 부담을 몰고 온다. 반면 실버 민주주의에 의한 정치적 영향력은 그대로다. 우리 사회는 또 다른 얼굴의 게임체인저를 맞는다.

베이비부머 개개인의 노후는 천차만별이고, 고령 빈곤율은 OECD 1위다. 하지만 우리의 복지 사다리는 노후를 즐기는 삶을 뒷받침할 정도가 못 된다. 생산가능인구는 이미 감소세다. 2020년에 생산가능인구 5명이 노인 1명을 부양했지만, 2035년엔 2명당 1명꼴이다. 이렇게 급격하게 노인부양비가 늘어난 국가가 있었던가. 여기에 2020년 합계출산율(0.84)은 세계 최저이다. 출생아수는 27만여명으로, 한해 약 100만명이던 베이비부머의 3분의 1도 안 된나. 인구 예측은 과학의 영역에 가깝다. 미래로부터의 경종을 행동으로 옮기지 못한 파장이 현실화하는 것은 시간문제다. 활력 없는 인구동태는 한국 사회의 근본 모순이다.

필자는 이촌향도 세대이기도 하다. 중학교까지 경북 상주시에서 지내다 고등학교를 대구광역시에서 나왔고 대입 이래 서울이 생활의 주무대였다. 2단계 동선은 동시대 베이비부머 서울 이주민 가운데 적지 않을 것이다. 그 새 3개 도시는 천지개벽했다. 대학 시절 어머니와 함께 살았던 주택가와 고교 시절 하숙집 일대는 아파트촌이 됐다. 상주는 논밭 옆길까지 포장된 지 오래고, 스마트팜 붐이 일고 있다. 무엇보다 도농간에 생활 격차보다 컸던 정보 격차가 없어졌다. 스마트폰만 있으면 웬만한 산속에서도 전 세계와 쌍방향 소통이 가능하다.

인구는 어떠할까. 서울은 1960년 244만명, 70년 543만명에서 80년 851만명으로 10년 간격으로 300만명씩 불어났다. 90년초 약 1000만명으로 정점을 찍은 뒤 지금은 약 950만명이다. 서울시 인구가 경기도와 인천시 순유입의 1위를 차지하는 점에 미뤄보면 서울 패권은 강고하다. 대구시는 60년 67만명, 70년 100만명에서 80년 188만명으로 급증했다. 2000년대초 250만명대를 기록하더니 지금은 240만명대다. 대구의 젊은이도 서울로 빠져나가지만 인구 허브로서의 중추 도시 지위는 변함이 없다.

반면 상주시는 통계 추적이 가능한 60년 인구가 약 24만명이다. 이래 70년 23만명, 80년 19만명으로 하향 곡선을 그리다 지금은 10만명이 채 안된다. 60년과 현재를 비교하면 서울과 대구 인구는 약 4배 늘었지만 상주 인구는 반토막이 더 났다. 공립 상주중학교의 2021년 11월 전체 학생수는 372명(학교알리미 검색)으로 베이비붐 세대 한 학년의 약 절반이다. 유소년 인구는 적고, 65세 이상이 3명중 1명이다. 상주시 인구 동태는 지방 소멸의 한 단면이다. 2021년 재정자립도(세입과목 개편전)는 15%다. 다른 지역의 농촌 도시도 엇비슷하다. 인구의 수도권 집중(52%)과 지방 소멸이 빚은 일그러진 국토상도 한국의 근본 모순이다.

이 책은 바로 이 두 개의 거대 모순을 좇아본 취재 기록물이다. 이촌향도의 베이비부머에 지방 문제가 보다 선명하게 부각될 것이란 믿음도 없지 않았다. 저출산과 고령화, 수도권 집중과 지방소멸은 국가이익을 추구하다보면 필연적으로 부닥치는 장벽이기도 하다. 취재를 하면서 금세기 최대의 난제에 대한 종합 처방전은 접하지 못한 느낌이다. 수많은 보고서가 현상과 진단에 무게가 쏠려 있다. 처방도 국부적인 것이 많다. 필자가 도쿄특파원 시절 접한 일본의 지방창생 전략의 탄생 과정과 내용을 비교적 자세히 소개한 것은 일본의 위기감과 패러다임 전환 때문이다. 마을·사람·일 창생본부에는 총리를 본부장으로 전 각료가 참가하고, 창생전략은 저출산과 고령화, 도쿄권 일극 해소와 지방회생, 성장 전략과 관광입국을 망라한다.

필자가 창생전략 보고서를 보고 놀란 부분 중 하나는 '어린이의 농산어촌 체험 충실'이란 항목이다. "농산어촌 체험에는 초등학생 32만명, 중학생 37만명, 고교생 10만명이 나선 것으로 추계된다. 하지만 장래 도시부 학생의 U·I·J턴 기반을 닦고, 지방 학생들에겐 지방의 매력 재발견을 촉진하기 위해 한층 더 추진할 필요가 있다. 2024년에 체험 학생 수의 배증을 지향해 초등학생 65만명, 중학생 75만명, 고교생 30만명의 농산어촌 체험을 목표로 정한다." 도쿄권 일극 해소와 인구의 지방 역류를 위한 혼신의 노력이 아닐까 싶다. 우리로선 상상하기 어려운 정책이기도 하다. 창생본부의 역할이 커지면서 종래의 저출산 대책 담당 장관의 역할은 상대적으로 줄었다.(21년 10월 발족한 기시다 후미오 내각의 경우 노다 세이코 전 자민당 간사장 대행이 저출산 대책과 지방창생을 겸임하는 특명장관에 임명됐다.)

우리도 복합처방이 담긴 로드맵과 조직 정비를 검토할 때가 됐다. 예컨대 출산 수당과 보육·양육 환경 개선, 일과 삶의 균형 등 정책은 성과를 냈지만 한계를 드러냈다. 저출산 선진국의 전례 답습주의만으론 안 된다. 저출산과 고령화, 수도권 집중과 지방소멸을 함께 다루는 일원화된 체계가 불가결하다. 이들 문제는 맞물려 돌아간다. 정부 부처와 각종 위원회의 각개약진을 끝내고, 책임 소재가 명명백백한 통폐합 조직을 만들어야 한다. 특정 부처 장관을 부총리로 격상하자거나 하는 단순 발상으론 턱도 없다. 과거 경제개발 5개년 계획과 같은 총력전을 펴도 효과가 나타나려면 십수년은 걸릴 것이다. 법제화를 통한 새로운 제도, 전략 마련이 정치의 벽이나 5년 단임의 사고 회로에 막혀선 한국의 미래가 없다. 인구 문제에서 신의 한수는 없다. 낙숫물이 바위를 뚫는 장기전의 각오가 필요하다.

책 내용은 중앙일보 기자로 일하면서 쓴 기사와 취재물을 가다듬었다. 회사와 취재 현장에서 통찰력을 보태준 선후배와 동료에게 심심한 감사의 말씀을 전한다. 저술 지원 언론인으로 선정해준 방일영문화재단과 기꺼이 출판에 응해준 영남대학교 출판부에도 각별한 감사를 드린다. 지역 이슈를 다룬 만큼 지역에서 출간하고 싶었다. 원고를 미리 마감하다 보니 고향사랑기부제 등 부분을 업데이트하지 못한데 대해 혜량을 부탁드리고자 한다. 무엇보다 이 책의 주인공은 문제의식과 비전을 갖고 현상타파에 나선 각 분야 일선의 혁신가(Innovator)들이다. 세상은 꿈을 먹고 전진한다. 『지방이 시작이다』는 그들의 낙관주의적 도전에서 얻은 제목이다.

오영환

1963년 경북 상주 출생으로 대구 성광고와 서울대 외교학과를 졸업했다. 88년 중앙일보에 입사한 뒤 편집·사회·정치부를 거쳤고, 일본에서 단기특파원·특파원·총국장을 포함해 3차례 근무했다. 중앙선데이 외교안보에디터, 중앙일보 외교안보데스크·국제부장·논설위원·기획조정담당을 역임했고 2021년 현재 지역전문기자 겸 대구지사장으로 재직 중이다. 대외 활동으로는 하버드대 국제문제연구소(WCFIA) 펠로우와 외교부·국방부 정책자문위원을 지냈고, 한림대 글로벌협력대학원 겸임교수를 맡고 있다. 저서로는 『비록 조선민주주의인민공화국 하』(공저), 『실록 박정희』(공저)가 있고, 번역서로는 『그린 자본주의』와 『21세기 일본의 국가전략』(공역) 등이 있다.

지방이 시작이다

초판 1쇄 2021년 12월 23일
초판 2쇄 2022년 7월 25일
지은이 오영환
펴낸이 최외출
펴낸곳 영남대학교출판부
출판등록 1975년 9월 5일 경산 제16-1호
주소 경북 경산시 대학로 280
전화 053-810-1801~3
팩스 053-810-4722
홈페이지 book.yu.ac.kr

ISBN 978-89-7581-846-2 03550